Ingenieurholzbau

Ingenieurholzbau

Basiswissen:
Tragelemente und Verbindungen

Werner Seim und Johannes Hummel

Mit Beiträgen von Timo Claus, Lars Eisenhut, Michael Schick und Tobias Vogt

Autoren

Prof. Dr.-Ing. Werner Seim
Fachgebiet Bauwerkserhaltung und Holzbau
Institut für Konstruktiven Ingenieurbau
Universität Kassel
Kurt-Wolters-Straße 3
34125 Kassel
Deutschland

Dr.-Ing. Johannes Hummel
Saarlandstraße 4
34131 Kassel
Deutschland

Titelbild
Mercado Santa Caterina, Barcelona
(Foto und Grafik: Werner Seim)

Alle Bücher von Ernst & Sohn werden sorgfältig erarbeitet. Dennoch übernehmen Autoren, Herausgeber und Verlag in keinem Fall, einschließlich des vorliegenden Werkes, für die Richtigkeit von Angaben, Hinweisen und Ratschlägen sowie für eventuelle Druckfehler irgendeine Haftung.

Bibliografische Information der Deutschen Nationalbibliothek
Die Deutsche Nationalbibliothek verzeichnet diese Publikation in der Deutschen Nationalbibliografie; detaillierte bibliografische Daten sind im Internet über http://dnb.d-nb.de abrufbar.

© 2019 Wilhelm Ernst & Sohn, Verlag für Architektur und technische Wissenschaften GmbH & Co. KG, Rotherstraße 21, 10245 Berlin, Germany

Alle Rechte, insbesondere die der Übersetzung in andere Sprachen, vorbehalten. Kein Teil dieses Buches darf ohne schriftliche Genehmigung des Verlages in irgendeiner Form – durch Photokopie, Mikroverfilmung oder irgendein anderes Verfahren – reproduziert oder in eine von Maschinen, insbesondere von Datenverarbeitungsmaschinen, verwendbare Sprache übertragen oder übersetzt werden. Die Wiedergabe von Warenbezeichnungen, Handelsnamen oder sonstigen Kennzeichen in diesem Buch berechtigt nicht zu der Annahme, dass diese von jedermann frei benutzt werden dürfen. Vielmehr kann es sich auch dann um eingetragene Warenzeichen oder sonstige gesetzlich geschützte Kennzeichen handeln, wenn sie nicht eigens als solche markiert sind.

Print ISBN 978-3-433-03232-9
ePDF ISBN 978-3-433-60926-2
ePub ISBN 978-3-433-60927-9
oBook ISBN 978-3-433-60925-5

Umschlaggestaltung Stefanie Eckert-Kimmig, stilvoll
Satz le-tex publishing services GmbH, Leipzig
Druck und Bindung Strauss GmbH, Mörlenbach

Der Eurocode 5 für Deutschland

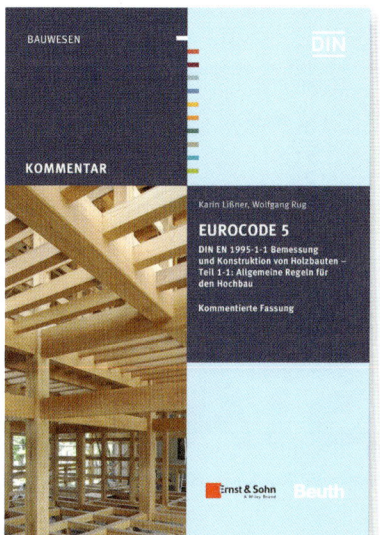

„Der Eurocode 5 für Deutschland" ist eine konsolidierte und kommentierte Fassung der DIN EN 1995-1-1, die alle für Deutschland relevanten Regelungen des Eurocode 5, Teil 1-1 und des Nationalen Anhangs zusammenführt und erläutert. Textpassagen, die in Deutschland nicht gelten, wurden entfernt, sodass der Umfang auf ein Mindestmaß reduziert werden konnte.

Da viele Regelungen der DIN 1052 in die Nationalen Anhänge des Eurocode 5 überführt worden sind, erleichtert die konsolidierte Fassung die Planungspraxis wesentlich. Die Bestimmungen aus den verschiedenen Dokumenten finden sich nun übersichtlich an einer Stelle. Die in einer separaten Randspalte gegebenen Kommentare vermitteln Hintergrundinformationen und Hinweise zur Anwendung in der Ingenieurpraxis.

Karin Lißner, Wolfgang Rug
Der Eurocode 5 für Deutschland
Eurocode 5: Bemessung und Konstruktion von Holzbauten – Teil 1-1: Allgemeines – Allgemeine Regeln und Regeln für den Hochbau. Kommentierte Fassung
2016. 354 Seiten.
€ 108,–*
ISBN 978-3-433-03102-5
Auch als ebook erhältlich.

BUNDLE ebook + Print!
€ 140,40*
ISBN: 978-3-433-03103-2

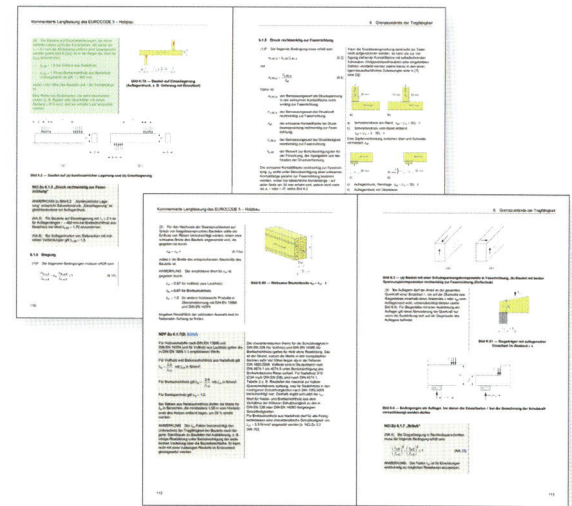

Online Bestellung:
www.ernst-und-sohn.de/3102

Ernst & Sohn
Verlag für Architektur und technische Wissenschaften GmbH & Co. KG

Kundenservice: Wiley-VCH
Boschstraße 12
D-69469 Weinheim

Tel. +49 (0)6201 606-400
Fax +49 (0)6201 606-184
service@wiley-vch.de

* Der €-Preis gilt ausschließlich für Deutschland. Inkl. MwSt. Die Versandkosten für Deutschland, Österreich, Schweiz, Liechtenstein und Luxemburg entfallen. Für alle anderen Länder gilt der Preis zzgl. Versandkosten. Irrtum und Änderungen vorbehalten. 1117116_dp

RFEM 5
Das ultimative FEM-Programm

Statik, die Spaß macht...

RSTAB 8
Das räumliche Stabwerksprogramm

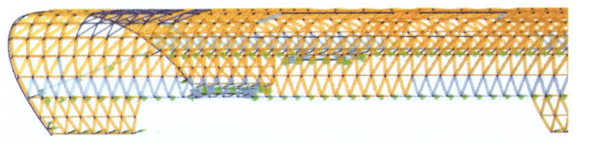
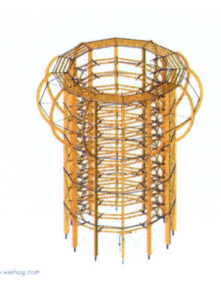

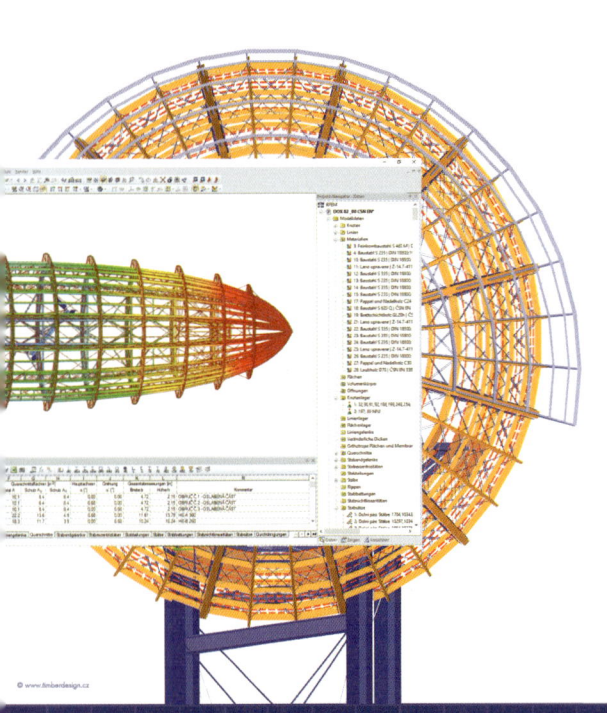

- Holzbau
- 3D-Finite Elemente
- BIM/Eurocodes
- Verbindungen
- Formfindung

- Laminatflächen/B
- 3D-Stabwerke
- Massivbau
- Stahlbau
- Brückenbau

KOSTENLOSE 90-TAGE-TESTVERSION

Software für Statik und Dynamik

www.dlubal.com

Dlubal Software GmbH · Am Zellweg 2, 93464 Tiefenbach · Tel.: +49 9673 9203-0 · Fax: +49 9673 9203-51 · info@dlubal.com

Inhaltsverzeichnis

Vorwort *IX*

Abkürzungsverzeichnis *XI*

1	**Holz als Konstruktionswerkstoff** *1*	
1.1	Bauen mit Holz – Vorteile und Herausforderungen *1*	
1.2	Mechanische Eigenschaften von Vollholz *2*	
1.2.1	Einfluss der Faserrichtung *3*	
1.2.2	Festigkeiten von Vollholz *3*	
1.2.3	Verformungseigenschaften von Holz *5*	
1.2.4	Einfluss der Belastungsdauer und der Feuchte *7*	
1.3	Holzprodukte *9*	
1.3.1	Konstruktionsvollholz und Balkenschichtholz *9*	
1.3.2	Brettschichtholz (BSH) *10*	
1.3.3	Brettsperrholz *11*	
1.4	Holzwerkstoffe *12*	
1.4.1	Furnierschichtholz *12*	
1.4.2	Sperrholz *13*	
1.4.3	Oriented-Strand-Board-Platten (OSB-Platten) *13*	
1.4.4	Spanplatten *14*	
1.4.5	Faserplatten *15*	
2	**Tragsicherheit und Gebrauchstauglichkeit stabförmiger Bauteile** *17*	
2.1	Grundlagen der Bemessung *17*	
2.1.1	Einwirkungskombinationen *18*	
2.1.2	Modifikationsbeiwerte und Verformungsbeiwerte *19*	
2.2	Biegung *20*	
2.3	Schub *22*	
2.4	Torsion und Rollschub *24*	
2.5	Stabilität *24*	
2.5.1	Knicken – Ersatzstabverfahren *26*	
2.5.2	Kippen – Ersatzstabverfahren *29*	
2.5.3	Biegedrillknicken *35*	
2.5.4	Berechnungen nach Theorie II. Ordnung *35*	
2.6	Zug und Biegung *36*	

2.7	Querdruck	*38*
2.8	Querzug	*38*
2.8.1	Allgemeines	*38*
2.8.2	Queranschlüsse	*39*
2.8.3	Ausklinkung	*40*
2.9	Nachweise im Grenzzustand der Gebrauchstauglichkeit (GZG)	*42*
2.9.1	Durchbiegungen	*42*
2.9.2	Schwingungen	*44*
3	**Anschlüsse und Verbindungen**	*45*
3.1	Allgemeines	*45*
3.2	Kontakt	*46*
3.2.1	Druck rechtwinklig zur Faser	*46*
3.2.2	Druck unter einem Winkel zur Faserrichtung	*49*
3.3	Stiftförmige Verbindungsmittel	*50*
3.3.1	Überblick	*50*
3.3.2	Zusammenwirken und Verformungsverhalten	*50*
3.3.3	Grundlagen der Berechnung bei Beanspruchung auf Abscheren	*54*
3.3.4	Holz-Holz- und Holz-Holzwerkstoff-Verbindungen – Abscheren	*57*
3.3.5	Holz-Holz- und Holz-Holzwerkstoff-Verbindungen – Abscheren, vereinfachtes Verfahren	*59*
3.3.6	Stahlblech-Holz-Verbindungen – Abscheren	*59*
3.3.7	Stahlblech-Holzverbindungen – Abscheren, vereinfachtes Verfahren	*61*
3.4	Stabdübel/Passbolzen	*62*
3.5	Nägel und Klammern	*66*
3.5.1	Begriffe und Definitionen	*66*
3.5.2	Konstruktive Regeln für Nägel	*68*
3.5.3	Konstruktive Regeln für Klammern	*71*
3.5.4	Tragfähigkeit	*72*
3.6	Dübel besonderer Bauart	*76*
3.6.1	Tragwirkung	*76*
3.6.2	Konstruktive Regeln	*77*
3.6.3	Tragfähigkeit	*78*
3.7	Geschraubte Verbindungen	*84*
3.7.1	Begriffe und Definitionen	*84*
3.7.2	Entwurf geschraubter Verbindungen	*86*
3.7.3	Tragfähigkeit	*89*
3.7.4	Anwendungsbeispiele und Ausführung	*92*
3.8	Blockscheren	*92*
4	**Bauteile und Konstruktionsregeln**	*97*
4.1	Dach-, Decken- und Wandkonstruktionen	*97*
4.1.1	Geneigte Dächer	*97*
4.1.2	Flachdächer	*99*
4.1.3	Decken	*102*
4.1.4	Wände	*106*

4.2	Brettschichtholzträger	*111*
4.2.1	Pultdachträger	*111*
4.2.2	Satteldachträger	*115*
4.2.3	Gekrümmte Träger und Satteldachträger mit gekrümmtem Untergurt	*116*
4.3	Aussteifungsregeln und Konstruktionsdetails	*117*
4.3.1	Grundlagen	*117*
4.3.2	Dächer	*119*
4.3.3	Skelettbau	*123*
4.3.4	Decken und Wände	*132*
4.3.5	Lastaufteilung	*132*
4.4	Holztafelbauweise	*134*
4.4.1	Allgemeines	*134*
4.4.2	Wandelemente	*135*
4.4.3	Deckenelemente	*139*
4.4.4	Anschlussdetails	*141*
5	**Dauerhaftigkeit**	*143*
5.1	Grundsätze und Definitionen	*143*
5.2	Sichere Konstruktionen	*146*
5.3	Konstruktiver Holzschutz	*147*
5.4	Dauerhafte Hölzer	*150*
5.5	Chemischer Holzschutz	*151*
5.6	Korrosionsschutz	*152*
6	**Brandschutz** *155*	
6.1	Einführung	*155*
6.2	Begriffe und rechtliche Regelungen	*156*
6.2.1	Vorschriften zum Brandschutz	*156*
6.2.2	Gebäudeklassen	*158*
6.2.3	Anforderungen an Bauteile und Baustoffe	*159*
6.2.4	Baustoffklassen und Feuerwiderstandsdauer	*160*
6.2.5	Kapselung von Holztafelkonstruktionen	*162*
6.3	Nachweis der Feuerwiderstandsdauer	*162*
6.3.1	Tragsicherheit des Restquerschnittes – „Warme Bemessung"	*162*
6.3.2	Verbindungsmittel	*165*
7	**Rechenbeispiele** *169*	
7.1	Referenzobjekte	*169*
7.2	Holzhaus	*170*
7.2.1	Einwirkungen	*170*
7.2.2	Sparren – Biegung ohne Normalkraft	*174*
7.2.3	Sparren – Schub	*176*
7.2.4	Sparren – Auflagerpressung	*177*
7.2.5	Druckbeanspruchte Stütze	*181*
7.2.6	Anschluss Pfette/Stütze	*184*
7.2.7	Holzbalkendecke	*185*

7.3 Lagerhalle *187*
7.3.1 Einwirkungen *187*
7.3.2 Koppelpfette – zweiachsige Biegung *190*
7.3.3 Koppelpfette – Auflagerpressung *193*
7.3.4 Binder – Biegung *195*
7.3.5 Wandverband – Anschluss Strebe/Stütze *198*
7.3.6 Eingespannte Stütze – Tragfähigkeit Verbindungsmittel *203*
7.3.7 Eingespannte Stütze – Schubspannungen im Anschlussbereich *208*
7.3.8 Eingespannte Stütze – Stabilität *210*
7.3.9 Eingespannte Stütze – Gebrauchstauglichkeit *213*

Verzeichnis der Normen und Regelwerke *215*

Verzeichnis der Bildquellen *217*

Stichwortverzeichnis *219*

Vorwort

Der Holzbau zählt seit einigen Jahren zu den innovativsten Bereichen des Bauwesens. Das betrifft Entwicklungen bei den Konstruktionswerkstoffen und in der Verbindungstechnik sowie die Herstellungstechnologie und die Baustellenlogistik gleichermaßen. Das vorliegende Buch zielt darauf ab, die wesentlichen Kenntnisse und Kompetenzen zu vermitteln, die für den Entwurf, die Bemessung und die Konstruktion von Holztragwerken für typische Bauwerke des Hochbaus erforderlich sind. Ein besonderer Schwerpunkt wird dabei auf die Besonderheiten von Holz und Holzwerkstoffen gegenüber anderen Konstruktionswerkstoffen gelegt. Das betrifft die zahlreichen Vorteile – das vergleichsweise geringe Gewicht und die gute Bearbeitbarkeit des leistungsfähigen Werkstoffs –, aber auch die Herausforderungen, die aus der Materialanisotropie und der Anfälligkeit gegenüber natürlichen Schädlingen herrühren, sowie die Verbindungstechnik. Dabei werden ganz gezielt die wesentlichen Phänomene im Zusammenhang mit normativen Regelungen vorgestellt und anschaulich erläutert. Es werden neben den klassischen statisch-konstruktiven Themen auch baukonstruktive Aspekte in den Blick genommen. In einem abschließenden Kapitel wird die Anwendung der wichtigsten Bemessungsregeln anhand von zwei Referenzprojekten veranschaulicht.

Die Fülle spannender und interessanter Aufgaben, für die mit dem Werkstoff Holz kreative und innovative Lösungen erarbeitet werden können, bringt es mit sich, dass zahlreiche für den modernen Holzbau wichtige Themen nicht berücksichtigt werden konnten. Dazu gehören u. a. Brettsperrholz, Verbundbauteile und formschlüssige Verbindungen sowie der Entwurf und die rechnerische Modellierung weitgespannter Hallentragwerke und Brückenkonstruktionen. Diesen Themen wird sich der zweite Band *Ingenieurholzbau – Vertiefung* widmen.

Beide Bände basieren auf Vorlesungsunterlagen, die in den vergangenen Jahren am Fachgebiet Bauwerkserhaltung und Holzbau der Universität Kassel erarbeitet wurden. Carsten Pörtner, Martin Schäfers, Heiko Koch, Lars Eisenhut, Tobias Vogt, Michael Schick und Timo Claus haben in dieser Zeit als wissenschaftliche Mitarbeiter zum Aufbau des Schwerpunkts „Holzbau" ganz wesentlich beigetragen.

Bianca Böhmer hat eine Vielzahl handschriftlicher Notizen in Textform gebracht. Christoph Meyer, Simone Otto, Claudia Drebing, Louisa Rippien, Artur Ginz, Lisa McTaggart, Christian Umbach und Christian Hartig haben sich als studentische Mitarbeiter mit großer Sorgfalt um eine gute und einheitliche grafische Darstellung und die Überprüfung des Layouts gekümmert.

Kassel, im April 2019　　　　　　　　　　*Werner Seim und Johannes Hummel*

Abkürzungsverzeichnis

Große lateinische Buchstaben

A	Astigkeit, Querschnittsfläche
ΔA	Dübel-Fehlfläche, Verbindungsmittel-Fehlfläche
A_{fi}	Restquerschnitt im Brandfall – Querschnittsfläche abzüglich der idellen Abbrandtiefen
A_k	charakteristischer Wert einer außergewöhnlichen Einwirkung
A_{netto}	Nettofläche des Querschnitts
$A_{net,t}$	Nettofläche für Zugversagen des Blockquerschnitts (Blockscheren)
$A_{net,v}$	Nettofläche für Schubversagen des Blockquerschnitts (Blockscheren)
B	Biegesteifigkeit $B = E \cdot I$
BSH	Brettschichtholz
C	Mindeststeifigkeit der Aussteifungskonstruktion
E	Elastizitätsmodul
$E_{0,mean}$	Mittelwert des Elastizitätsmoduls parallel zur Faserrichtung
$E_{90,mean}$	Mittelwert des Elastizitätsmoduls rechtwinklig zur Faserrichtung
E_d	Bemessungswert der Einwirkung (unter normaler Temperatur)
$E_{d,fi}$	Bemessungswert der Einwirkung im Brandfall
E_k	charakteristischer Wert der Einwirkung
E_s	Elastizitätsmodul von Stahl
F	Kraft
$F_{90,d}$	Bemessungswert der Druckkraft an der Außenrippe einer Wandscheibe
$F_{90,Rk}$	charakteristischer Wert der Querzugtragfähigkeit
$F_{90,Rd}$	Bemessungswert der Querzugtragfähigkeit
$F_{ax,k}$	charakteristischer Wert der axialen Beanspruchung des Verbindungsmittels
$F_{ax,d}$	Bemessungswert der axialen Beanspruchung des Verbindungsmittels
$F_{ax,Rk}$	charakteristischer Wert der axialen Tragfähigkeit des Verbindungsmittels
$F_{ax,Rd}$	Bemessungswert der axialen Tragfähigkeit des Verbindungsmittels
$F_{bs,Rk}$	charakteristischer Wert der Tragfähigkeit gegenüber Blockscheren

$F_{f,Rd}$	Bemessungswert der Tragfähigkeit eines Verbindungsmittels bei Wandelementen
$F_{c,0,d}$	Bemessungswert der Druckkraft in Richtung der Längsachse des Bauteils
$F_{c,90,d}$	Bemessungswert der Druckkraft quer zur Faserrichtung
F_d	Bemessungswert einer Beanspruchung, Stabilisierungslast
F_i	Kraft auf Verbindungsmittel i
F_{q_1}, F_{q_2}	Druckkräfte zum Erhalt des Gleichgewichts bei Verbindungen mit Dübeln besonderer Bauart über Formschluss
F_t	Zugtragfähigkeit der Schraube gegenüber Stahlversagen
$F_{tens,k}$	charakteristischer Wert der Zugtragfähigkeit der Schraube gegenüber Stahlversagen
$F_{t,d}$	Bemessungswert der axialen Beanspruchung von ausziehfesten Verbindungsmitteln an Zugstößen, Bemessungswert der Zugkraft
$F_{t,d,x}$	Bemessungswert der Kraftkomponente in x-Richtung
$F_{t,d,y}$	Bemessungswert der Kraftkomponente in y-Richtung
$F_{t,d,z}$	Bemessungswert der Kraftkomponente in z-Richtung
$F_{t,0}$	Zugkraft in Richtung der x-Achse
$F_{v,Ed}$	Bemessungswert der Beanspruchung eines Verbindungsmittels auf Abscheren
$F_{v,Rk}$	charakteristischer Wert der Tragfähigkeit eines Verbindungsmittels bei Beanspruchung auf Abscheren
$\Delta F_{v,Rk}$	Beitrag aus der Seilwirkung zum charakteristischen Wert der Tragfähigkeit auf Abscheren
$F_{v,Rd}$	Bemessungswert der Tragfähigkeit eines Verbindungsmittels bei Beanspruchung auf Abscheren, Bemessungswert der Tragfähigkeit der Wandscheibe gegenüber horizontalen Einwirkungen
$F_{v,\alpha,Rd}$	Bemessungswert der Tragfähigkeit einer Verbindung mit Dübeln besonderer Bauart bei Beanspruchung auf Abscheren im Winkel zur Faser
$F_{v,\alpha,Rd}^{b}$	Bemessungswert der Tragfähigkeit des (Pass-)Bolzens bei einer Verbindung mit Dübeln besonderer Bauart unter Beanspruchung auf Abscheren im Winkel zur Faser
$F_{v,0,Rk}^{c}$	charakteristischer Wert der Tragfähigkeit des Dübels bei einer Verbindung mit Dübeln besonderer Bauart unter Beanspruchung auf Abscheren
$F_{v,\alpha,Rd}^{c}$	Bemessungswert der Tragfähigkeit des Dübels bei einer Verbindung mit Dübeln besonderer Bauart unter Beanspruchung auf Abscheren im Winkel zur Faser
$F_{x,i}^{N}$	Kraftkomponente eines Verbindungsmittels in x-Richtung infolge Normalkraftbeanspruchung
$F_{x,i}^{M}$	Kraftkomponente eines Verbindungsmittels in x-Richtung infolge Biegebeanspruchung
$F_{z,i}^{M}$	Kraftkomponente eines Verbindungsmittels in z-Richtung infolge Biegebeanspruchung

$F_{z,i}^V$	Kraftkomponente eines Verbindungsmittels in z-Richtung infolge Schubbeanspruchung
$F_{Z,d}$	Bemessungswert der Zugkraft an der Verankerung der Außenrippe einer Wandscheibe
G	Schubmodul
G_k	charakteristischer Wert der Einwirkung Eigengewicht
G_{mean}	Mittelwert des Schubmoduls
$H_{x,i}$	Horizontallast der in x-Richtung orientierten Wand i
$H_{y,i}$	Horizontallast der in y-Richtung orientierten Wand i
I	Flächenträgheitsmoment
I_p	polares Flächenträgheitsmoment
I_s	Trägheitsmoment einer selbstbohrenden Schraube
I_t	Torsionsträgheitsmoment
I_y	Flächenträgheitsmoment um die y-Achse
I_z	Flächenträgheitsmoment um die z-Achse
KVH	Konstruktionsvollholz
K, K_{ser}	Verschiebungsmodul
K_φ	Drehfedersteifigkeit
LH	Laubholz
M	Biegemoment, Schubmittelpunkt
M_{ap}	Biegemoment im First eines Satteldachbinders
$M_{ap,d}$	Bemessungswert des Biegemoments im First eines Satteldachbinders
M_d	Bemessungswert des Biegemoments
M_D	Drillmoment
M_s	Biegemoment im Schwerpunkt des Anschlusses
M_{tor}	Torsionsmoment am Auflager von Dachbindern
$M_{tor,d}$	Bemessungswert des Torsionsmoments am Auflager von Dachbindern
$M_{y,Rk}$	charakteristischer Wert des Fließmoments des Verbindungsmittels
N	Normalkraft
N_d	Bemessungswert der Normalkraft
$N_{pl,k}$	plastische Normalkrafttragfähigkeit einer selbstbohrenden Schraube
$N_{ki,k}$	Knicklast einer selbstbohrenden Schraube
N_s	Normalkraft im Schwerpunkt des Anschlusses
NH	Nadelholz
OSB	Oriented Strand Board
P	Last
$P_{i,z}$	Resultierende Kraft in z-Richtung in Höhe der Verbindungsmittelreihe i
Q_k	charakteristischer Wert der veränderlichen Einwirkung
$Q_{k,q}$	charakteristischer Wert der veränderlichen Einwirkung Nutzung
$Q_{k,s}$	charakteristischer Wert der veränderlichen Einwirkung Schnee
$Q_{k,w}$	charakteristischer Wert der veränderlichen Einwirkung Wind
R_d	Bemessungswert des Widerstandes
R_k	charakteristischer Wert des Widerstandes
S	Schwerpunkt

S_y	Statisches Moment um die y-Achse
T	Torsionssteifigkeit
V	Volumen
V_d	Bemessungswert der Querkraft
V_{red}	reduzierte Querkraft
V_s	Schubkraft im Schwerpunkt des Anschlusses
V_z	Querkraft in z-Richtung
W	Widerstandsmoment
$W_{ap,netto}$	Widerstandsmoment des Firstquerschnitts, ggf. unter Abzug von Fehlflächen durch eingeklebte Verstärkungen
W_{netto}	Widerstandsmoment des Nettoquerschnitts
W_{erf}	erforderliches Widerstandsmoment beim Nachweis im Grenzzustand der Tragfähigkeit (GZT)
W_{fi}	Widerstandsmoment des Restquerschnitts nach Berücksichtigung der ideellen Abbrandtiefe
W_x	Einwirkende Horizontalkraft in x-Richtung
W_y	Widerstandsmoment für Biegung um y-Achse

Kleine lateinische Buchstaben

a	Abstand bzw. Überstand
a_1	Verbindungsmittelabstand in Faserrichtung, Beiwert zur Ermittlung der Kipplänge
a_2	Verbindungsmittelabstand senkrecht zur Faserrichtung, Beiwert zur Ermittlung der Kipplänge
a_3	Randabstand von Verbindungsmitteln in Faserrichtung
a_4	Randabstand von Verbindungsmitteln senkrecht zur Faserrichtung
a_{fi}	Erhöhungsmaß für die Feuerwiderstandsklassen R30/R60
a_r	Rippenabstand
b	Querschnittsbreite des Bauteils, Breite einer Wandscheibe
b_{ef}	effektive Querschnittsbreite, effektive Scheibenhöhe
b_{fi}	Breite des Restquerschnitts nach Berücksichtigung der ideellen Abbrandtiefe
b_i	Breite der Öffnung i in der Beplankung einer Holztafelwand
b_{net}	lichter Abstand zwischen den Rippen bei Holztafelwänden
b_{st}	Breite ungeschützter innen liegender Stahlbleche
c	Breite des Firstbereiches, Abminderungsfaktor für besonders schlanke Wände
c_h	Bettungsziffer für selbstbohrende Schrauben gegenüber seitlichem Ausweichen
d	Verbindungsmitteldurchmesser
d_a	Außendurchmesser von Unterlegscheiben
d_c	Durchmesser eines Dübels besonderer Bauart
d_{ef}	ideelle Abbrandtiefe

d_h	Durchmesser des Schraubenkopfes oder Durchmesser der Unterlegscheibe
d_i	Durchmesser von Ast i
e_x	Abstand der Wirkungsachsen der Einwirkungen vom Steifigkeitsmittelpunkt in x-Richtung
e_y	Abstand der Wirkungsachsen der Einwirkungen vom Steifigkeitsmittelpunkt in y-Richtung
$f_{ax,d}$	Bemessungswert des Ausziehparameters
$f_{ax,k}$	charakteristischer Wert des Ausziehparameters
$f_{c,0,d}$	Bemessungswert der Druckfestigkeit parallel zur Faserrichtung
$f_{c,0,k}$	charakteristischer Wert der Druckfestigkeit parallel zur Faserrichtung
$f_{c,90,d}$	Bemessungswert der Druckfestigkeit rechtwinklig zur Faserrichtung
$f_{c,90,k}$	charakteristischer Wert der Druckfestigkeit rechtwinklig zur Faserrichtung
$f_{c,\alpha,k}$	charakteristischer Wert der Druckfestigkeit für Beanspruchung im Winkel zur Faser
f_d	Bemessungswert der Festigkeit
$f_{d,fi}$	Bemessungswert der Festigkeit im Brandfall
$f_{h,k}$	charakteristischer Wert der Lochleibungsfestigkeit
$f_{h,0,k}$	charakteristischer Wert der Lochleibungsfestigkeit in Faserrichtung
$f_{h,1,k}$	charakteristischer Wert der Lochleibungsfestigkeit für Querschnitt 1
$f_{h,2,k}$	charakteristischer Wert der Lochleibungsfestigkeit für Querschnitt 2
$f_{h,\alpha,k}$	charakteristischer Wert der Lochleibungsfestigkeit unter einem Winkel zwischen Kraft und Faserrichtung
$f_{head,k}$	charakteristischer Wert des Kopfdurchziehparameters
f_k	charakteristischer Wert der Festigkeit, Drahtzugfestigkeit (Nagel oder Klammer)
$f_{m,d}$	Bemessungswert der Biegefestigkeit
$f_{m,k}$	charakteristischer Wert der Biegefestigkeit
$f_{t,0,d}$	Bemessungswert der Zugfestigkeit parallel zur Faserrichtung
$f_{t,0,k}$	charakteristischer Wert der Zugfestigkeit parallel zur Faserrichtung
$f_{t,90,d}$	Bemessungswert der Zugfestigkeit rechtwinklig zur Faserrichtung
$f_{t,90,k}$	charakteristischer Wert der Zugfestigkeit rechtwinklig zur Faserrichtung
$f_{v,d}$	Bemessungswert der Schubfestigkeit
$f_{v,k}$	charakteristischer Wert der Schubfestigkeit
$f_{u,k}$	charakteristischer Wert der Zugfestigkeit des Verbindungsmittels
g	Linienlast Eigengewicht
g_x	Linienlast Eigengewicht bezogen auf die x-Achse des Bauteils
g_z	Linienlast Eigengewicht bezogen auf die z-Achse des Bauteils
h	Querschnittshöhe des Bauteils, Höhe des Wandelements
h_A	Trägerhöhe am Auflager
h_{ap}	Trägerhöhe im Firstbereich
h_c	Höhe eines Dübels besonderer Bauart
h_e	Verbindungsmittelabstand vom Bauteilrand, Einlass-/Einpresstiefe
h_{ef}	effektive Bauteilhöhe

h_i	Höhe der Öffnung i in der Beplankung einer Holztafelwand
h_{fi}	Höhe des Restquerschnitts nach Berücksichtigung der ideellen Abbrandtiefe
i	Trägheitsradius, Neigung des Anschnitts
i_m	Trägheitsradius für Kippen
k_1, k_2, k_3	Beiwerte zur Berücksichtigung von Abweichungen von der Rohdichte und den Mindestholzdicken auf die Tragfähigkeit von Dübeln besonderer Bauart
$k_{\alpha,c}$	Beiwert zur Berücksichtigung des Kraft-Faser-Winkels beim Dübel
k_c	Knickbeiwert
$k_{c,90}$	Querdruckbeiwert
k_{cr}	Beiwert zur Bestimmung der effektiven Breite
k_{crit}	Beiwert zur Berücksichtigung der Vorkrümmung des Binders
k_{def}	Verformungsbeiwert
k_{fi}	Beiwert zur Umrechnung der Festigkeit im Brandfall
k_l	Beiwert zur Berücksichtigung der Neigung des Satteldachbinders auf die Biegespannung
$k_{m,\alpha}$	Beiwert zur Abminderung der Biegefestigkeit bei angeschnittener Faser
k_{mod}	Modifikationsbeiwert für Lasteinwirkungsdauer und Feuchtegehalt
$k_{mod,fi}$	Modifikationsbeiwert im Brandfall
k_{pl}	Beiwert zur Berücksichtigung des Plattenbeulens und des Einflusses von Nebenspannungen
k_v	Abminderungsbeiwert bei Ausklinkungen
$k_{wx,i}$	Ersatz-Federsteifigkeit einer in x-Richtung orientierten Wand
$k_{wy,i}$	Ersatz-Federsteifigkeit einer in y-Richtung orientierten Wand
l	Bauteillänge bzw. Spannweite
l'	Höhe der Stütze zwischen elastischer Einspannung und Stützenkopf
l_{ap}	Länge zwischen Auflager und First
l_1, l_2	Spannweiten
l_{ef}	effektive Länge, Knicklänge, Kipplänge, Verankerungslänge, Einbinde-/Einschraubtiefe
l_k	Länge einer Auskragung
$l_{v,i}$	Länge der auf Schub beanspruchten Bereiche beim Blockscheren
$l_{t,i}$	Länge der auf Zug (in Faserrichtung) beanspruchten Bereiche beim Blockscheren
m	Masse
m_0	Masse der darrgetrockneten Holzprobe
m_u	Masse der feuchten Holzprobe
n	Anzahl von Bauteilen und Verbindungsmitteln
n_{ef}	wirksame Anzahl von Verbindungsmitteln
n_s	Anzahl der Scherflächen im Anschluss
n_x	Anzahl der Verbindungsmittel in lokaler x-Richtung
n_z	Anzahl der Verbindungsmittel in lokaler z-Richtung
q	Linienlast veränderliche Einwirkung
q_d	Linienlast Bemessungswert, Stabilisierungslast aus Dachbindern
$q_{s,x}$	Linienlast Schnee bezogen auf die x-Achse des Bauteils

$q_{s,z}$	Linienlast Schnee bezogen auf die z-Achse des Bauteils
q_w	Linienlast Wind
r_{in}	kleinster (innerster) Radius des gekrümmten Bauteils
s	Abstand der Verbindungsmittel bei Holztafelwänden
s'	dynamische Steifigkeit gegenüber Trittschall
s_d	wasserdampfäquivalente Luftschichtdicke
$s_{x,i}$	Abstand der Wand i vom Steifigkeitsmittelpunkt in x-Richtung
$s_{y,i}$	Abstand der Wand i vom Steifigkeitsmittelpunkt in y-Richtung
t	Bauteildicke, Dicke der Lamelle, Dicke der Beplankung, Dauer der Brandbeanspruchung
t_1	Dicke des Seitenholzes
t_2	Dicke des Mittelholzes
t_{ef}	wirksame Höhe beim Blockscheren
t_{pen}	Einschlagtiefe von Verbindungsmitteln
u	Holzfeuchte, Verschiebung
u_φ	Verschiebung am Stützenkopf infolge Stützenverdrehung
v	seitliche Verschiebung infolge Knickens
w	Verschiebung in z-Richtung
$w_{1\,kN}$	Durchbiegung unter einer Einzellast von 1 kN in Feldmitte eines Einfeldträgers
w_{ap}	größte Durchbiegung am First ohne Abzug der Überhöhung
w_c	Überhöhung
w_{creep}	Kriechverformung
w_{fin}	Enddurchbiegung
w_{inst}	Anfangsdurchbiegung
$w_{inst,G}$	Anfangsdurchbiegung infolge ständiger Lasten
$w_{inst,Q}$	Anfangsdurchbiegung infolge veränderlicher Lasten
$w_{net,fin}$	Enddurchbiegung ohne Berücksichtigung einer Überhöhung
w_H	horizontale Auflageverschiebung bei einem gekrümmten Träger
x_i	Abstand des Verbindungsmittels i vom Anschlussschwerpunkt in lokaler x-Richtung
x_s	x-Koordinate des Steifigkeitsmittelpunkts
y_s	y-Koordinate des Steifigkeitsmittelpunkts
z_i	Abstand des Verbindungsmittels i vom Anschlussschwerpunkt in lokaler z-Richtung

Kleine griechische Buchstaben

α	Winkel, Kraft-Faser-Winkel, Verhältnis Resthöhe zu Trägerhöhe, Winkel zwischen Faserrichtung und Schraubenachsen, Dachneigung, Faseranschnittswinkel
β	Winkel, Knicklängenbeiwert, Verhältnis der Lochleibungsfestigkeiten
β_n	ideelle Abbrandrate
γ	Winkel

γ_G	Teilsicherheitsbeiwert für eine ständige Einwirkung
γ_m	Teilsicherheitsbeiwert für die Festigkeit
$\gamma_{m,fi}$	Teilsicherheitsbeiwert für die Festigkeit im Brandfall
γ_Q	Teilsicherheitsbeiwert für eine veränderliche Einwirkung
δ	Winkel
η	Ausnutzungsgrad
σ_0	Spannung in Richtung der Faser
σ_{90}	Spannung quer zur Richtung der Faser
σ_B	Biegespannung
σ_D	Druckspannung
$\sigma_{c,0}$	Druckspannung in Faserrichtung des Holzes
$\sigma_{c,90}$	Druckspannung senkrecht zur Faserrichtung des Holzes
$\sigma_{c,\alpha}$	Druckspannung im Winkel zur Faserrichtung des Holzes ($0° > \alpha > 90°$)
$\sigma_{c,0,d}$	Bemessungswert der Druckspannung in Faserrichtung
$\sigma_{c,90,d}$	Bemessungswert der Druckspannung senkrecht zur Faserrichtung
$\sigma_{c,\alpha,d}$	Bemessungswert der Druckspannung im Winkel zur Faserrichtung des Holzes ($0° > \alpha > 90°$)
$\sigma_{d,fi}$	Bemessungswert der Spannungen im Brandfall
$\sigma_{t,0}$	Zugspannung in Faserrichtung des Holzes
$\sigma_{t,0,d}$	Bemessungswert der Zugspannung in Faserrichtung
$\sigma_{t,90}$	Zugspannung quer zur Faserrichtung des Holzes
$\sigma_{t,90,d}$	Bemessungswert der Zugspannung quer zur Faserrichtung des Holzes
σ_m	Biegespannung
$\sigma_{m,d}$	Bemessungswert der Biegespannung
$\sigma_{m,0,d}$	Bemessungswert der Längsbiegespannung bei parallelgurtigen Trägern
$\sigma_{m,\alpha,d}$	Bemessungswert der Längsbiegespannung am angeschnittenen Rand
$\sigma_{m,y,d}$	Bemessungswert der Biegespannung infolge Biegung um die y-Achse
$\sigma_{m,z,d}$	Bemessungswert der Biegespannung infolge Biegung um die z-Achse
λ	Schlankheit
$\overline{\lambda}_k$	Schlankheitsgrad einer selbstbohrenden Schraube gegenüber Knicken
$\lambda_{rel,c}$	Knickschlankheit
$\lambda_{rel,m}$	Kippschlankheit
τ	Schubspannung
τ_d	Bemessungswert der Schubspannung
τ_{xz}	Schubspannung rechtwinklig zur Balkenachse
τ_{zx}	Schubspannung parallel zur Balkenachse
$\tau_{yz,d}$	Bemessungswert der Schubspannung in Richtung der y-Achse
$\tau_{xz,d}$	Bemessungswert der Schubspannung in Richtung der z-Achse
μ_m	Ausnutzungsgrad bei Pult- und Satteldachbindern für Biegung

μ_z	Ausnutzungsgrad bei Pult- und Satteldachbindern für Querzug
ψ_0	Kombinationsbeiwert für veränderliche Einwirkungen
ψ_1	Kombinationsbeiwert für veränderliche Einwirkungen
ψ_2	Kombinationsbeiwert für veränderliche Einwirkungen
ρ	Rohdichte
ρ_k	charakteristischer Wert der Rohdichte
ρ_m	Mittelwert der Rohdichte
ω_{gl}	Ausgleichsfeuchte
ϑ	Drehwinkel der Stabachse/Verdrillung

INFORMATIONSDIENST **HOLZ**

FÜR BAUHERREN, ARCHITEKTEN, TRAGWERKSPLANER.
Bewährt seit mehr als 60 Jahren, nach wie vor up-to-date und bereit für die Zukunft: Der Informationsdienst Holz.

WWW.INFORMATIONSDIENST-HOLZ.DE
Neutrales Wissen über den Stand der Technik. Publikationen als kostenfreier PDF-Download, Neuigkeiten und Termine sowie mehr als 180 Dokumentationen Holzbau-Architektur.

FACHBERATUNG
Individuelle und firmenneutrale Auskunft beim Planen und Bauen mit Holz.
Kostenfrei von Fachleuten für Fachleute.

Montag bis Freitag
von 9.00 bis 16.00 Uhr
Telefon: (030) 57 70 19 95
fachberatung@informationsdienst-holz.de

Mauerwerk –
European Journal of Masonry

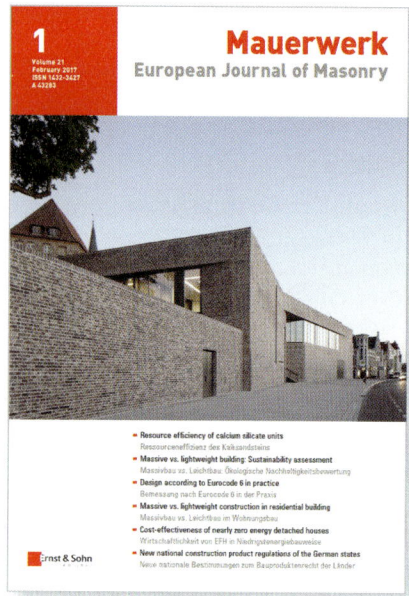

Mauerwerksbau in allen Facetten, zusammengeführt in einer Fachzeitschrift für Europa. Technische Entwicklungen, neueste Forschungsergebnisse und die praktische Anwendung von Mauerwerksprodukten werden mit Fachaufsätzen, Berichten und ergänzenden Informationen und Neuigkeiten begleitet. **Mauerwerk** ist darüber hinaus die einzige Zeitschrift, die diese gesamte Bandbreite abdeckt.
Seit 2015 erscheint die Zeitschrift zweisprachig in Deutsch und Englisch.

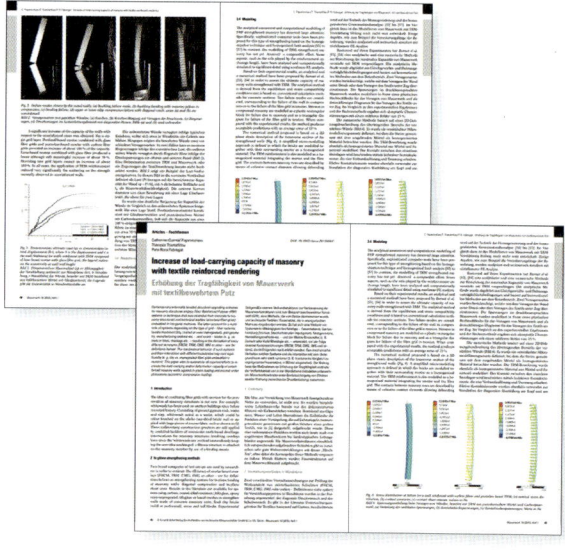

Hrsg.: Ernst & Sohn
Mauerwerk
European Journal of Masonry
23. Jahrgang 2018
6 Hefte / Jahr
ISSN 1432-3427 print
ISSN 1437-1022 online
Auch als **e**journal erhältlich.

Weitere Zeitschriften:

■ Bautechnik
■ Bauphysik

Online Bestellung:
www.ernst-und-sohn.de/mauerwerk

Ernst & Sohn
Verlag für Architektur und technische Wissenschaften GmbH & Co. KG

Kundenservice: Wiley-VCH
Boschstraße 12
D-69469 Weinheim

Tel. +49 (0)800 1800-536
Fax +49 (0)6201 606-184
cs-germany@wiley.com

1
Holz als Konstruktionswerkstoff

1.1 Bauen mit Holz – Vorteile und Herausforderungen

Der Holzbau zählt neben dem Mauerwerksbau aus natürlichen Steinen zu den ältesten Bauweisen der Menschheit. Holz war bis zur industriellen Herstellung von Stahlerzeugnissen der einzige Baustoff, der für stabförmige auf Biegung beanspruchte Bauteile zur Verfügung stand. Im Verlauf der Geschichte entwickelten die Zimmerleute eine Vielzahl von Anwendungsmöglichkeiten für diesen leicht zu bearbeitenden Werkstoff. Holz wurde und wird für Dachkonstruktionen, Fachwerkbauten, Brücken, Schiffe und vieles mehr verwendet. Der Baustoff Holz ist in den meisten Regionen in Mittel- und Nordeuropa lokal vorhanden und kann ohne lange Transportwege vom Wald über das Sägewerk zum Einsatzort gebracht werden. Holz ist der einzige nachwachsende Rohstoff, der für Baukonstruktionen und Tragwerke genutzt wird, und verfügt über ein hervorragendes Potenzial für eine optimierte Kaskadennutzung, wie in Abb. 1.1 schematisch veranschaulicht wird.

In Deutschland sind ca. 30 % der Fläche bewaldet. Die Wälder speichern durch die Fotosynthese große Mengen CO_2. Durch Verbrennung oder Verrottung des Holzes wird so viel CO_2 freigesetzt, wie beim Wachstum aus der Atmosphäre aufgenommen wurde. Wird Holz als Baustoff in Gebäuden oder anderen Bauwerken eingesetzt, so bleibt das CO_2 über die gesamte Nutzungsdauer des Gebäudes gebunden. Die Bewirtschaftung der Wälder folgt dem Prinzip der Nachhaltigkeit, d. h., es wird pro Jahr nur so viel Holz entnommen, wie in dieser Zeit nachwächst.

Holz, als natürlicher Werkstoff, kann unter bestimmten Umständen durch Pilze oder Insekten zerstört werden. Somit hängt die Nutzungsdauer von Bauwerken aus Holz ganz entscheidend von der Ausführungsart und dem richtigen Holzschutz ab. Dass Holzbauwerke bei richtiger Konstruktion und Pflege durchaus mehrere hundert Jahre überdauern können, zeigen die in großer Anzahl in Deutschland erhaltenen mittelalterlichen Dachkonstruktionen und Fachwerkhäuser, die teilweise über 500 Jahre alt sind.

Ein wichtiges Merkmal des Holzbaus ist die Verbindungstechnik. Neben den zimmermannsmäßigen Verbindungen entwickelten sich im 20. Jahrhundert zunehmend neue Verbindungstechniken im Holzbau. Die Entwicklung der Klebetechnik und die damit verbundene Möglichkeit, Holzquerschnitte unabhängig von den Abmessungen der Bäume herstellen zu können, hat zu einer ständigen Erweiterung der Anwendungsmöglichkeiten des Holzbaus geführt. Heute wer-

Ingenieurholzbau – Basiswissen: Tragelemente und Verbindungen, Erste Auflage.
Werner Seim und Johannes Hummel.
© 2019 Wilhelm Ernst & Sohn. Published 2019 by Wilhelm Ernst & Sohn.

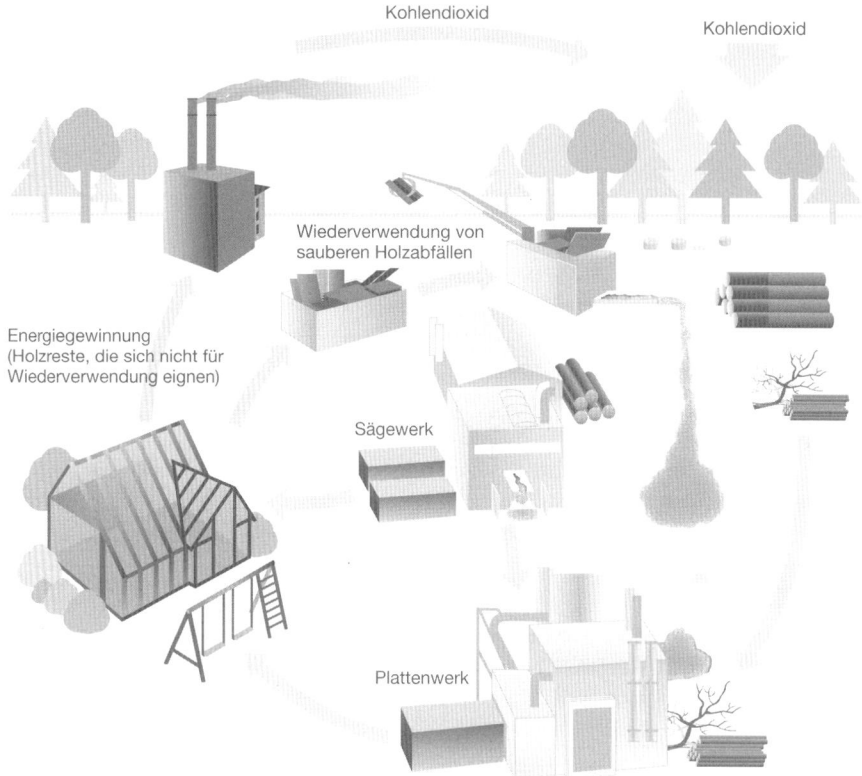

Abb. 1.1 Kaskadennutzung des Werk- und Rohstoffes Holz.

den Sport- und Messehallen, mehrgeschossige Wohn- und Geschäftshäuser, Industriebauten sowie Türme und Brücken in Holzbauweise ausgeführt.

1.2 Mechanische Eigenschaften von Vollholz

Holz ist ein natürlicher Werkstoff und jedes Holzbauteil war Teil eines Baumes. Da bei der „Erzeugung" des Werkstoffes Holz kaum Einfluss auf die mechanischen Eingenschaften genommen werden kann, unterliegen diese den Bedingungen des natürlichen Wuchses. Die Eigenschaften des späteren Holzbauteils werden ganz grundlegend von der Faserrichtung, der Dichte und von Unregelmäßigkeiten in der Struktur beeinflusst.

Anatomie, Physik und Chemie des Holzes werden von Wagenführ und Scholz [1] und von Fengel und Wegener [2] umfassend erläutert. Das Standardwerk von Kollmann [3] ist nur noch antiquarisch erhältlich. Im Folgenden werden die wichtigsten mechanischen Eigenschaften im Hinblick auf eine Verwendung für Tragwerke und Baukonstruktionen beschrieben.

KVH®, DUOBALKEN® UND TRIOBALKEN®
– NACH EUROPÄISCHER NORM –

Konstruktionsvollholz KVH® und Balkenschichtholz (Duobalken®, Triobalken®) sind hochwertige Baustoffe für konstruktive Verwendungen im modernen Holzbau, besonders geeignet für:

- tragende und aussteifende Holzkonstruktionen,
- Bauteile mit hohen gestalterischen Ansprüchen,
- Bauteile, bei denen auf vorbeugenden chemischen Holzschutz verzichtet werden kann.

Europäisch geregelt
gemäß DIN EN 15497:2014-7 (Konstruktionsvollholz KVH®)
und DIN EN 14080:2013-08 (Duobalken®, Triobalken®)

Mehr Informationen zur europäischen Norm unter www.kvh.eu oder bei:
Überwachungsgemeinschaft Konstruktionsvollholz e.V.
Heinz-Fangman-Straße 2, D-42287 Wuppertal – GERMANY
Fax: +49 (0)202 / 769 72 73-5, E-Mail: info@kvh.eu

11. Auflage des Standardwerks im Ingenieurholzbau

Mandy Peter, Claus Scheer
Holzbau-Taschenbuch
Bemessungsbeispiele nach Eurocode 5
11. Auflage
2015. 358 Seiten.
€ 89,–*
ISBN: 978-3-433-03082-0
Auch als ebook erhältlich.

Das Holzbau-Taschenbuch ist das Standardwerk im Ingenieurholzbau. Der Band „Bemessungsbeispiele" beinhaltet Berechnungen für alle wesentlichen Bauteile, Verbindungen und Konstruktionen des Holzbaus auf der Grundlage der Eurocodes. Darüber hinaus werden die Bemessungsregeln zum Nachweis für den Brandfall anhand von Beispielen veranschaulicht.

Der Band dient dem in der Praxis tätigen Ingenieur als Nachschlagewerk und ist für Studierende eine wertvolle Ergänzung zum Studium im Fach Ingenieurholzbau.

Online Bestellung:
www.ernst-und-sohn.de/3082

Ernst & Sohn
Verlag für Architektur und technische
Wissenschaften GmbH & Co. KG

Kundenservice: Wiley-VCH
Boschstraße 12
D-69469 Weinheim

Tel. +49 (0)6201 606-400
Fax +49 (0)6201 606-184
service@wiley-vch.de

* Der €-Preis gilt ausschließlich für Deutschland. Inkl. MwSt. Die Versandkosten für Deutschland, Österreich, Schweiz, Liechtenstein und Luxemburg entfallen. Für alle anderen Länder gilt der Preis zzgl. Versandkosten. Irrtum und Änderungen vorbehalten. 1081126_dp

Anleitung zum Hinsehen, Denken, Verstehen

Zur Beurteilung von Tragwerken bei Umnutzung, Einschätzung der Standsicherheit, Definition der Tragreserven und Gefahrenpotentiale historischer Konstruktionen: eine unverzichtbare Anleitung für Bauingenieure zum Hinsehen, Denken, Verstehen. Mit Beispielen. In zwei Bänden.

Stefan Holzer
Statische Beurteilung historischer Tragwerke
Mauerwerkskonstruktionen
2013. 322 S.
€ 55,–*
ISBN 978-3-433-02959-6
Auch als ebook erhältlich

Es werden die notwendigen Untersuchungen und Beobachtungen am Bauwerk ausführlich erläutert und nützliches Hintergrundwissen über Materialeigenschaften, Formen und Herstellungsverfahren historischer Bogen- und Gewölbekonstruktionen dargestellt. Dabei stehen die Bewertung der Standsicherheit von Gesamtsystemen und die Identifizierung von Gefahrenquellen im Fokus.

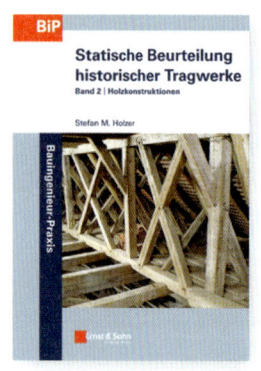

Stefan Holzer
Statische Beurteilung historischer Tragwerke
Holzkonstruktionen
2015. 302 S.
€ 55,–*
ISBN 978-3-433-03058-5
Auch als ebook erhältlich

Das Bauen im Bestand wird zu einem immer wichtigeren Teilbereich des Bauwesens. Gerade historische Holzkonstruktionen für Dachwerke sind für Umwelteinwirkungen und Überlastungssituationen anfällig und daher meist nicht schadensfrei. Bei realistischer Beurteilung können Tragreserven durch Reparaturmaßnahmen aktiviert und somit die Eingriffe auf ein Mindestmaß begrenzt werden, was besonders unter denkmalpflegerischen Randbedingungen erwünscht ist.

■ Set-Angebot:
€ 98,–*
ISBN 978-3-433-03060-8

Online Bestellung:
www.ernst-und-sohn.de/holzer

Ernst & Sohn
Verlag für Architektur und technische Wissenschaften GmbH & Co. KG

Kundenservice: Wiley-VCH
Boschstraße 12
D-69469 Weinheim

Tel. +49 (0)6201 606-400
Fax +49 (0)6201 606-184
service@wiley-vch.de

* Der €-Preis gilt ausschließlich für Deutschland. Inkl. MwSt. Die Versandkosten für Deutschland, Österreich, Schweiz, Liechtenstein und Luxemburg entfallen. Für alle anderen Länder gilt der Preis zzgl. Versandkosten. Irrtum und Änderungen vorbehalten. 1041116_dp

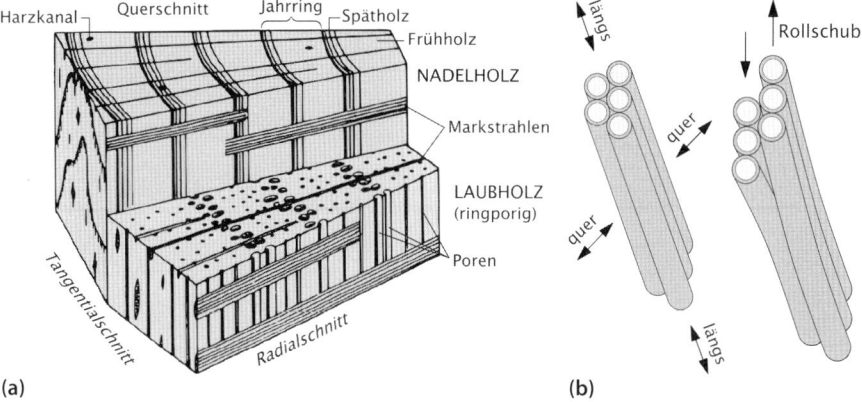

Abb. 1.2 (a) Holzstruktur von Nadel- und Laubholz im Vergleich; (b) Röhrchen-Modell mit unterschiedlichen Beanspruchungen.

1.2.1 Einfluss der Faserrichtung

Holz ist ein anisotroper Werkstoff. Dies lässt sich sehr gut an der Zellstruktur des Holzes (siehe Abb. 1.2) erkennen. Bei Nadelholz bilden die röhrenförmigen dickwandigen Tracheiden (Spätholz) das tragende Element; sie verleihen dem Holz seine Festigkeit. Die Festigkeiten des Holzes sind deshalb in Faserrichtung am größten. Senkrecht zur Faserrichtung sind die Festigkeiten hingegen relativ gering. Der verhältnismäßig einfache und regelmäßige Aufbau des Holzes kann als Röhrchenmodell – ähnlich einem Bündel aus Strohhalmen – betrachtet werden (vgl. Abb. 1.2b und Abb. 1.3). Anhand des Röhrchenmodells lassen sich die unterschiedlichen Versagensarten erklären.

Zug: In Längsrichtung versagen die einzelnen Fasern erst bei Erreichen ihrer Zugfestigkeit. In Querrichtung können die Fasern leicht auseinandergezogen werden.

Druck: Eine Druckbeanspruchung in Längsrichtung führt bei einer vergleichsweise hohen Last zum Ausknicken der einzelnen Fasern. In Querrichtung werden die Fasern schon unter vergleichsweise geringer Beanspruchung gequetscht.

Biegung: Bei der Biegung eines Balkens werden Zug- und Druckfestigkeit in Längsrichtung mobilisiert.

Schub: Eine Schubbeanspruchung in Faserrichtung ist günstiger als eine Rollschubbeanspruchung senkrecht zur Faserrichtung.

1.2.2 Festigkeiten von Vollholz

Entscheidend für die Festigkeit des Holzes ist, wie dicht die Fasern „gepackt" sind. In diesem Zusammenhang ist die Rohdichte des Holzes eine wichtige Referenzgröße. Diese wird an darrtrockenen Proben bestimmt (vgl. Abschn. 1.2.4).

$$\rho = \frac{m_0 \ [\text{kg}]}{V \ [\text{m}^3]} \tag{1.1}$$

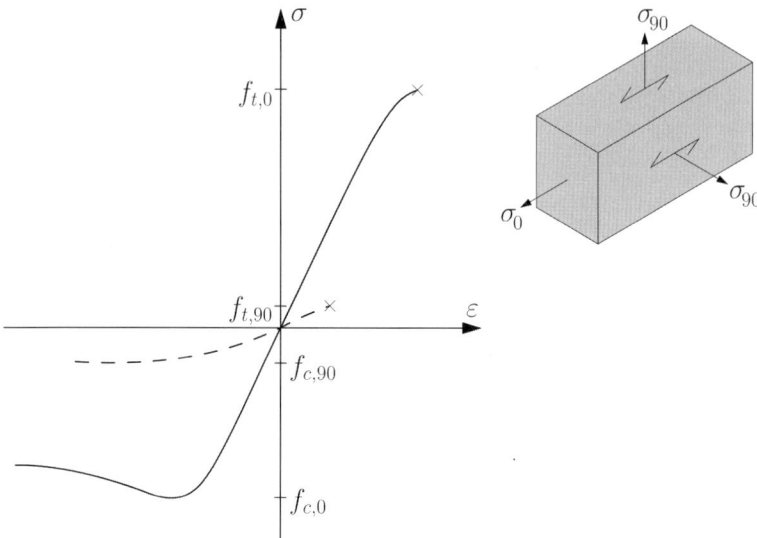

Abb. 1.3 Spannungs-Dehnungs-Linie von fehlerfreiem Holz unter Druck- und Zugbeanspruchung parallel und rechtwinklig zur Faser (schematisch).

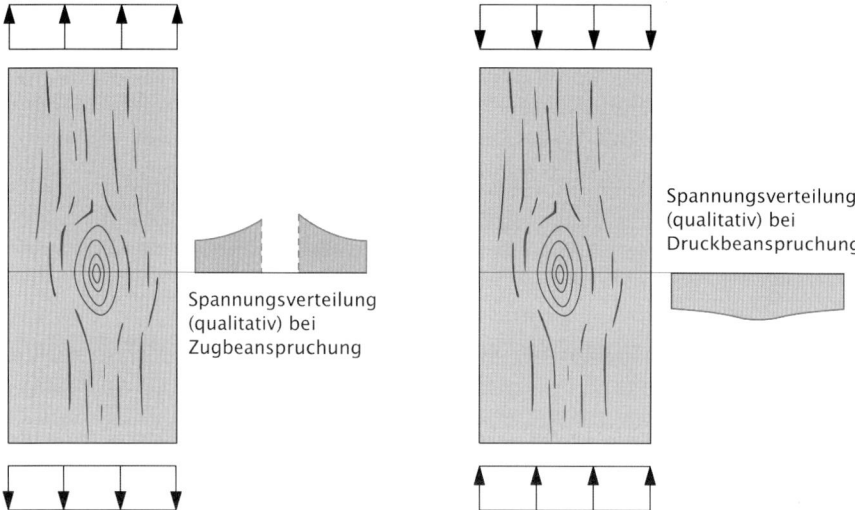

Abb. 1.4 Einfluss der Ästigkeit bei Zug- und Druckbeanspruchung.

Weitere Eigenschaften, die die Festigkeit der Holzbauteile beeinflussen, sind Risse, Äste und Drehwuchs sowie der Befall durch Pflanzen (z. B. Pilze, Misteln) oder Insekten. Alle Holzbauteile sind mit mehr oder weniger großen Holzfehlern behaftet. Manche sind ein Ausschlusskriterium hinsichtlich der Verwendung des Holzes für tragende Bauteile. Andere können in einem gewissen Umfang toleriert

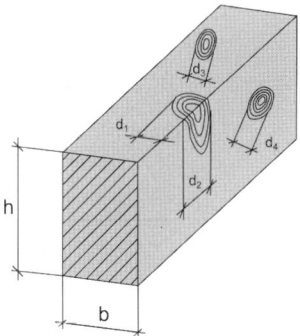

Abb. 1.5 Definition der Ästigkeit nach DIN 4074-1.

werden. Der Einfluss der Unregelmäßigkeiten auf die Festigkeit des Holzes lässt sich am Beispiel der Ästigkeit gut erklären.

Bei einer Zugbeanspruchung wird der Bereich des Astes zur Fehlfläche, d. h., die Zugfestigkeit eines realen Holzquerschnitts ist geringer als die Zugfestigkeit einer ungestörten Holzprobe. Demgegenüber ist der Einfluss eines den Lastfluss störenden, aber druckfesten Astes auf die Druckfestigkeit eher gering, wie in Abb. 1.4 anschaulich dargestellt ist.

Um für unterschiedliche Hölzer Aussagen zu deren Festigkeit treffen zu können, werden Bauschnitthölzer in Sortierklassen eingeordnet (siehe Tab. 1.1). Die Sortierung kann visuell oder durch Maschinen erfolgen. Den Sortierklassen S7, S10 und S13 sind die Festigkeitsklassen C16, C24 und C30 zugeordnet. Die zugehörigen, von der Beanspruchungsrichtung abhängigen Festigkeiten sind in Tab. 1.2 zusammengestellt. Abbildung 1.5 zeigt beispielhaft die auf die sichtbaren Seitenflächen eines Rechteckquerschnitts bezogene Definition der Ästigkeit A.

Die Ästigkeit wird als Verhältnis zwischen Astdurchmesser und Querschnittsbreite bzw. -höhe ermittelt.

$$A = \max \left\{ \frac{d_1}{b}; \frac{d_2}{h}; \frac{d_3}{b}; \frac{d_4}{h} \right\} \tag{1.2}$$

1.2.3 Verformungseigenschaften von Holz

Wie die Festigkeiten so hängen auch die Verformungseigenschaften des Holzes von der Beanspruchungsrichtung ab. Bis zu einer Laststufe, die etwa 70–80 % der Festigkeit entspricht, verhält sich Holz in allen Beanspruchungsrichtungen annähernd linear elastisch. Mittelwerte für den Elastizitätsmodul E_0, der für Zug-, Druck- und Biegebeanspruchung angesetzt wird, sowie für den Schubmodul G und den Elastizitätsmodul E_{90} enthält Tab. 1.2. Die 5 %-Fraktilwerte für Elastizitäts- und Schubmodul erhält man, wenn man die Mittelwerte um 1/3 reduziert.

Eine Besonderheit des Holzes sind die Quell- und Schwindverformungen infolge einer Feuchtigkeitsänderung. Während dieser Einfluss in Längsrichtung relativ gering ist, führt das Schwinden in radialer und tangentialer Richtung zu Querschnittsveränderungen.

Tab. 1.1 Sortiermerkmale von Nadelholz nach DIN 4074-1.

Sortiermerkmale	Sortierklassen		
	S 7	S 10	S 13
1. Äste			
• Einzelast	Bis 1/2	Bis 1/3	Bis 1/5
• Astansammlung	Bis 2/3	Bis 1/2	Bis 1/3
• Schmalseitenast[a]	—	Bis 2/3	Bis 1/3
2. Faserneigung	Bis 16 %	Bis 12 %	Bis 7 %
3. Markröhre	Zulässig	Zulässig	Nicht zulässig
4. Jahrringbreite			
• Im Allgemeinen	Bis 6 mm	Bis 6 mm	Bis 4 mm
• Bei Douglasie	Bis 8 mm	Bis 8 mm	Bis 6 mm
5. Risse			
• Schwindrisse[b]	Zulässig	Zulässig	Zulässig
• Blitzrisse Ringschäle	Nicht zulässig	Nicht zulässig	Nicht zulässig
6. Baumkante	Bis 1/3	Bis 1/3	Bis 1/4
7. Krümmung[b]			
• Längskrümmung	Bis 12 mm	Bis 8 mm	Bis 8 mm
• Verdrehung	2 mm/25 mm	1 mm/25 mm	1 mm/25 mm
• Querkrümmung	Breite bis 1/20	Breite bis 1/30	Breite bis 1/50
8. Verfärbungen, Fäule			
• Bläue	Zulässig	Zulässig	Zulässig
• Nagelfeste braune/rote Streifen	Bis 3/5	Bis 2/5	Bis 1/5
• Braunfäule, Weißfäule	Nicht zulässig	Nicht zulässig	Nicht zulässig
9. Druckholz	Bis 3/5	Bis 2/5	Bis 1/5
10. Insektenfraß durch Frischholzinsekten	Fraßgänge bis 2 mm Durchmesser: zulässig		
11. Sonstige Merkmale	Sind in Anlehnung an die übrigen Sortiermerkmale sinngemäß zu berücksichtigen		

a) Dieses Sortiermerkmal gilt nicht für Bretter und Brettschichtholz.
b) Diese Sortiermerkmale bleiben bei nicht trockensortierten Hölzern unberücksichtigt.

Die Holzfeuchte ist als Feuchtegehalt im Verhältnis zur darrtrockenen Holzprobe definiert:

$$u[\%] = \frac{m_u - m_0}{m_0} \cdot 100 \tag{1.3}$$

mit
m_u Masse der feuchten Holzprobe
m_o Masse der darrtrockenen Holzprobe ($u = 0\,\%$)

Besonders kritisch ist es, wenn Holzbauteile zu feucht eingebaut werden und nachträglich trocknen. Wenn die Holzfeuchte eines Bauteils um mehr als 3 % über der sogenannten Ausgleichsfeuchte liegt, sind Risse im Bauteil vorprogram-

Tab. 1.2 Materialkennwerte von Nadelhölzern nach DIN EN 338.

Festigkeitsklasse (Sortierklasse)	C16 (S7)	C18	C24 (S10)	C30 (S13)
	[N/mm²]			
Biegung $f_{m,k}$	16	18	24	30
Zug parallel $f_{t,0,k}$	8,5	10	14,5	19
Zug rechtwinklig $f_{t,90,k}$	0,4	0,4	0,4	0,4
Druck parallel $f_{c,0,k}$	17	18	21	24
Druck rechtwinklig $f_{c,90,k}$	2,2	2,2	2,5	2,7
Schub und Torsion $f_{v,k}$	3,2	3,4	4,0	4,0
Elastizitätsmodul parallel $E_{0,mean}$	8 000	9 000	11 000	12 000
Elastizitätsmodul rechtwinklig $E_{90,mean}$	270	300	370	400
Schubmodul G_{mean}	500	560	690	750
	[kg/m³]			
Rohdichte ρ_k	310	320	350	380
Rohdichte (Mittelwert) ρ_m	370	380	420	460

miert. In beheizten und gut belüfteten Gebäuden erreicht die Ausgleichsfeuchte meist Werte zwischen 6 und 8 %.

1.2.4 Einfluss der Belastungsdauer und der Feuchte

Die mechanischen Eigenschaften des Holzes hängen von der Lasteinwirkungsdauer und der Holzfeuchte ab. Eine Zunahme der Holzfeuchte führt zu geringeren Festigkeits- und Steifigkeitswerten (vgl. Abb. 1.6). Dieser Effekt wird teilweise durch das Quellen der Zellwand erklärt, wodurch weniger Zellwandmaterial pro Flächeneinheit zur Verfügung steht. Wichtiger jedoch ist, dass Wasser in die

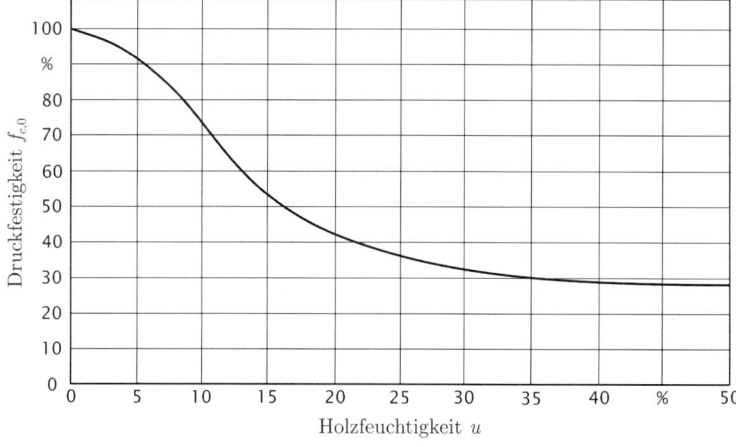

Abb. 1.6 Druckfestigkeit von Fichtenholz in Abhängigkeit von der Holzfeuchte. (Quelle: nach Kollmann [3]).

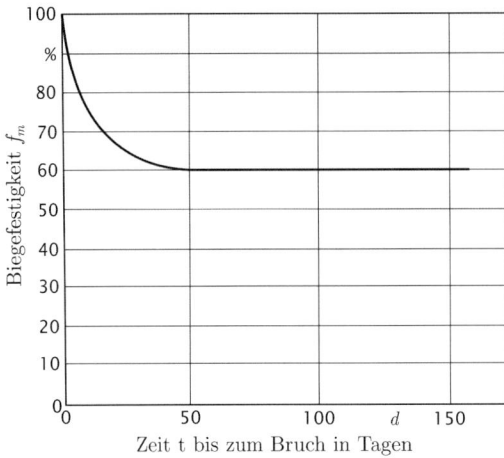

Abb. 1.7 Biege-Zeitstands-Festigkeit von fehlerfreiem Nadelholz bezogen auf die Kurzzeitfestigkeit. (Quelle: nach Möhler [4]).

Zellwand eindringt und die Wasserstoffbindungen, durch die die Zellwand zusammengehalten wird, schwächt. Feuchteänderungen über dem Fasersättigungspunkt haben keinen Einfluss auf die mechanischen Eigenschaften, da dann nur noch freies Wasser in die Zellhohlräume eingelagert wird.

In Langzeitversuchen konnte die Reduzierung der Festigkeit unter Dauerlast in Abhängigkeit von der Feuchte des Holzes quantifiziert werden (vgl. Abb. 1.7). Der Einfluss von Holzfeuchte und Belastungsdauer auf die Festigkeit wird über den Modifikationsbeiwert k_{mod} bei der Bemessung berücksichtigt (siehe Abschn. 2.1.2). Zur Kategorisierung der zu erwartenden Ausgleichsfeuchten werden Nutzungsklassen NKL 1, NKL 2 und NKL 3 definiert (siehe Tab. 1.4). Die Dauer der Lasteinwirkung wird, für unterschiedliche Einwirkungen, durch fünf Klassen der Lasteinwirkungsdauer (KLED) – ständig bis sehr kurz – beschrieben (siehe Tab. 1.3).

Bei konstanter Belastung nehmen die Verformungen auch bei Holz mit der Zeit zu. Die maßgebenden Einflussfaktoren auf das Kriechen sind wiederum die Belastungsdauer und die Holzfeuchtigkeit; weitere Einflussfaktoren sind die Temperatur und das Spannungsniveau. Eine für die Ingenieurpraxis ausreichend genaue Berücksichtigung des Kriechens erfolgt durch Modifikationsbeiwerte k_{def} für die verschiedenen NKL (siehe Abschn. 2.1.2).

Tab. 1.3 Klassen der Lasteinwirkungsdauer nach DIN EN 1995-1-1.

Klasse der Lasteinwirkungsdauer (KLED)	Dauer der charakteristischen Lasteinwirkung	Beispiele
Ständig	Länger als 10 Jahre	Eigengewicht
Lang	6 Monate–10 Jahre	Lagerstoffe
Mittel	1 Woche–6 Monate	Verkehrslasten, Schnee > 1000 m ü. NN
Kurz	Kürzer als eine Woche	Schnee ≤ 1000 m ü. NN, Wind
Sehr kurz		Wind und außergewöhnliche Einwirkungen

Tab. 1.4 Nutzungsklassen nach DIN EN 1995-1-1.

Nutzungsklasse (NKL)	Ausgleichsfeuchte ω_{gl} [%]	Einsatzbereich (Beispiele)
1	10 ± 5	Beheizte Innenräume
2	15 ± 5	Überdachte, offene Tragwerke
3	18 ± 6	Frei der Bewitterung ausgesetzte Bauteile

1.3 Holzprodukte

Bauschnittholz wird durch Einschneiden (Sägen) von Rundholz gewonnen. Die rechteckigen Querschnitte werden je nach Abmessung in Latten, Bretter, Bohlen und Kanthölzer unterteilt. Die Querschnittsabmessungen beziehen sich auf eine Holzfeuchte von 30 %. Bauschnittholz wird nach dem Einschneiden im Allgemeinen nicht weiter bearbeitet. Bei Kanthölzern aus Bauschnittholz (Abb. 1.8a) ist immer mit einer Rissbildung aus Schwindverformungen zu rechnen.

Aus diesem Grund und wegen des großen Aufwands, der erforderlich wäre, um Balkenquerschnitte auf eine Holzfeuchte unter 20 bzw. 15 % herunterzutrocknen (vgl. Kapitel 5), wird Bauschnittholz überwiegend für untergeordnete Bauteile mit kleinen Abmessungen verwendet (z. B. Dachbalken und Bohlen). Schnittholz wird weiterverarbeitet, indem Brettlamellen und Kanthölzer mit schlanken Anschnitten technisch getrocknet und verklebt werden.

1.3.1 Konstruktionsvollholz und Balkenschichtholz

Konstruktionsvollholz (KVH) ist eine geschützte Markenbezeichnung. Die Qualitätsmerkmale werden zwischen der Überwachungsgemeinschaft KVH und dem Bund Deutscher Zimmermeister (BDZ) vereinbart. Dazu zählen künstliche Trocknung (Holzfeuchte 15 ± 3 %), Maßhaltigkeit, herzgetrennter oder herzfreier Einschnitt, gefaste Kanten sowie Beschränkungen bezüglich der Schwindrisse. Diese Qualitätsmerkmale gelten auch für Balkenschichtholz, bei dem ein Querschnitt aus zwei (Duobalken) oder drei (Triobalken) miteinander verklebten, im

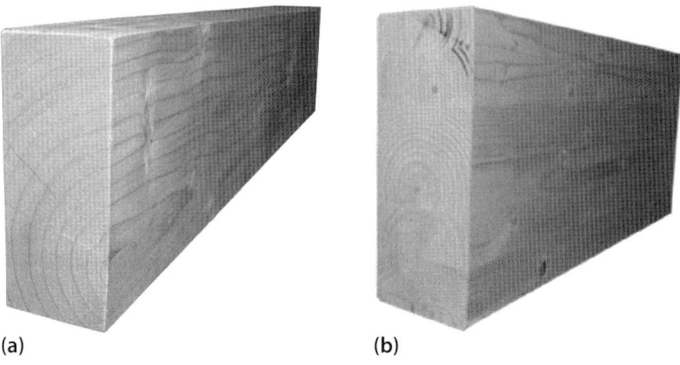

(a) (b)

Abb. 1.8 (a) Bauschnittholz; (b) Brettschichtholz.

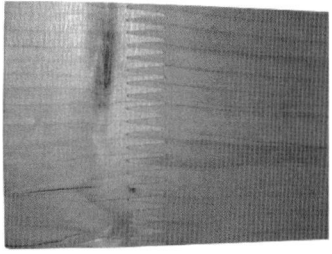

Abb. 1.9 Geklebte Keilzinkenverbindung.

Stoßbereich keilgezinkten Einzelhölzern hergestellt wird. Eine Keilzinkung, mit der sich quasi endlose Querschnitte herstellen lassen, ist in Abb. 1.8b dargestellt.

Für KVH und Balkenschichtholz wird überwiegend Fichte verwendet, es ist auf Anfrage aber auch KVH aus Tanne, Kiefer, Lärche und Douglasie lieferbar. KVH wird meist in Vorzugsquerschnitten in einer Länge von 13 m geliefert. In Längsrichtung der Bauteile dürfen Keilzinkenstöße (Abb. 1.9) als Vollstöße über die gesamte Querschnittshöhe angeordnet werden. Die Werte für Festigkeit, E-Modul und Rohdichte entsprechen denen der Festigkeitsklassen C18, C24 und C30.

1.3.2 Brettschichtholz (BSH)

BSH besteht aus mindestens drei miteinander verklebten Lamellen. Die Dicke einer Brettlamelle liegt zwischen 6 und 45 mm. Im Vergleich zu Vollholz werden höhere charakteristische Werte der Festigkeit erreicht (vgl. Tab. 1.5), da die Brettlamellen vorsortiert werden und Fehlstellen durch den schichtweisen Aufbau über den gesamten Querschnitt verteilt sind. Auch die Mittelwerte für E-Modul und Schubmodul weichen von denen des Vollholzes ab. Aufgrund des schichtenweisen Aufbaus weist Brettschichtholz geringere Materialstreuungen auf. Da-

Tab. 1.5 Materialkennwerte von Brettschichtholz nach DIN EN 14080.

Festigkeitsklasse	GL 24h[a]	GL 24c[a]	GL 28h	GL 28c[a]	GL 30h	GL 30c[a]
	\multicolumn{6}{c}{[N/mm²]}					
Biegung $f_{m,k}$	24	24	28	28	30	30
Zug parallel $f_{t,0,k}$	19,2	17	22,3	19,5	24	19,5
Zug rechtwinklig $f_{t,90,k}$			0,5			
Druck parallel $f_{c,0,k}$	24,0	21,5	28	24	30	24,5
Druck rechtwinklig $f_{c,90,k}$			2,5			
Schub und Torsion $f_{v,k}$			3,5			
Elastizitätsmodul parallel $E_{0,mean}$	11 500	11 000	12 600	12 500	13 600	13 000
Elastizitätsmodul rechtwinklig $E_{90,mean}$			300			
Schubmodul G_{mean}			650			
	\multicolumn{6}{c}{[kg/m³]}					
Rohdichte ρ_k	385	365	425	390	430	390
Rohdichte (Mittelwert) ρ_m	420	400	460	420	480	430

a) Standardprodukte, gut verfügbar.

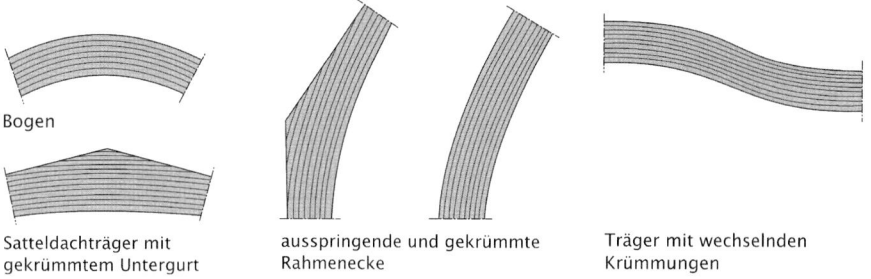

Abb. 1.10 Möglichkeiten der Formgebung bei Brettschichtholz.

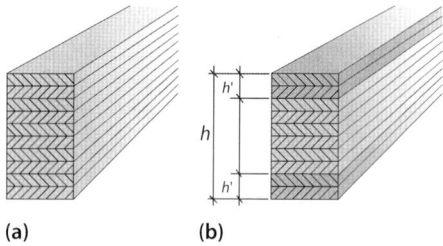

Abb. 1.11 Homogenes (a) und kombiniertes (b) Brettschichtholz.

her liegen die 5 %-Fraktilwerte von E-Modul und Schubmodul nur 1/6 unter den jeweiligen Mittelwerten.

Die Herstellung erfolgt ausschließlich durch Betriebe, die ihre Qualifikation für das Kleben tragender Bauteile nachgewiesen haben und eine sogenannte Leimgenehmigung vorweisen können. Die einzelnen Lamellen werden anhand der Sortierkriterien in Festigkeitsklassen sortiert. Größere Äste werden gekappt, anschließend werden die Bretter mit Keilzinkenstößen verbunden. Nach dem Trocknen werden die Lamellen gehobelt und direkt anschließend miteinander verklebt. Durch den lamellenartigen Aufbau lassen sich Träger auch in Bogenform, als Satteldachbinder etc. herstellen (siehe Abb. 1.10 und Abschn. 4.2). Für die hoch beanspruchten Randbereiche von Biegeträgern können Lamellen einer höheren Festigkeitsklasse verwendet werden. Man spricht dann von „kombiniertem Brettschichtholz", im Gegensatz zu „homogenem Brettschichtholz", bei dem alle Lamellen des Querschnitts die gleiche Festigkeitsklasse aufweisen (siehe Abb. 1.11). Der Anteil und die Festigkeitsklasse der höherwertigen Lamellen sind in DIN EN 14080 festgelegt. Üblicherweise beträgt der Anteil eines Randbereiches zwischen 1/6 und 1/3 des Gesamtquerschnitts.

BSH wird überwiegend aus Nadelholz hergestellt. Für hoch beanspruchte Querschnitte in Nutzungsklasse 1 kann auch BSH aus Buche eingesetzt werden.

1.3.3 Brettsperrholz

Brettsperrholz besteht wie Brettschichtholz aus miteinander verklebten Lamellen. Durch die kreuzweise Verklebung der einzelnen Lamellen entstehen flächige Bauteile für die Verwendung als Wand- oder Deckenelement (siehe Abb. 1.12).

Abb. 1.12 Brettsperrholz.

Es wird überwiegend Nadelholz der Festigkeitsklasse C24 verwendet. Hinsichtlich der Biegebeanspruchung weisen übliche Querschnitte eine starke Achse (in Faserrichtung der Decklage) und eine schwache Achse (senkrecht zur Faserrichtung der Decklage) auf. Konstruktionen mit Brettsperrholz werden im zweiten Band *Ingenieurholzbau – Vertiefung* umfassend behandelt.

1.4 Holzwerkstoffe

1.4.1 Furnierschichtholz

Furnierschichtholz besteht aus ca. 3 mm dicken, verklebten Schälfurnieren aus Nadelholz. Die Fasern der Furniere verlaufen ausschließlich bzw. überwiegend in Längsrichtung der Platten (siehe Abb. 1.13a). Furniere werden durch Schälen von Nadelholzstämmen gewonnen, die zuvor etwa 24 h in heißem Wasser gelagert wurden. Die Schälfurniere werden zu Furnierblättern gleicher Breite geschnitten, nach Festigkeiten sortiert und nach dem Trocknen mit Klebstoff benetzt und mit versetzten Stößen zusammengelegt. Die Bauteile werden anschließend (meist kalt) vorgepresst und danach je nach Holzart bei Temperaturen von bis zu 150 °C gepresst. Durch die Verwendung spezieller Pressen lassen sich auch gekrümmte Formteile aus Furnierschichtholz herstellen. Durch die Homogeni-

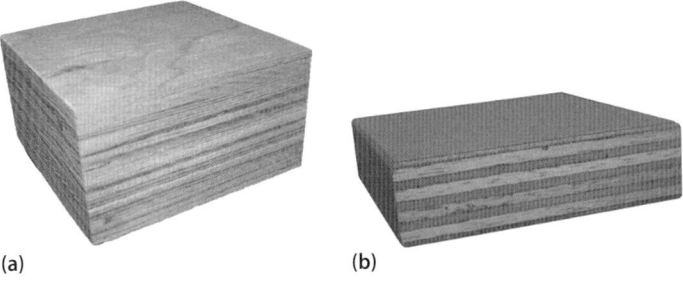

(a) (b)

Abb. 1.13 (a) Furnierschichtholz; (b) Sperrholz.

sierung des Materials werden, bei gleichen Abmessungen, höhere Tragfähigkeiten als bei Vollholz oder Brettschichtholz erreicht.

Furnierschichtholz mit ausschließlich parallel verlaufenden Lagen wird für schlanke stabförmige Bauteile verwendet, Furnierschichtholz mit Querlagen auch für Platten. In Deutschland werden Produkteigenschaften und Bemessung in bauaufsichtlichen Zulassungen geregelt.

1.4.2 Sperrholz

Sperrholz besteht aus einer ungeraden Anzahl, d. h. mindestens aus drei, kreuzweise miteinander verklebten Lagen (siehe Abb. 1.13b). Die beiden äußeren Lagen von Sperrholz sind immer Furniere, die Mittellagen unterscheiden sich je nach Art des Sperrholzes. Furniersperrholzplatten bestehen aus geschälten Furnieren, die nach der Trocknung in beheizten Pressen kreuzweise zu Platten verklebt werden. Bei Stabsperrholz besteht die Mittellage aus miteinander verklebten Holzleisten mit Breiten von 24 bis 30 mm. Stäbchensperrholz besitzt eine Mittellage aus stehenden, maximal 8 mm dicken Holzleisten.

Sperrholzprodukte werden in „Technische Klassen" eingeordnet. Die technische Klasse definiert, in welchen NKL die Produkte verwendet werden dürfen.

1.4.3 Oriented-Strand-Board-Platten (OSB-Platten)

OSB-Platten werden aus langen, schmalen, ausgerichteten Holzspänen (englisch: strands) hergestellt. Die Späne mit Abmessungen von ca. 35×75 mm und einer Dicke von 6 mm sind an den Plattenoberflächen näherungsweise parallel zu den Plattenrändern in Längs- oder Querrichtung angeordnet (siehe Abb. 1.14a). In Plattenmitte sind die Holzspäne überwiegend quer angeordnet. OSB-Platten werden im Bauwesen hauptsächlich für Beplankungen von Wand- und Deckenelementen verwendet und tragen damit ganz wesentlich zur Aussteifung von Tragwerken bei.

Die Festigkeitseigenschaften hängen von der Beanspruchungsrichtung und, aufgrund des inhomogenen Aufbaus, von der Plattendicke ab (siehe Tab. 1.6).

OSB-Platten werden in technische Klassen eingeteilt. Platten der Klasse OSB/2 dürfen nur in NKL 1 verwendet werden. Bei Platten OSB/3 und OSB/4 ist der Einsatz in den NKL 1 und 2 möglich.

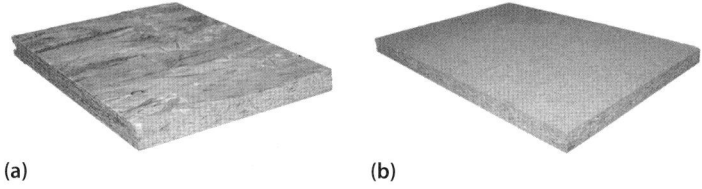

(a) (b)

Abb. 1.14 (a) OSB-Platte; (b) Spanplatte.

Tab. 1.6 Charakteristische Materialkennwerte von OSB-Platten nach DIN EN 12369-1.

	Dicke [mm]	Rohdichte ρ_k [kg/m³]	Beanspruchung als Platte					Beanspruchung als Scheibe	
			$f_{m,k}$		$f_{v,k}$	$E_{a,mean}$		$f_{v,k}$	G_{mean}
			[N/mm²]						
			0° a)	90° a)		0° a)	90° a)		
OSB 2/3	10	550	18,0	9,0	1,0	4930	1980	6,8	1080
	>10 bis 18		16,4	8,2					
	>18 bis 25		14,8	7,4					
OSB 4	10		24,5	13,0	1,1	6780	2680	6,9	1090
	>10 bis 18		23,0	12,2					
	>18 bis 25		21,0	11,4					

a) Zur Richtung der Späne in der Deckschicht.

1.4.4 Spanplatten

Die Herstellung von Spanplatten erfolgt im Allgemeinen aus groben und feinen Holzspänen, die mit Kunstharzklebstoffen unter Druck und Wärme miteinander verpresst werden. Bei Flachpressspanplatten werden die mit Kleber besprühten Späne auf eine Metallplatte aufgebracht und anschließend gepresst. Durch das Pressen richten sich die äußeren Späne parallel zur Plattenebene aus. Neben den kunstharzgebundenen Spanplatten (siehe Abb. 1.14b) werden auch Flachpressspanplatten mit mineralischen Bindemitteln wie Zement, Gips oder Anhydritbinder hergestellt. Zementgebundene Spanplatten sind von Vorteil, wenn mit Feuchtebeanspruchung gerechnet werden muss. Spanplatten werden wie OSB-Platten zur Beplankung von Wand- und Deckenelementen eingesetzt.

Spanplatten für tragende Zwecke werden nach DIN EN 312 in die technischen Klassen P4 bis P7 eingeteilt. Bei P4 und P6 ist die Anwendung auf die NKL 1 beschränkt. Bei Platten der Klassen P5 und P7 ist ein Einsatz in NKL 1 und 2 möglich (Tab. 1.7).

Tab. 1.7 Charakteristische Materialkennwerte von Spanplatten der Klasse P6 nach DIN EN 12369-1.

Dicke [mm]	Rohdichte ρ_k [kg/m³]	Beanspruchung als Platte			Beanspruchung als Scheibe	
		$f_{m,k}$ [N/mm²]	$f_{v,k}$	E_{mean}	$f_{v,k}$	G_{mean}
>6 bis 13	650	16,5	1,9	4400	7,8	1200
>13 bis 20	600	15,0	1,7	4100	7,3	1150
>20 bis 25	550	13,3	1,7	3500	6,8	1050
>25 bis 30	550	12,5	1,7	3300	6,5	950
>32 bis 40	500	11,7	1,7	3100	6,0	900
>40 bis 50	500	10,0	1,7	2800	5,5	880

1.4.5 Faserplatten

Holzfaserplatten können ohne Zugabe zusätzlicher Bindemittel hergestellt werden. Zur Herstellung von Holzfaserplatten kommen überwiegend Nadelhölzer zum Einsatz. Diese werden zu Hackschnitzeln zerkleinert, mit Wasserdampf unter einem Druck von 3 bis 8 bar aufgeweicht und anschließend mechanisch zerfasert. Beim Nassverfahren wird der Faserbrei in eine Form eingebracht, mechanisch ausgepresst und anschließend getrocknet. Faserplatten werden je nach Verdichtungsgrad des Faserbreis als poröse, mittelharte oder harte Faserplatte bezeichnet (siehe Abb. 1.15). Zusätzlich zu dem beschriebenen Nassverfahren können Faserplatten unter Zugabe von Bindemitteln auch im Trockenverfahren hergestellt werden. Holzfaserplatten übernehmen in der Regel keine tragende Funktion.

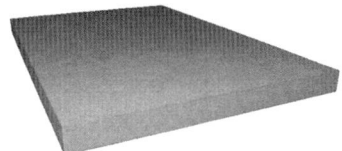

Abb. 1.15 Mitteldichte Faserplatte (MDF-Platte).

Literatur

1. Wagenführ, A. und Scholz. F. (Hrsg.) (2012). *Taschenbuch der Holztechnik*. Fachbuchverlag Leipzig.
2. Fengel, D. und Wegener, G. (1983). *Wood: Chemistry, Ultrastructure, Reactions*. Walter de Gruyter.
3. Kollmann, F. (1955). *Technologie des Holzes und der Holzwerkstoffe*. Berlin, Heidelberg: Springer-Verlag.
4. Möhler, K. (1980). Grundlagen der Holz-Hochbaukonstruktionen. In: *Holzbau-Atlas*. München: Institut für internationale Architektur-Dokumentation.

2
Tragsicherheit und Gebrauchstauglichkeit stabförmiger Bauteile

2.1 Grundlagen der Bemessung

Wie jeder Werkstoff so weist auch Holz Streuungen bei den Festigkeits- und Steifigkeitseigenschaften auf. Um ein ausreichendes Sicherheitsniveau gegenüber dem Versagen von Tragelementen zu gewährleisten, muss im Rahmen der Bemessung ein ausreichender Abstand zwischen der Beanspruchung infolge allen denkbaren Einwirkungen und Widerständen nachgewiesen werden (siehe Abb. 2.1). Die Ermittlung der Widerstände erfolgt mit den 5%-Quantilwerten der Festigkeiten. Als Einwirkungsgrößen werden 95%-Quantilwerte angesetzt. D. h., die für die Bemessung der Bauteile angesetzten Festigkeiten werden in 5% aller Fälle unterschritten und die Einwirkungen werden – bezogen auf einen definierten Zeitraum – in 5% aller Fälle überschritten. Um einen ausreichenden Sicherheitsabstand zwischen den charakteristischen Werten der Einwirkungen

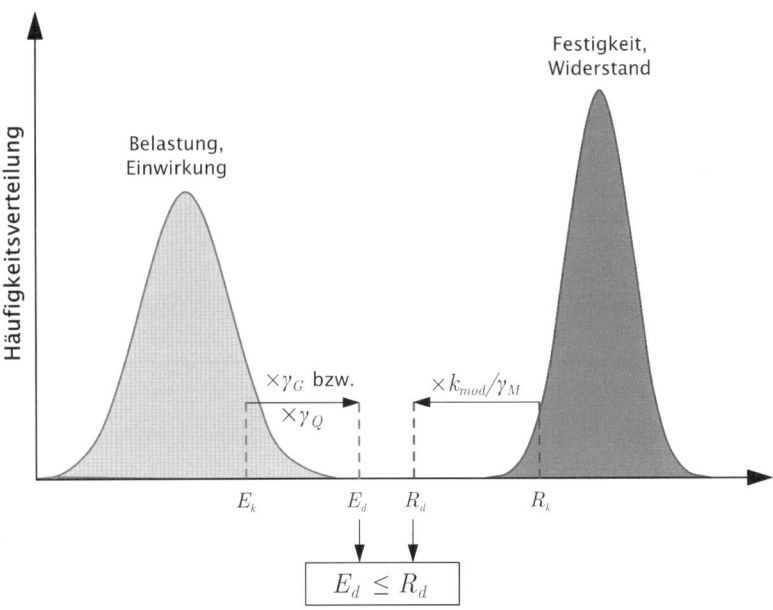

Abb. 2.1 Statistische Verteilungen von Einwirkungen und Bauteilwiderständen.

Ingenieurholzbau – Basiswissen: Tragelemente und Verbindungen, Erste Auflage.
Werner Seim und Johannes Hummel.
© 2019 Wilhelm Ernst & Sohn. Published 2019 by Wilhelm Ernst & Sohn.

E_k und der Tragfähigkeiten R_k zu gewährleisten, werden Teilsicherheitsbeiwerte eingeführt – für die Einwirkungen aus Eigengewicht der Teilsicherheitsbeiwert γ_G, für die veränderlichen Einwirkungen der Teilsicherheitsbeiwert γ_Q und für die Baustoffeigenschaften der Teilsicherheitsbeiwert γ_M. Dieses Prinzip lässt sich spannungs- und schnittgrößenbezogen anwenden. Für die Nachweise im Grenzzustand der Tragfähigkeit (GZT) kann der Bemessungswert der Einwirkung für ständige und vorübergehende Beanspruchungen nach Gl. (2.1) bestimmt werden:

$$E_d = \sum_{j \geq 1} \gamma_{G,j} \cdot G_{k,j} + \gamma_{Q,1} \cdot Q_{k,1} + \sum_{i>1} \gamma_{Q,i} \cdot \psi_{0,i} \cdot Q_{k,i} \qquad (2.1)$$

Die Leiteinwirkung $Q_{k,1}$ ist bei der Bestimmung der Bemessungseinwirkungen voll anzusetzen, alle weiteren Einwirkungen dürfen mit den Kombinationsbeiwerten ψ_0 nach Tab. 2.3 abgemindert werden.

Darüber hinaus ist bei den Nachweisen im GZT der Einfluss der Holzfeuchte und der Lasteinwirkungsdauer mit einem Modifikationsbeiwert k_{mod} zu berücksichtigen.

Die Bemessungswerte der Widerstände bzw. der aufnehmbaren Schnittgrößen werden unter Berücksichtigung der Teilsicherheitsbeiwerte und der Modifikationsbeiwerte bestimmt zu:

$$f_d = \frac{k_{mod} \cdot f_k}{\gamma_m}, \quad R_d = \frac{k_{mod} \cdot R_k}{\gamma_m} \qquad (2.2)$$

Der Teilsicherheitsbeiwert γ_M wird im Holzbau für den Nachweis von Bauteilen und Verbindungen einheitlich mit 1,3 angesetzt. Der Modifikationsbeiwert hängt von der Nutzungsklasse (NKL) und der Klasse der Lasteinwirkungsdauer ab (siehe Tab. 2.4).

Für die Ermittlung von Steifigkeiten für die Nachweise im Grenzzustand der Gebrauchstauglichkeit (GZG) werden Mittelwerte E_{mean} verwendet. Der Zuwachs der Verformungen durch das Kriechen wird mithilfe des Modifikationsbeiwertes k_{def} ermittelt. Die Nachweise im GZG werden mit den charakteristischen Werten der Einwirkungen geführt (siehe Abschn. 2.9).

2.1.1 Einwirkungskombinationen

Für überwiegend biegebeanspruchte Bauteile in Hochbauten, mit Einwirkungen aus

- Eigengewicht G_k,
- Wind $Q_{k,W}$,
- Schnee $Q_{k,S}$,
- Nutzlasten $Q_{k,N}$,
- außergewöhnlichen Lasten A_k

ergeben sich unter Berücksichtigung der Kombinationsbeiwerte nach Gl. (2.1) die Einwirkungskombinationen gemäß Tab. 2.1.

Bei der Bemessung vertikaler Aussteifungselemente und Stützen sind günstige und ungünstige Wirkungen von Auflasten zu berücksichtigen. Dadurch steigt die

Tab. 2.1 Einwirkungskombinationen für Dächer und Geschossdecken.

Dächer		Geschossdecken	
LK 1	$E_d = 1{,}35 \cdot G_k + 1{,}5 \cdot Q_{k,W} + 1{,}5 \cdot 0{,}5 \cdot Q_{k,S}$ [a)]	LK 3	$E_d = 1{,}35 \cdot G_k$
LK 2	$E_d = 1{,}35 \cdot G_k + 1{,}5 \cdot Q_{k,S} + 1{,}5 \cdot 0{,}6 \cdot Q_{k,W}$	LK 4	$E_d = 1{,}35 \cdot G_k + 1{,}5 \cdot Q_{k,N}$
LK 3	$E_d = 1{,}35 \cdot G_k$		

LK – Lastkombination

a) Bei Gebäudestandorten ≥ 1000 m ü. NN ist $\psi_{0,s} = 0{,}5$ durch $\psi_{0,s} = 0{,}7$ zu ersetzen.

Tab. 2.2 Einwirkungskombinationen für aussteifende Tragelemente.

Vertikale Einwirkungen		Zugehörige horizontale Einwirkungen
LK W1	$E_d = 1{,}00 \cdot G_k + 1{,}5 \cdot Q_{k,W}$	$E_d = 1{,}50 \cdot Q_{k,W}$
LK W2	$E_d = 1{,}35 \cdot G_k + 1{,}5 \cdot (Q_{k,S} + 0{,}6 \cdot Q_{k,W} + 0{,}7 \cdot Q_{k,N})$	$E_d = 1{,}50 \cdot Q_{k,W}$
LK W3	$E_d = 1{,}35 \cdot G_k + 1{,}5 \cdot (Q_{k,W} + 0{,}5 \cdot Q_{k,S} + 0{,}7 \cdot Q_{k,N})$ [a)]	$E_d = 1{,}50 \cdot Q_{k,W}$
LK W4	$E_d = 1{,}35 \cdot G_k + 1{,}5 \cdot (Q_{k,N} + 0{,}5 \cdot Q_{k,S} + 0{,}6 \cdot Q_{k,W})$ [a)]	$E_d = 1{,}50 \cdot Q_{k,W}$
LK W5	$E_d = 1{,}35 \cdot G_k + 1{,}5 \cdot (Q_{k,N} + 0{,}5 \cdot Q_{k,S})$	—
LK W6	$E_d = 1{,}35 \cdot G_k + 1{,}5 \cdot (Q_{k,S} + 0{,}7 \cdot Q_{k,N})$	—
LK W7	$E_d = 1{,}00 \cdot G_k + 1{,}00 \cdot A_k$	$E_d = 1{,}00 \cdot A_k$

LK W – Lastkombination Wand

a) Bei Gebäudestandorten ≥ 1000 m ü. NN ist $\psi_{0,s} = 0{,}5$ durch $\psi_{0,s} = 0{,}7$ zu ersetzen.

Zahl der Einwirkungskombinationen. Eine Zusammenstellung aller denkbaren Einwirkungskombinationen für aussteifende Tragelemente zeigt Tab. 2.2.

Bei allen Kombinationen handelt es sich um sogenannte Grundkombinationen, für die die Kombinationsbeiwerte ψ_0 eingesetzt werden. Die Kombinationsbeiwerte ψ_1 und ψ_2 gelten für außergewöhnliche Bemessungskombinationen (z. B. Anprall, Brand, Erdbeben).

2.1.2 Modifikationsbeiwerte und Verformungsbeiwerte

Da die Holzfeuchte einen erheblichen Einfluss auf die Festigkeits- und Steifigkeitseigenschaften von Holz und Holzwerkstoffen hat, werden in Abhängigkeit von den Umgebungsbedingungen der Bauteile Modifikationsbeiwerte angegeben, die den Einfluss der zu erwartenden Ausgleichsfeuchte berücksichtigen. Vereinfachend wurden drei NKL festgelegt, denen die Bauteile zuzuordnen sind. Da sich auch eine lange Belastungsdauer negativ auf die Festigkeitseigenschaften auswirkt, berücksichtigen die in Tab. 2.4 angegebenen Beiwerte k_{mod} sowohl die Holzfeuchte als auch die Belastungsdauer. Der Anteil der Kriechverformung wird in Abhängigkeit von der NKL über die Beiwerte k_{def} bestimmt (siehe Tab. 2.5).

Tab. 2.3 Kombinationsbeiwerte ψ und Klasse der Lasteinwirkungsdauer (KLED) nach DIN EN 1990/NA und DIN EN 1995-1-1/NA.

Veränderliche Einwirkung	Kombinationsbeiwert			KLED
	ψ_0	ψ_1	ψ_2	
Nutzlasten $Q_{k,N}$				
• Wohn- und Aufenthaltsräume	0,7	0,5	0,3	Mittel
• Versammlungsräume	0,7	0,7	0,6	Kurz
• Verkaufsräume	0,7	0,7	0,6	Mittel
• Lagerräume	1,0	0,9	0,8	Lang
Schneelasten $Q_{k,S}$				
• Orte bis NN +1000 m	0,5	0,2	0	Kurz
• Orte ab NN +1000 m	0,7	0,5	0,2	Mittel
Windlasten $Q_{k,W}$	0,6	0,2	0	Kurz/sehr kurz[a]

a) Bei Wind darf für k_{mod} das Mittel aus kurz und sehr kurz verwendet werden.

Tab. 2.4 Modifikationsbeiwerte k_{mod} nach DIN EN 1995-1-1 mit NA.

Baustoff und KLED	NKL			Baustoff und KLED	NKL	
	1	2	3		1	2
Vollholz, BSH, Balkenschichtholz[a], Furnierschichtholz, Brettsperrholz[a], Sperrholz[b]				OSB-Platten OSB/3 und OSB/4, Spanplatten P6[c] und P7		
Ständig	0,60	0,50		Ständig	0,40	0,30
Lang	0,70	0,55		Lang	0,50	0,40
Mittel	0,80	0,65		Mittel	0,70	0,55
Kurz	0,90	0,70		Kurz	0,90	0,70
Sehr kurz	1,10	0,90		Sehr kurz	1,10	0,90

KLED – Klasse der Lasteinwirkungsdauer, *NKL* – Nutzungsklasse, *BSH* – Brettschichtholz, *OSB* – Oriented-Strand-Board.

a) Nur NKL 1 und 2.
b) Technische Klasse beachten.
c) Nur NKL 1.

2.2 Biegung

Bei einachsig biegebeanspruchten Bauteilen (siehe Abb. 2.2a) ist der Nachweis im GZT nach Gl. (2.3) zu führen. Als einachsige Biegung wird die Beanspruchung eines Stabes um die y- oder z-Achse bezeichnet. Die Lasteinleitung erfolgt senkrecht zur Stabachse. Die Anwendung dieser Gleichung setzt voraus, dass keine Kippgefahr besteht und keine nennenswerten Torsionsbeanspruchungen auftreten. Wie dies durch einfache konstruktive Maßnahmen erreicht werden kann,

Tab. 2.5 Verformungsbeiwerte k_{def} nach DIN EN 1995-1-1 mit NA.

Baustoff	NKL		
	1	2	3
Vollholz, BSH, Balkenschichtholz[b], Furnierschichtholz, Brettsperrholz[b]	0,60	0,80	2,00
Sperrholz[c]	0,80	1,00	2,50
OSB/3, OSB/4, Spanplatten P6[a] und P7	1,50	2,25	—

NKL – Nutzungsklasse, *BSH* – Brettschichtholz, *OSB* – Oriented-Strand-Board.

a) Nur NKL 1.
b) Nur NKL 1 und 2.
c) Technische Klasse beachten.

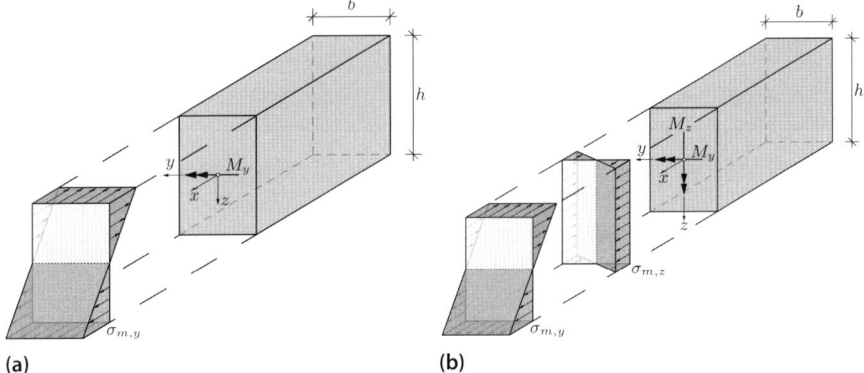

Abb. 2.2 Biegemoment und Biegespannung: (a) einachsige Biegung; (b) zweiachsige Biegung.

wird in Abschn. 2.5.2 erläutert.

$$\frac{\sigma_{m,d}}{f_{m,d}} \leq 1,0 \quad \text{mit} \quad \sigma_{m,d} = \frac{M_d}{W} \tag{2.3}$$

Bei Querschnittsschwächungen, z. B. im Bereich von Anschlüssen, ist das Widerstandsmoment W_{netto} für den Nettoquerschnitt zu ermitteln. Querschnittsschwächungen dürfen in der Druckzone nur dann unberücksichtigt bleiben, wenn die Fehlstellen mit einem Material höherer Steifigkeit (z. B. Verbindungsmittel aus Stahl) gefüllt sind. In der Zugzone sind Querschnittsschwächungen immer zu berücksichtigen. Querschnittsschwächungen durch Schrauben oder Nägel dürfen in der Zug- und Druckzone unberücksichtigt bleiben, wenn diese ohne Vorbohren eingetrieben werden und der Durchmesser 6 mm nicht überschreitet (Tab. 2.6).

Beanspruchungen in Richtung der y- und z-Achse des Bauteils erzeugen eine zweiachsige Biegung im Querschnitt (Abb. 2.2b). Der Nachweis bei zweiachsiger

Tab. 2.6 Maßgebende Querschnittsgeometrie für den Nachweis geschwächter Querschnitte unter Druckbeanspruchung.

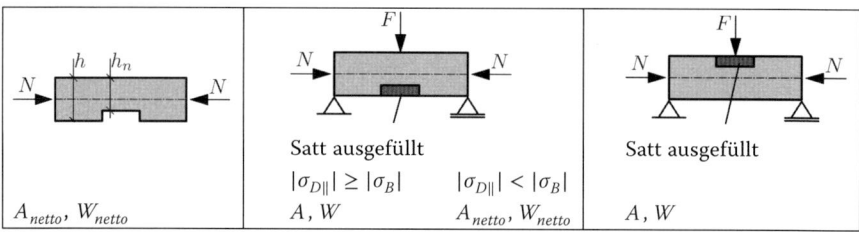

Biegung erfolgt durch Addition der Anteile der beiden Beanspruchungen.

$$\frac{\sigma_{m,y,d}}{f_{m,d}} + \frac{\sigma_{m,z,d}}{f_{m,d}} \leq 1{,}0 \qquad (2.4)$$

Bei Rechteckquerschnitten aus Vollholz, Brettschichtholz (BSH) und Furnierschichtholz darf die kleinere der beiden einwirkenden Spannungen um 30 % reduziert werden. Die Reduzierung kann dadurch begründet werden, dass die Versagenswahrscheinlichkeit bei einer maximalen Beanspruchung einer Ecke aus zweiachsiger Biegung geringer ist als bei einer Beanspruchung des kompletten Randes aus einachsiger Biegung.

2.3 Schub

Bei Biegung infolge senkrecht zur Balkenachse angreifender Lasten entstehen Schubspannungen. Die Schubspannungen τ_{xz} rechtwinklig zur Balkenachse treten stets gleichzeitig mit Schubspannungen τ_{zx} gleicher Größe auf, die parallel zur Balkenachse wirken. Bei Vollholz und BSH unterscheidet sich die Schubfestigkeit bei Beanspruchung rechtwinklig zur Faser und parallel zur Faser. Der maßgebende, kleinere Wert bei Beanspruchung parallel zur Faser ist als charakteristischer Wert $f_{v,k}$ definiert.

Für den Nachweis der Schubtragfähigkeit ist der Nachweis nach Gl. (2.5) zu führen.

$$\frac{\tau_d}{f_{v,d}} \leq 1 \qquad (2.5)$$

Die Schubspannungen verlaufen parabelförmig über die Querschnittshöhe mit dem Maximalwert in der neutralen Faser des Querschnitts. Sie können an einer beliebigen Stelle im Querschnitt nach Gl. (2.6) bestimmt werden.

$$\tau_{xz} = \frac{V_z \cdot S_y}{I_y \cdot b_{ef}} \qquad (2.6)$$

mit dem Flächenträgheitsmoment $I_y = \int_A z^2 dA$ und dem statischen Moment $S_y = \int_A z \, dA$.

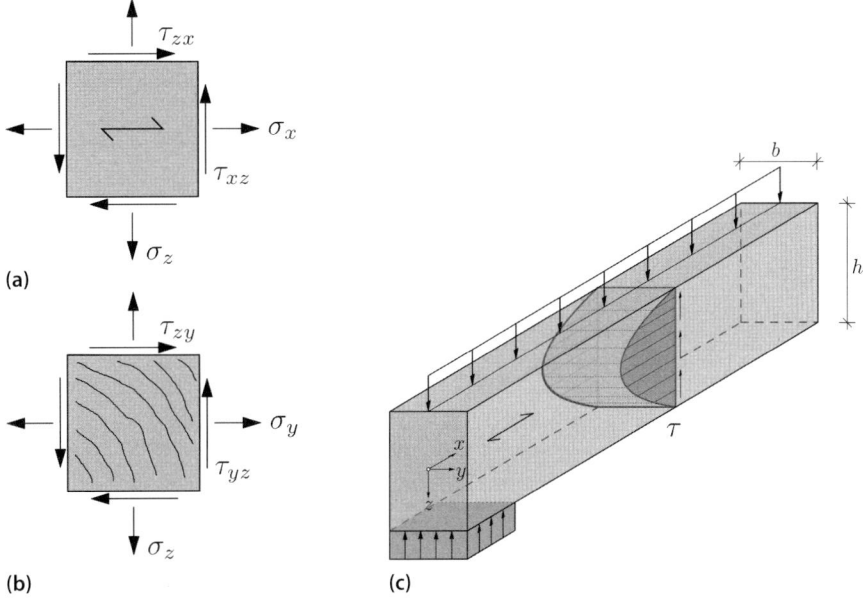

Abb. 2.3 Schubspannungen: (a) aus Biegung; (b) Rollschub; (c) Spannungsverteilung.

Für Rechteckquerschnitte ergibt sich der Maximalwert der Schubbeanspruchung in der Mitte des Querschnitts zu

$$\tau_{xz} = \frac{3 \cdot V_z}{2 \cdot h \cdot b_{ef}} \tag{2.7}$$

wenn $I_y = b \cdot h^3/12$ und $S_y = b \cdot h^2/8$ in Gl. (2.6) eingesetzt wird.

Mit der effektiven Breite b_{ef} wird eine mögliche Schwächung des Querschnittes durch Schwindrisse berücksichtigt.

$$b_{ef} = k_{cr} \cdot b \tag{2.8}$$

Mit der auf die charakteristische Schubfestigkeit bezogenen Definition von k_{cr} (siehe Tab. 2.7) wird eine „Rückkalibrierung" auf die früheren in Deutschland gültigen Schubfestigkeiten erreicht. Bei Stäben aus Nadelschnittholz dürfen die Werte für k_{cr} in Bereichen, die mindestens 1,50 m vom Hirnholzende entfernt liegen, um 30 % erhöht werden.

Lasten im unmittelbaren Auflagerbereich werden direkt in die Auflager abgetragen. Deshalb kann für den Schubnachweis diejenige Querkraft angesetzt werden, die im Abstand h von der Auflagerkante auftritt. Diese Regel gilt nur, wenn der Träger am oberen Rand belastet und am unteren Rand aufgelagert ist (Abb. 2.4).

Bei Schub infolge zweiachsiger Biegung ist im GZT folgender Nachweis zu führen:

$$\left(\frac{\tau_{yz,d}}{f_{v,d}}\right)^2 + \left(\frac{\tau_{xz,d}}{f_{v,d}}\right)^2 \leq 1{,}0 \tag{2.9}$$

Tab. 2.7 Beiwerte k_{cr} zur Bestimmung der effektiven Breite.

$k_{cr} = \dfrac{2{,}0}{f_{v,k}}$	Vollholz und Balkenschichtholz aus Nadelholz
$k_{cr} = \dfrac{2{,}5}{f_{v,k}}$	BSH
$k_{cr} = 1{,}0$	Brettsperrholz und Holzwerkstoffplatten

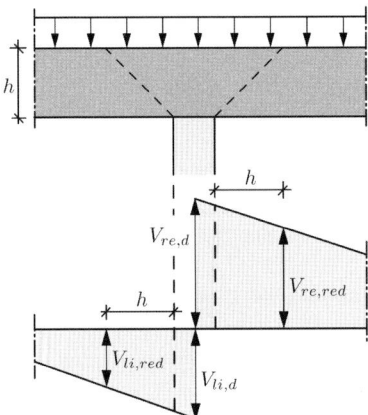

Abb. 2.4 Reduzierte Querkraft im Bereich von Auflagern.

2.4 Torsion und Rollschub

Durch Torsion und ungünstige Lasteinleitungen ergeben sich Schubbeanspruchungen in der y-z-Ebene (Abb. 2.3b). Diese Rollschubbeanspruchung ist sehr ungünstig, da die entsprechende Rollschubfestigkeit mit 0,8 bis 1,0 N/mm² vergleichsweise gering ist.

Sowohl Torsion als auch Rollschub können durch gute Konstruktionen vermieden werden. Gute Konstruktionen zeichnen sich durch zentrische Lasteinleitung und symmetrischen Aufbau von Anschlüssen und Bauteilen aus.

2.5 Stabilität

Stabförmige Bauteile weisen unter Druckbeanspruchung ein anderes Tragverhalten auf als unter Zug. Während Druckglieder, beispielsweise Stützen, zum Knicken – d. h. zum seitlichen Ausweichen des Stabes zwischen den Auflagern – neigen, besteht bei zugbeanspruchten Stäben kein Stabilitätsproblem. Dieses Phänomen ist vom Grundsatz her werkstoffunabhängig. Neben dem Knicken besteht bei schlanken stabförmigen Bauteilen die Gefahr des Biegedrillknickens bzw. des Kippens – als Sonderfall des Biegedrillknickens (Abb. 2.5).

Abb. 2.5 Gelenkig gelagerte Stütze – praktisches Beispiel (a) und statisches System (b).

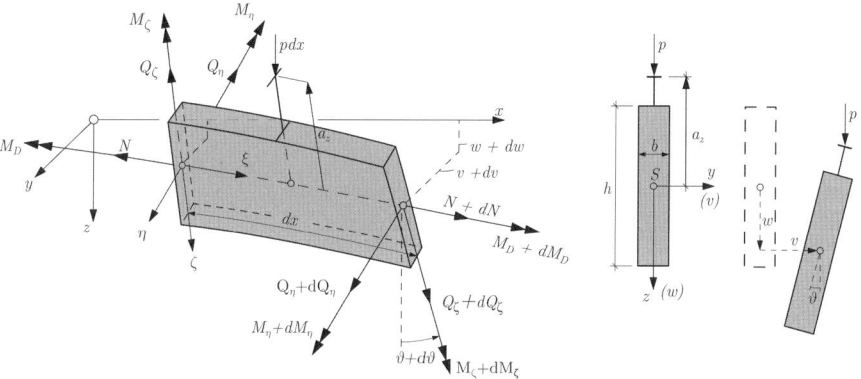

Abb. 2.6 Schnittgrößen und Verformungen am kipp- und knickgefährdeten Stab.

Als Kippen wird das seitliche Ausweichen des druckbeanspruchten Bereiches eines ideal geraden Biegestabes (z. B. oberer Rand des Einfeldträgers) infolge einer reinen Biegebeanspruchung bezeichnet. Mit steigendem Biegemoment und zunehmender Schlankheit wird sich der Träger im Bereich der Druckzone seitlich verschieben. Dadurch verdreht sich die Stabachse um einen Winkel ϑ (siehe Abb. 2.6), was auch als Verdrillung bezeichnet wird. Das Moment, das aufgewendet werden muss, um den Träger in seiner ursprünglichen Lage zu halten, wird daher Drillmoment M_D genannt. Das Biegedrillknicken unterscheidet sich vom Kippen lediglich dadurch, dass neben dem Biegemoment auch eine Normalkraft vorhanden ist. Biegedrillknicken ist also eine Kombination aus Kippen und Knicken. Die Zusammenhänge illustriert noch einmal Abb. 2.6. Die Schwerachse verschiebt sich infolge Biegung aus der Last p in Richtung der z-Achse um das Maß w und infolge des Knickens um den Wert v. Die Verdrehung des Querschnittes um die Stabachse ergibt sich durch das Kippen des Trägers.

Eine logische Konsequenz dieser Zusammenhänge wäre es, eine allgemeine Regelung für das Biegedrillknicken zu formulieren und reine Knick- oder Kippnachweise als Sonderfall dieser allgemeinen Regelung zu betrachten. Da Stabilitätsnachweise im Holzbau u. a. auch zeitabhängige Verformungen infolge ständiger Lasten berücksichtigen müssen, ist es bisher nicht gelungen, diese allgemeine Regelung zu formulieren. Die Nachweise werden bauteilbezogen für Stützen und Träger getrennt formuliert. Dabei wird das für die Handrechnung geeignete Ersatzstabverfahren angewandt. Eine Alternative zur Anwendung des Ersatzstabverfahrens ist die Berechnung nach Theorie II. Ordnung. Darauf wird im Abschn. 2.5.4 kurz eingegangen.

2.5.1 Knicken – Ersatzstabverfahren

Das Knicken stellt das klassische Stabilitätsproblem für schlanke druckbeanspruchte Konstruktionsglieder dar. Häufig wird auch der Begriff Biegeknicken verwendet, da durch Formänderungen – seitliches Ausweichen – auch Biegemomente infolge der Normalkraft hervorgerufen werden und das Bauteil dadurch zusätzlich auf Biegung beansprucht wird. Dieser Zusammenhang kann beim Nachweis schlanker Druckglieder mit dem sogenannten Ersatzstabverfahren recht einfach berücksichtigt werden.

Beim Ersatzstabverfahren wird der Nachweis für die Schnittgrößen, die am unverformten System ermittelt werden, als Spannungsnachweis mit abgeminderter Druckfestigkeit geführt.

Die Knicklast eines druckbeanspruchten Stabes hängt entscheidend von der Schlankheit λ ab. Diese wird mit der Stablänge, den Auflagerbedingungen und dem Trägheitsradius des Querschnitts bestimmt.

$$\lambda = \frac{l_{ef}}{i} \quad \text{mit} \quad l_{ef} = \beta \cdot h \quad \text{und} \quad i = \sqrt{\frac{I}{A}} \tag{2.10}$$

Bei Rechteckquerschnitten lässt sich die Berechnung des Trägheitsradius vereinfachen:

$$i = \sqrt{\frac{I}{A}} = \sqrt{\frac{b \cdot h^3/12}{b \cdot h}} = \frac{h}{\sqrt{12}} \cong 0{,}289 \cdot h$$

Die Knicklänge wird mithilfe des Knicklängenbeiwertes β bestimmt, der sich nach der Knickfigur richtet. Die Standard-Knickfälle sind in Abb. 2.7 dargestellt. In Abhängigkeit vom E-Modul, von der charakteristischen Druckfestigkeit $f_{c,0,k}$ und vom Imperfektionsfaktor β_c kann der Knickbeiwert k_c mit der Gl. (2.11) bestimmt werden. Ein kleinerer und damit günstigerer Wert für β_c bei BSH ist durch eine geringere Einbaufeuchte und die höhere Maßgenauigkeit der Querschnitte zu begründen. Da es sich um eine Betrachtung im GZT handelt, ist der charakteristische Wert des E-Moduls $E_{0,05}$ (siehe Tab. 2.10) zu verwenden.

$$k_c = \min \begin{cases} 1 \\ \frac{1}{k+\sqrt{k^2-\lambda_{rel,c}^2}} \end{cases} \tag{2.11}$$

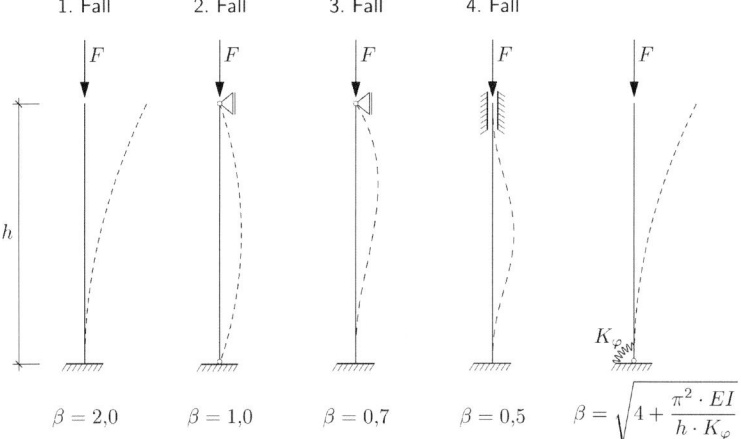

Abb. 2.7 Knickfälle nach Euler und elastisch eingespannte Stütze.

mit

$$\lambda_{rel,c} = \sqrt{\frac{f_{c,0,k}}{\sigma_{c,crit}}} = \frac{\lambda}{\pi} \cdot \sqrt{\frac{f_{c,0,k}}{E_{0,05}}}$$

$$k = 0{,}5 \cdot \left[1 + \beta_c(\lambda_{rel,c} - 0{,}3) + \lambda_{rel,c}^2\right]$$

$$\beta_c = \begin{cases} 0{,}2 & \text{für} \quad \text{Vollholz} \\ 0{,}1 & \text{für} \quad \text{Brettschichtholz und Furnierschichtholz} \end{cases}$$

Mit den beiden Funktionen für k_c und k wird der Übergang von der einachsigen Druckfestigkeit zur Knickspannung beschrieben. Der Zusammenhang ist in Abb. 2.8 grafisch dargestellt und lässt sich folgendermaßen erklären:

Die mit der Euler-Hyperbel definierten Knicklasten gehen bei kleiner Schlankheit asymptotisch gegen unendlich. Dies ist physikalisch nicht möglich. Deshalb ist es erforderlich, eine entsprechende Übergangsfunktion zu definieren, die die

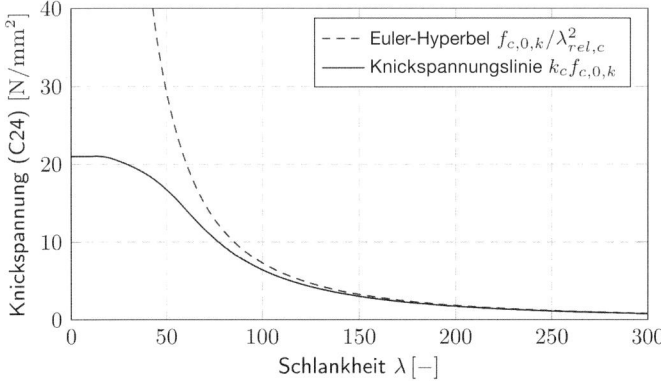

Abb. 2.8 Knickspannungslinie für C24 und Euler-Hyperbel im Vergleich.

Tab. 2.8 Knickbeiwerte k_c für ausgewählte Festigkeitsklassen.

λ	C 16	C 24	C 30	GL 24 c	GL 24 h	GL 28 c	GL 28 h	GL 30 c	GL 30 h
0–15	1,0	1,0	1,0	1,0	1,0	1,0	1,0	1,0	1,0
20	0,987	0,991	0,991	0,999	0,998	0,999	0,997	1,000	0,997
25	0,964	0,970	0,970	0,990	0,988	0,991	0,987	0,991	0,987
30	0,938	0,947	0,947	0,980	0,978	0,980	0,975	0,981	0,976
35	0,907	0,919	0,919	0,968	0,965	0,969	0,961	0,969	0,962
40	0,868	0,885	0,885	0,953	0,948	0,954	0,943	0,955	0,944
45	0,820	0,844	0,843	0,933	0,926	0,935	0,919	0,937	0,920
50	0,763	0,794	0,793	0,907	0,897	0,910	0,885	0,913	0,887
55	0,698	0,736	0,734	0,872	0,856	0,876	0,839	0,880	0,841
60	0,631	0,673	0,671	0,825	0,803	0,830	0,779	0,836	0,782
65	0,567	0,610	0,608	0,766	0,739	0,774	0,711	0,781	0,714
70	0,507	0,550	0,548	0,702	0,671	0,710	0,641	0,718	0,644
75	0,454	0,495	0,494	0,636	0,605	0,645	0,575	0,654	0,578
80	0,408	0,446	0,445	0,575	0,544	0,583	0,516	0,592	0,519
85	0,367	0,403	0,402	0,519	0,490	0,527	0,464	0,535	0,476
90	0,332	0,365	0,364	0,470	0,443	0,477	0,418	0,485	0,421
95	0,301	0,332	0,331	0,426	0,401	0,433	0,379	0,440	0,381
100	0,275	0,303	0,302	0,388	0,365	0,394	0,344	0,401	0,346
105	0,251	0,277	0,276	0,354	0,333	0,360	0,314	0,366	0,316
110	0,230	0,254	0,253	0,324	0,305	0,330	0,287	0,336	0,289
115	0,212	0,234	0,233	0,298	0,280	0,303	0,264	0,309	0,266
120	0,196	0,216	0,216	0,275	0,258	0,280	0,243	0,285	0,245
125	0,181	0,200	0,200	0,254	0,239	0,259	0,225	0,263	0,226
130	0,168	0,186	0,185	0,236	0,221	0,240	0,208	0,244	0,210
135	0,156	0,173	0,173	0,219	0,206	0,223	0,194	0,227	0,195
140	0,146	0,162	0,161	0,204	0,192	0,208	0,181	0,212	0,182
145	0,137	0,151	0,151	0,191	0,179	0,194	0,169	0,198	0,170
150	0,128	0,142	0,141	0,179	0,168	0,182	0,158	0,185	0,159

Traglast auf einen Wert entsprechend der Materialfestigkeit begrenzt. Mit zunehmender Schlankheit nähern sich beide Kurven aneinander an.

Knickbeiwerte können in Abhängigkeit von der Schlankheit für unterschiedliche Festigkeitsklassen tabelliert werden (siehe Tab. 2.8).

Die Beziehung zwischen Schlankheit und Knickspannung stellt eine Näherung dar. Grundlage dieser Näherung sind u. a. rechnerische Simulationen von Blaß [1]. Hierbei wurde eine Vielzahl von Traglastversuchen an Stützen mit zufällig streuenden Materialeigenschaften und geometrischen Imperfektionen rechnerisch simuliert. Dabei wurde nichtlineares Materialverhalten und der Einfluss des Kriechens berücksichtigt. Die große Anzahl der Simulationen diente dazu, eine statistische Verteilung der Tragfähigkeit abhängig von der Schlankheit

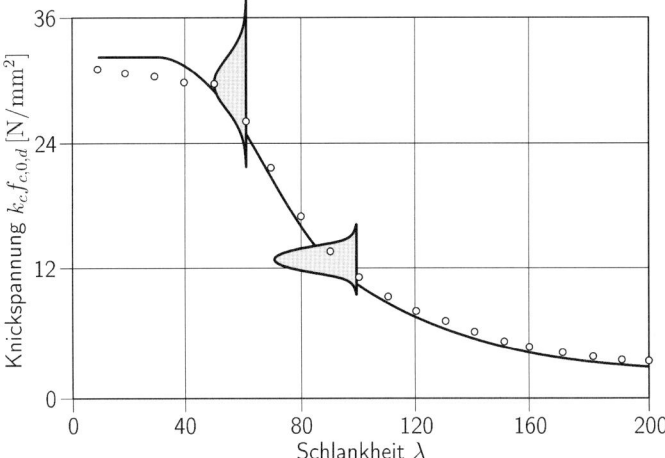

Abb. 2.9 Knickspannung aus rechnergestützter Simulation im Vergleich zur approximierten Knickspannungslinie.

zu erhalten. In Abb. 2.9 sind einige Ergebnisse aus der rechnerischen Simulation der Näherungskurve gegenübergestellt.

Der Nachweis der Tragsicherheit wird nach Gl. (2.12) geführt. Dabei ist generell Knicken in x- und y-Richtung zu untersuchen. Nicht nur der Trägheitsradius, auch die Auflagerbedingungen in den beiden Knickebenen können sich unterscheiden.

$$\frac{\sigma_{c,0,d}}{k_c \cdot f_{c,0,d}} \leq 1 \quad \text{mit} \quad \sigma_{c,0,d} = \frac{F_{c,0,d}}{A} \tag{2.12}$$

Örtliche Querschnittsschwächungen dürfen bei der Ermittlung der Spannung vernachlässigt werden, sofern diese nicht im mittleren Drittel der Knickfigur liegen. Knicklängen für einige typische Bauteile, die nicht den einfachen Euler-Fällen entsprechen, sind in Tab. 2.9 zusammengestellt.

2.5.2 Kippen – Ersatzstabverfahren

In Analogie zum Knicken kann das Ersatzstabverfahren auch für den Tragfähigkeitsnachweis kippgefährdeter Träger angewendet werden. Hier werden zusätzliche Spannungen infolge eines seitlichen Ausweichens des Druckgurts ebenfalls durch einen Beiwert – den Kippbeiwert k_{crit} – berücksichtigt. Mit dem Kippbeiwert wird der Bemessungswert der Biegefestigkeit abgemindert. Für einachsige Biegung ohne Normalkraft wird der Nachweis nach Gl. (2.13) geführt, wobei Voraussetzung ist, dass der Träger an den Auflagern durch eine Gabellagerung gegen Verdrehen und Verschieben in vertikaler Richtung und quer zur Stabachse gesichert ist (siehe Abb. 2.10).

$$\frac{\sigma_{m,d}}{k_{crit} \cdot f_{m,d}} \leq 1 \tag{2.13}$$

Tab. 2.9 Knicklängenbeiwerte β typischer Bauteile nach DIN EN 1996-1-1/NA.

System	Knicklängenbeiwert β
Elastisch eingespannte Stütze mit „angehängten" Pendelstützen 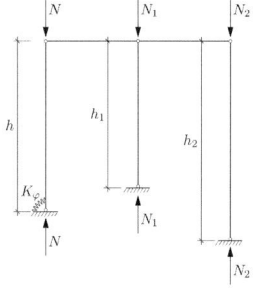	$\beta = \sqrt{4 + \dfrac{\pi^2 \cdot EI}{h \cdot K_\varphi}(1+\alpha)}$ für die elastisch eingespannte Stütze, mit: $\alpha = \dfrac{h}{N} \cdot \sum \dfrac{N_i}{h_i}$ $E = \dfrac{E_{0,mean}}{\gamma_m}$ $K_\varphi = \dfrac{K_u}{\gamma_m} = \dfrac{2/3 K_{ser}}{\gamma_m}$
Sparren eines Kehlbalkendaches 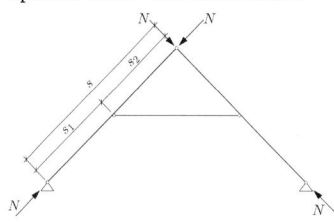	Für $s_1 < 0{,}7 \cdot s$: $\beta = 0{,}8$ für $s_1 \geq 0{,}7 \cdot s$: $\beta = 1{,}0$ (für antimetrisches Knicken)
Fachwerkstab 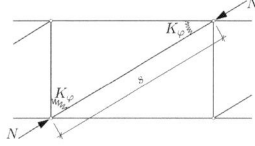	Bei gelenkigem Anschluss (z. B. Anschluss mit Versatz) $K_\varphi \approx 0$: $\beta = 1{,}0$ bei nachgiebiger Einspannung (z. B. Anschluss mit eingeschlitzten Blechen und mehreren Verbindungsmitteln) $K_\varphi \gg 0$: $\beta = 0{,}8$

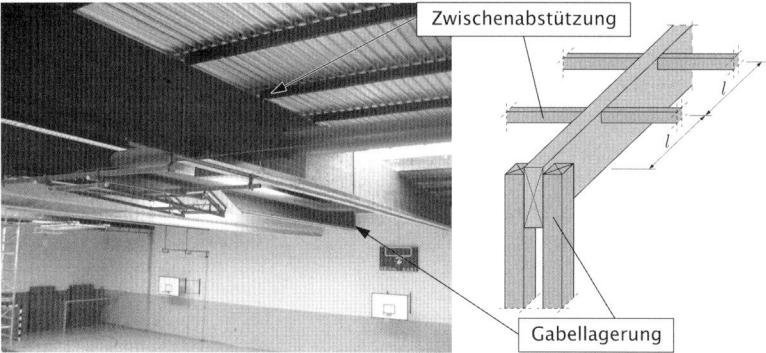

Abb. 2.10 Gabellagerung und Zwischenabstützung kippgefährdeter Träger.

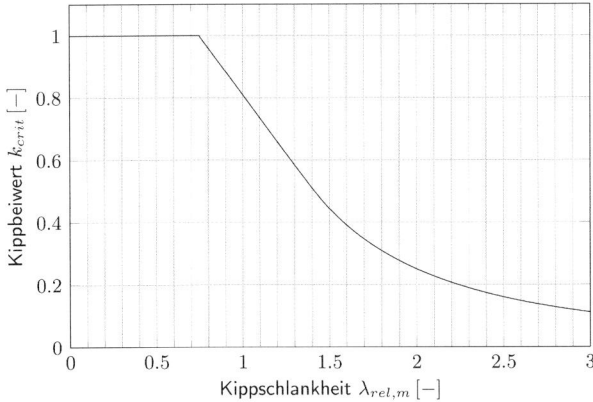

Abb. 2.11 Kippbeiwert k_{crit} in Abhängigkeit der bezogenen Kippschlankheit.

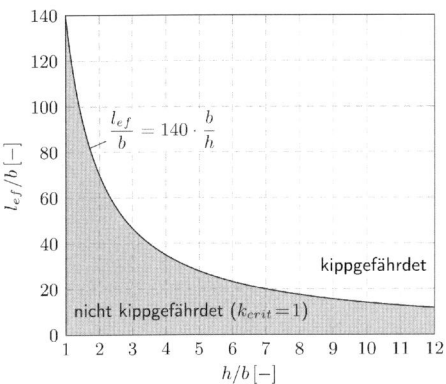

Abb. 2.12 Kippsicherung durch seitliche Halterung – Abgrenzungskriterium.

Die Kippgefahr eines Trägers kann ausgeschlossen werden, wenn eine seitliche Halterung des Druckgurtes über die gesamte Länge – z. B. durch eine aufgenagelte Beplankung oder durch eine ausreichend enge Anordnung der Zwischenabstützung – und an den Auflagern eine Gabellagerung besteht. Für Einfeldträger mit einer Gleichstreckenlast ist eine Kippgefahr ausgeschlossen, wenn für den Abstand der Zwischenabstützungen $l_{ef} \leq 140 \cdot b^2/h$ gilt (siehe Abb. 2.12). Wenn keine Kippgefahr besteht, dann kann für k_{crit} der Wert 1,0 eingesetzt werden.

Der Kippbeiwert k_{crit} wird mit Gl. (2.14) berechnet. Abbildung 2.11 veranschaulicht, dass der Kippbeiwert in Abhängigkeit vom Kippschlankheitsgrad $\lambda_{rel,m}$ abschnittsweise definiert ist. Analog zum Knickbeiwert sorgt der Kippbeiwert für einen Übergang zwischen der mathematischen Lösung des Stabilitätsproblems und der durch die Festigkeit begrenzten Tragfähigkeit des Materials.

$$k_{crit} = \begin{cases} 1 & \text{für} \quad \lambda_{rel,m} \leq 0{,}75 \\ 1{,}56 - 0{,}75\lambda_{rel,m} & \text{für} \quad 0{,}75 < \lambda_{rel,m} \leq 1{,}4 \\ 1/\lambda_{rel,m}^2 & \text{für} \quad 1{,}4 < \lambda_{rel,m} \end{cases} \quad (2.14)$$

2 Tragsicherheit und Gebrauchstauglichkeit stabförmiger Bauteile

Tab. 2.10 Materialbeiwert κ_M für unterschiedliche Festigkeitsklassen.

Festigkeitsklasse	$E_{0,05}$ [N/mm²]	G_{05} [N/mm²]	$f_{m,k}$ [N/mm²]	κ_M
C24	7 333	460	24	0,0645
C30	8 000	500	30	0,0691
GL24h	9 583	542	24	0,0532
GL24c	9 167	542	24	0,0538
GL28h	10 500	542	28	0,0562
GL28c	10 417	542	28	0,0563
GL30h	11 333	542	30	0,0571
GL30c	10 833	542	30	0,0577

Es gilt für
- Nadelholz: $E_{0,05} = 2/3 \cdot E_{0,mean}$, $G_{05} = 2/3 \cdot G_{mean}$
- BSH: $E_{0,05} = 5/6 \cdot E_{0,mean}$, $G_{05} = 5/6 \cdot G_{mean}$.

Die bezogene Kippschlankheit lässt sich nach Gl. (2.15) ermitteln. Hierbei fließen die Länge des Ersatzstabs l_{ef}, die Widerstände gegenüber Biegung um die Hauptachse, um die schwache Achse und gegenüber einer Verdrehung um die Stabachse sowie die Materialparameter Biegefestigkeit $f_{m,k}$, E-Modul $E_{0,05}$ und Schubmodul G_{05} ein.

$$\lambda_{rel,m} = \sqrt{\frac{f_{m,k}}{\sigma_{m,crit}}} = \sqrt{\frac{l_{ef}}{\pi \cdot i_m}} \cdot \sqrt{\frac{f_{m,k}}{\sqrt{E_{0,05} \cdot G_{05}}}} \quad \text{mit} \quad i_m = \frac{\sqrt{I_z \cdot I_t}}{W_y} \tag{2.15}$$

Für E-Modul und Schubmodul sind auch hier wie beim Knicknachweis die 5 %-Quantilwerte (vgl. Tab. 2.10) zu verwenden, da der Nachweis für den GZT geführt wird.

Für Rechteckquerschnitte lässt sich Gl. (2.15) durch Einsetzen des Flächenträgheitsmomentes $I_z = b^3 \cdot h/12$, des Torsionsträgheitsmomentes $I_t \cong b^3 \cdot h/3$ und des Widerstandsmomentes $W_y = b \cdot h^2/6$ vereinfachen zu

$$\lambda_{rel,m} = \sqrt{\frac{l_{ef} \cdot h}{b^2}} \cdot \sqrt{\frac{f_{m,k}}{\pi \cdot \sqrt{E_{0,05} \cdot G_{05} \cdot \alpha_{05}}}} = \sqrt{\frac{l_{ef} \cdot h}{b^2}} \cdot \kappa_M \tag{2.16}$$

mit

$$\alpha_{05} = \begin{cases} 1{,}4 & \text{Brettschichtholz} \\ 1{,}0 & \text{alle anderen Fälle} \end{cases}$$

In diesem Ausdruck kann das Produkt aus Elastizitäts- und Schubmodul bei BSH mit dem Faktor α_{05} um 40 % erhöht werden, um den ungünstigen Überlagerungseffekt aus der Multiplikation von 5 %-Quantilwerten auszugleichen.

Der für den zweiten Wurzelausdruck in Gl. (2.16) eingeführte Parameter κ_M ist ausschließlich materialabhängig und hängt daher nur von der Festigkeitsklasse ab (siehe Tab. 2.10).

Um die bezogene Kippschlankheit ermitteln zu können, wird noch die Ersatzstablänge benötigt. Die Länge des Ersatzstabs hängt vom statischen System, von der Form des Momentenverlaufes, vom Lastangriffspunkt und vom Verhältnis der Biegesteifigkeit zur Torsionssteifigkeit ab. Anhand der Tab. 2.11 und Gl. (2.17) wird dieser Zusammenhang deutlich.

$$l_{ef} = \frac{l}{a_1 \cdot \left[1 - a_2 \cdot \frac{a_z}{l} \sqrt{\frac{B}{T}}\right]} \qquad (2.17)$$

mit

l Länge des Trägers bzw. Abstand zwischen zwei Kipphalterungen
a_1, a_2 Beiwerte nach Tab. 2.11
a_z Lastangriffspunkt vom Schubmittelpunkt (vgl. Abb. 2.6)
B Biegesteifigkeit um die z-Achse (schwache Achse) nach Gl. (2.18)
T Torsionssteifigkeit nach Gl. (2.19)

$$B = \frac{E_{mean}}{\gamma_m} \cdot I_z \qquad (2.18)$$

$$T = \frac{G_{mean}}{\gamma_m} \cdot I_t \qquad (2.19)$$

Die Länge l ist dabei der Abstand zwischen zwei Kipphalterungen – z. B. Gabellager und Zwischenabstützungen (siehe Abb. 2.10). Zwischenabstützungen sind immer nur dann als solche zu bewerten, wenn diese im Biegedruckbereich des kippgefährdeten Bauteils angeordnet sind und die Stabilisierungskräfte an ausreichend steife Fachwerkverbände, Scheiben oder andere Auflager abgegeben werden können. Der Wert a_z ist vorzeichenbehaftet und steht für den Abstand des Lastangriffspunktes vom Schubmittelpunkt M (siehe Abb. 2.6). Greift die Last im Bereich des Druckgurtes an, ist für a_z ein positiver Wert einzusetzen, andernfalls ein Wert mit negativem Vorzeichen. Bei homogenen Rechteckquerschnitten sind Schubmittelpunkt M und Schwerpunkt S identisch. Abhängig davon, ob die Last im Biegezug- oder im Biegedruckbereich angreift, verringert oder erhöht diese die Kippgefahr.

Der für den Kippnachweis maßgebende Bereich eines Trägers mit horizontalen seitlichen Abstützungen kann mit ausreichender Genauigkeit als gabelgelagerter Einfeldträger mit konstantem Biegemoment ohne Querlast angesehen werden (siehe Abb. 2.13 und Tab. 2.11).

2 Tragsicherheit und Gebrauchstauglichkeit stabförmiger Bauteile

Tab. 2.11 Beiwerte a_1 und a_2 zur Ermittlung der Kipplänge l_{ef} nach DIN EN 1995-1-1/NA.

System	Momentenverlauf	a_1	a_2
Gabelgelagerter Einfeldträger		1,77	0
		1,35	1,74
		1,13	1,44
		1	0
Kragarm		1,27	1,03
		2,05	1,50
Beidseitig eingespannter Träger		6,81	0,40
		5,12	0,40
Mittelfeld, Durchlaufträger		1,70	1,60
		1,30	1,60

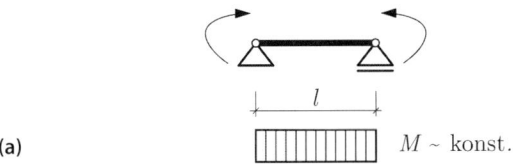

(a)

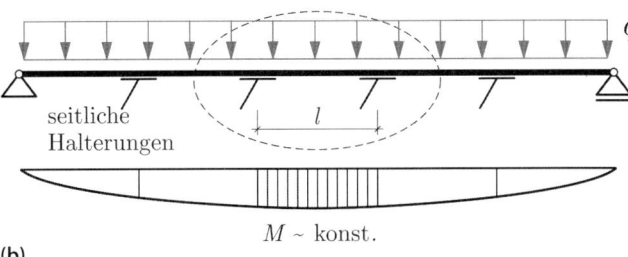

(b)

Abb. 2.13 Kippgefährdeter Einfeldträger: (a) System mit seitlicher Halterung; (b) mittlerer Bereich mit näherungsweise konstantem Biegemoment.

2.5.3 Biegedrillknicken

Die Nachweise gegen Knicken und Kippen können für die Kombination eines Biegemoments um die starke Achse y und einer Normalkraft zusammen geführt werden zum Nachweis gegen Biegedrillknicken.

$$\frac{\sigma_{c,0,d}}{k_{c,z} \cdot f_{c,0,d}} + \left(\frac{\sigma_{m,y,d}}{k_{crit} \cdot f_{m,d}}\right)^2 \leq 1 \tag{2.20}$$

Der Knickbeiwert $k_{c,z}$ wird für Biegung um die z-Achse, d. h. für ein Ausweichen in y-Richtung ermittelt.

Bei zweiachsiger Biegung wird der Biegedrillknicknachweis nach Gl. (2.21) und Gl. (2.22) geführt. Der Nachweis ist jedoch auf das Seitenverhältnis $h/b \leq 4$ beschränkt.

$$\frac{\sigma_{c,0,d}}{k_{c,y} \cdot f_{c,0,d}} + \frac{\sigma_{m,y,d}}{k_{crit} \cdot f_{m,y,d}} + \left(\frac{\sigma_{m,z,d}}{f_{m,z,d}}\right)^2 \leq 1 \tag{2.21}$$

$$\frac{\sigma_{c,0,d}}{k_{c,z} \cdot f_{c,0,d}} + \left(\frac{\sigma_{m,y,d}}{f_{m,y,d}}\right)^2 + \frac{\sigma_{m,z,d}}{k_{crit} \cdot f_{m,z,d}} \leq 1 \tag{2.22}$$

Dabei sind $k_{c,y}$ und $k_{c,z}$ die Knickbeiwerte (siehe Abschn. 2.5.1) für eine Biegeverformung infolge Knickens um die y- bzw. z-Achse (Abb. 2.14).

2.5.4 Berechnungen nach Theorie II. Ordnung

Als Alternative zum Ersatzstabverfahren kann der Nachweis auch mit Schnittgrößen geführt werden, welche nach Theorie II. Ordnung berechnet wurden. Im Gegensatz zum Nachweis am Ersatzstab sind dann die Schnittgrößen am ver-

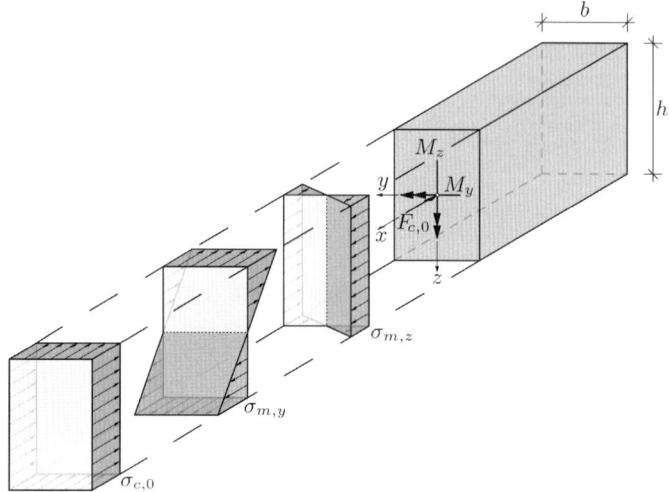

Abb. 2.14 Spannungskomponenten bei kombinierter Beanspruchung aus Normalkraft und zweiachsiger Biegung.

formten System zu bestimmen. Für die nichtlineare Berechnung nach Theorie II. Ordnung werden Vorverformungen oder Ersatzlasten, die diese Vorverformungen oder Imperfektionen erzeugen, in die Berechnung eingeführt. Die Ersatzlasten erzeugen keine zusätzlichen Auflagerreaktionen und müssen sich folglich, wenn man die Summe der Kräfte bildet, aufheben.

Bei der Kombination unterschiedlicher Beanspruchungen in Gl. (2.23) wird der Anteil der Normalkraft quadratisch angesetzt.

$$\left(\frac{\sigma_{c,0,d}^{II}}{f_{c,0,d}}\right)^2 + \frac{\sigma_{m,y,d}^{II}}{f_{m,y,d}} + \frac{\sigma_{m,z,d}^{II}}{f_{m,z,d}} \leq 1 \qquad (2.23)$$

Analog zu Gl. (2.4) darf auch hier die kleinere der beiden Biegespannungen um 30 % abgemindert werden.

Die Modellierung und Berechnung von Holztragwerken nach Theorie II. Ordnung wird im zweiten Band *Ingenieurholzbau – Vertiefung* ausführlich erläutert.

2.6 Zug und Biegung

Die allgemeine Form des Nachweises von Stäben unter kombinierter Zug- und Biegebeanspruchung wird nach Gl. (2.24) geführt.

$$\frac{\sigma_{t,0,d}}{f_{t,0,d}} + \frac{\sigma_{m,y,d}}{f_{m,y,d}} + \frac{\sigma_{m,z,d}}{f_{m,z,d}} \leq 1 \qquad (2.24)$$

Auch hier darf bei zweiachsiger Biegung die kleinere der Biegespannungen um 30 % reduziert werden.

Bei der Ermittlung der einwirkenden Zugspannungen $\sigma_{t,0,d}$ ist die Nettofläche des Querschnittes einzusetzen. Bis zu einem Durchmesser von 6 mm können die

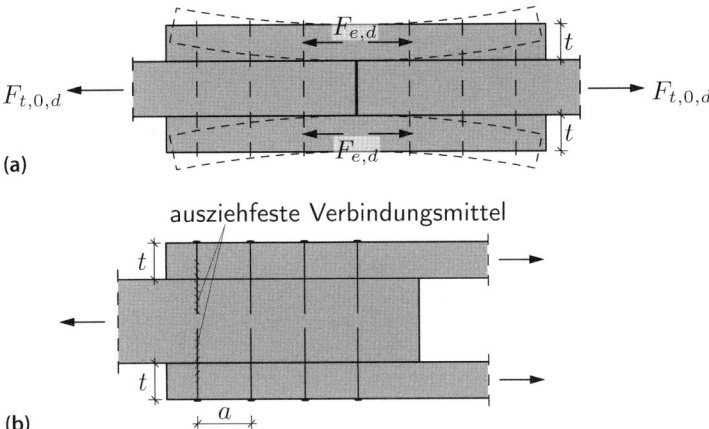

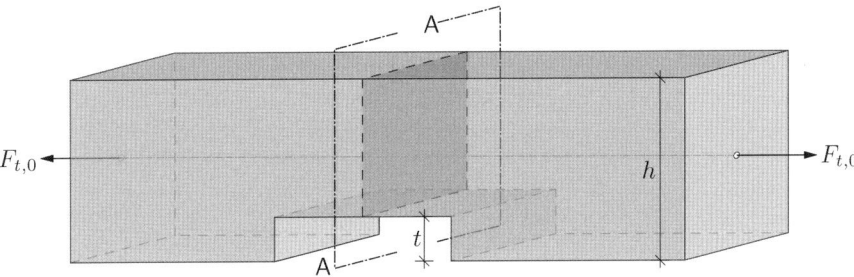

Abb. 2.15 Zugstoß mit außen liegenden Laschen: (a) Biegeverformung durch exzentrische Lasteinleitung; (b) Anordnung zusätzlicher ausziehfester Verbindungsmittel.

Abb. 2.16 Zugbeanspruchter Querschnitt mit Fehlfläche.

Fehlflächen von Schrauben oder Nägeln, die ohne Vorbohren eingebracht wurden, vernachlässigt werden.

Biegespannungen können auch unter reiner Zugbeanspruchung auftreten, bei einem Anschluss von Laschen an ein Mittelholz (siehe Abb. 2.15) oder wenn eine asymmetrische Fehlfläche vorhanden ist (siehe Abb. 2.16).

Bei Letzterem gilt im Schnitt A–A:

$$\sigma_{t,0} = \frac{F_{t,0}}{b \cdot [h-t]} \quad \text{und} \quad \sigma_m = \frac{M}{W_{netto}} = \frac{F_{t,0} \cdot t/2}{b \cdot [h-t]^2/6} \quad (2.25)$$

Biegespannungen, die bei einem Zuganschluss in den seitlichen Laschen auftreten, werden vereinfacht durch eine Abminderung der Zugfestigkeit berücksichtigt. Dabei wird unterschieden, inwieweit die Biegebeanspruchung durch die Wirkung zugfester Verbindungsmittel reduziert wird (siehe Tab. 2.12).

Zusätzliche ausziehfeste Verbindungsmittel sind zu bemessen für

$$F_{t,d} = \frac{F_{e,d} \cdot t}{2 \cdot n \cdot a} \quad (2.26)$$

Hierbei ist $F_{e,d}$ die Normalkraft in der Zuglasche, t die Dicke der Zuglasche, n die Anzahl der zur Übertragung der Scherkraft ($F_{e,d}$) hintereinander angeordne-

Tab. 2.12 Abminderung der Zugfestigkeit von Seitenhölzern infolge Biegebeanspruchung.

		Abminderung von $f_{t,0,k}$
Alle Verbindungsmittel ausziehfest • Bolzen und Passbolzen • nicht vorgebohrte Nägel • Schrauben		um 1/3
Verbindungsmittel nicht ausziehfest • Stabdübel • vorgebohrte Nägel • Dübel besonderer Bauart	Mit zusätzlichen ausziehfesten Verbindungsmitteln (siehe Abb. 2.15b)	
	Ohne zusätzliche ausziehfeste Verbindungsmittel	um 60 %

ten Verbindungsmittel, ohne die zusätzlichen ausziehfesten Verbindungsmittel, und a der Abstand der auf Herausziehen beanspruchten Verbindungsmittel von der nächsten Verbindungsmittelreihe (siehe Abb. 2.15b).

2.7 Querdruck

Druckbeanspruchungen, die senkrecht zur Faserrichtung oder in einem Winkel zwischen senkrecht und parallel zur Faser auftreten, werden in Abschn. 3.2 behandelt.

2.8 Querzug

2.8.1 Allgemeines

Die Festigkeit von Holz in Faserrichtung unterscheidet sich deutlich von der Festigkeit rechtwinklig zur Faser. Die charakteristische Zugfestigkeit von Nadelholz C24 in Faserrichtung beträgt beispielsweise $14\,\text{N/mm}^2$, wohingegen die charakteristische Zugfestigkeit rechtwinklig zur Faser nur $0{,}4\,\text{N/mm}^2$ beträgt. Holz versagt, wenn die Querzugfestigkeit überschritten wird, spröde und schlagartig. Aus diesen Gründen sollte Holz in der baupraktischen Anwendung möglichst so eingesetzt werden, dass eine Beanspruchung auf Querzug vermieden wird. Dies gelingt jedoch nicht bei allen Anwendungen. In Abb. 2.17 sind einige Fälle von Querzugbeanspruchung mit den zugehörigen typischen Risspfaden dargestellt.

Bei gebogenen Trägern und Satteldachträgern (Abb. 2.17a–c) entstehen die Querzugkräfte infolge der Umlenkung der Biegespannungen. Durchbrüche (Abb. 2.17d) und Ausklinkungen (Abb. 2.17e) rufen ebenfalls erhebliche Querzugspannungen hervor. Bei Durchbrüchen mit einem Durchmesser von mehr als 50 mm ist ein genauer Nachweis zu führen, der im zweiten Band *Ingenieurholzbau – Vertiefung* ausführlich erklärt wird. Ausklinkungen werden in Abschn. 2.8.3 behandelt. Die Einleitung von Kräften mit mechanischen Verbindungsmitteln führt im Lasteinleitungsbereich lokal zu Querzugspannungen (Abb. 2.17f–h). Im unmittelbaren Lasteinleitungsbereich vor stiftförmigen Verbindungsmitteln werden Querzugspannungen durch die Vorgaben von Min-

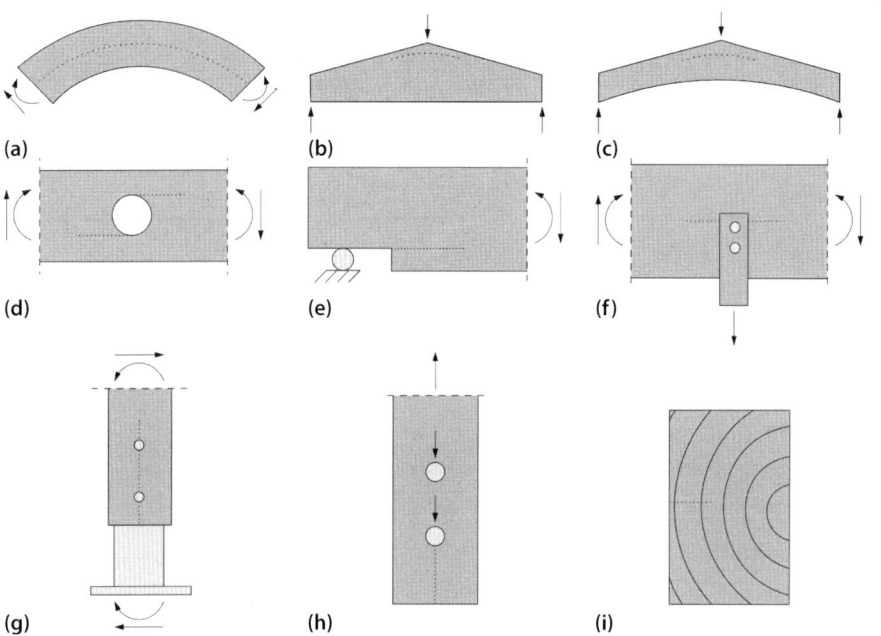

Abb. 2.17 Bauteile mit Querzugbeanspruchungen und mögliche Risspfade.

destabständen auf einem ausreichend niedrigen Niveau gehalten. Wenn Holz trocknet, treten Eigenspannungen im Querschnitt wegen unterschiedlichen Schwindverhaltens in radialer und in tangentialer Richtung auf, die auch ohne einwirkende Lasten zur Überschreitung der Querzugfestigkeit führen können (Abb. 2.17i). Der Rissgefahr durch Schwindverformungen wird durch eine geringe Einbaufeuchte am wirkungsvollsten begegnet (vgl. Abschn. 1.2.4).

2.8.2 Queranschlüsse

Die Beanspruchbarkeit auf Querzug bei Queranschlüssen nach Abb. 2.18 kann für Nadelholz nach Gl. (2.28) bestimmt werden. Es ist nachzuweisen, dass die Querzugtragfähigkeit größer ist als die größere der beiden Querkraftanteile aus der am Anschluss eingeleiteten Kraft F_{Ed}. Mit zunehmendem Abstand des Anschlusses vom beanspruchten Rand verringert sich die Gefahr von Querzugversagen. Die Tragfähigkeit des Anschlusses nimmt bei größer werdendem Abstand h_e der entferntesten Verbindungsmittel vom beanspruchten Rand zu. Wenn h_e mehr als 70 % der Querschnittshöhe h beträgt, kann auch ohne rechnerischen Nachweis von einer ausreichenden Sicherheit gegenüber Querzugversagen ausgegangen werden. In diesem Fall ist ein Nachweis des Querzugversagens nicht erforderlich. Bei $h_e/h \leq 0{,}7$ ist der Nachweis der Querzugtragfähigkeit nach Gl. (2.27) zu führen. Queranschlüsse, bei denen h_e weniger als 20 % der Querschnittshöhe h beträgt, dürfen nur durch kurzzeitige Lasteinwirkungen wie z. B. aus Wind beansprucht werden. Gelingt der Nachweis nicht, kann die Tragfähigkeit durch die Anordnung von zusätzlichen Verstärkungen erhöht werden. Ein

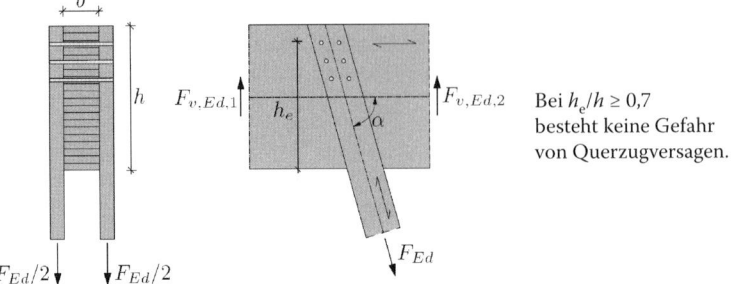

Abb. 2.18 Schräger Queranschluss.

alternativer Nachweis für Anschlüsse mit mehreren Verbindungsmittelspalten sowie die Bemessung und Ausführung der Verstärkungen werden im zweiten Band *Ingenieurholzbau – Vertiefung* erklärt.

$$F_{v,Ed} \leq F_{90,Rd} \tag{2.27}$$

$$F_{90,Rk} = 14 \cdot b \cdot \sqrt{\frac{h_e}{\left(1 - \frac{h_e}{h}\right)}} \tag{2.28}$$

mit

$F_{v,Ed}$ Bemessungswert der Querkraftanteile aus der am Anschluss eingeleiteten Kraft F_{Ed} [N]
$F_{90,Rd}$ Bemessungswert der Querzugtragfähigkeit des Anschlusses [N]
$F_{90,Rk}$ charakteristischer Wert der Querzugtragfähigkeit des Anschlusses [N]
b Querschnittsbreite des Trägers [mm]
h_e Abstand der entferntesten Verbindungsmittel vom beanspruchten Rand [mm]
h Querschnittshöhe des Trägers [mm]

2.8.3 Ausklinkung

Bei Ausklinkungen auf der belasteten Seite von Trägerauflagern (vgl. Abb. 2.19) treten an der einspringenden Ecke Querzugspannungen auf, die die Tragfähigkeit mit zunehmender Höhe der Ausklinkung herabsetzen.

Der Tragfähigkeitsnachweis nach Gl. (2.29) gilt für rechtwinklige Ausklinkungen (vgl. Abb. 2.19a) und für abgeschrägte Ausklinkungen (vgl. Abb. 2.19c). Die Abschrägung wirkt sich günstig auf die Tragfähigkeit des Anschlusses aus. Der Nachweis wird vereinfacht als Schubspannungsnachweis mit einer um k_v abgeminderten Schubfestigkeit geführt. Bei der Ermittlung der Schubspannung wird nur der Restquerschnitt mit der Höhe h_{ef} angesetzt.

$$\frac{\tau_d}{k_v \cdot f_{v,d}} \leq 1 \quad \text{mit} \quad \tau_d = 1{,}5 \cdot \frac{V_d}{b_{ef} \cdot h_{ef}} \tag{2.29}$$

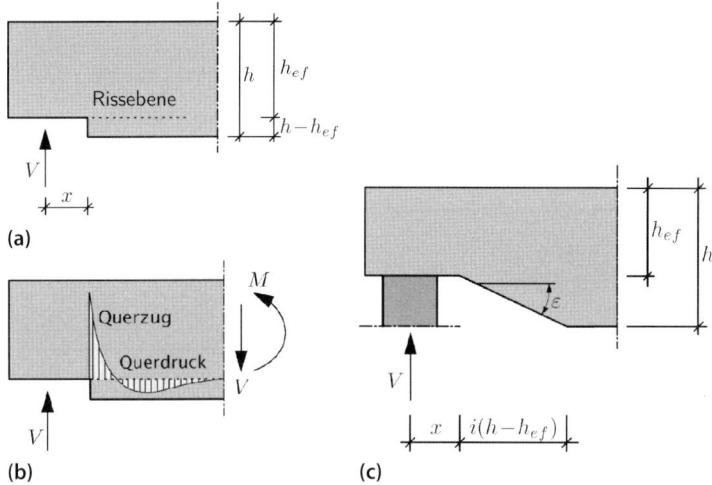

Abb. 2.19 Ausgeklinktes Trägerauflager: (a) Rissebene; (b) Spannungen in Querrichtung entlang der möglichen Rissebene; (c) abgeschrägte Ausklinkung.

$$k_v = \frac{k_n \cdot \left(1 + \frac{1{,}1 \cdot i^{1{,}5}}{\sqrt{h}}\right)}{\sqrt{h} \cdot \left(\sqrt{\alpha \cdot (1-\alpha)} + 0{,}8 \cdot \frac{x}{h} \cdot \sqrt{\frac{1}{\alpha} - \alpha^2}\right)} \leq 1 \qquad (2.30)$$

mit

$$k_n = \begin{cases} 5 & \text{für Vollholz und Balkenschichtholz} \\ 6{,}5 & \text{für Brettschichtholz} \\ 4{,}5 & \text{für Furnierschichtholz} \end{cases}$$

$$\alpha = \frac{h_{ef}}{h}$$

b_{ef} effektive Breite, siehe Abschn. 2.3
h Trägerhöhe [mm]
h_{ef} Resthöhe [mm]
i Neigung des Anschnitts (bei $\alpha = 90°$ wird $i = 0$)
x Abstand der Ausklinkungsecke von der Auflagermitte [mm]

Gelingt der Nachweis nicht, dann ist eine Verstärkung erforderlich. Für eine Verstärkung können selbstbohrende Holzschrauben, eingeklebte Gewindestangen oder seitlich aufgeklebte Sperrholzplatten vorgesehen werden. Diese Maßnahmen und deren Bemessung werden im zweiten Band *Ingenieurholzbau – Vertiefung* erläutert.

Aufgrund der erhöhten Rissgefahr bei wechselnder Feuchte sind Ausklinkungen ohne Querzugverstärkungen nur in den NKL 1 und 2 zulässig.

2.9 Nachweise im Grenzzustand der Gebrauchstauglichkeit (GZG)

Die Nachweise im GZG sollen die Verformungen so begrenzen, dass eine Beeinträchtigung der Funktionalität eines Bauwerks ausgeschlossen wird. Des Weiteren soll sichergestellt werden, dass das Wohlbefinden der Nutzer nicht durch Schwingungen oder durch optische Beeinträchtigungen gestört wird. Die Nachweise im GZG werden mit den mittleren Steifigkeitswerten E_{mean}, G_{mean}, K_{mean} und mit charakteristischen Einwirkungen G_k und Q_k geführt, das heißt mit $\gamma_G = \gamma_Q = 1{,}0$.

2.9.1 Durchbiegungen

Bei den Durchbiegungen werden die folgenden Verformungsanteile unterschieden (siehe Abb. 2.20):

w_{inst} elastische Verformung aus Eigengewicht und Verkehrslasten
w_{creep} Kriechverformung
w_{fin} Endverformung
$w_{net,fin}$ Endverformung abzüglich der Überhöhung
w_c Überhöhung im lastfreien Zustand

Die Grenzwerte der Verformungen für den GZG sind nicht verbindlich normativ geregelt. Sie hängen von der konkreten Situation ab und sind zwischen den Beteiligten abzustimmen. Ein wichtiges Kriterium in diesem Zusammenhang sind die Rissempfindlichkeit nichttragender Konstruktionselemente und Fassaden sowie deren Anschlüsse.

Anhaltswerte sind in den Tab. 2.13 und 2.14 angegeben. Die europäische Regelung gibt mit den schärfer formulierten unteren Grenzen einen klaren Hinweis darauf, dass die in Deutschland empfohlenen Werte nicht in allen Fällen unkritisch angewandt werden können.

Die elastische Durchbiegung w_{inst} wird mit den charakteristischen Lasten aus ständigen und den vollen veränderlichen Einwirkungen ermittelt.

$$w_{inst} = w_{inst,G} + w_{inst,Q_1} + \sum_{i>1} \psi_{0,i} \cdot w_{inst,Q_i} \tag{2.31}$$

Die Enddurchbiegung w_{fin} wird mit den charakteristischen Einwirkungen aus Eigengewicht und Verkehr unter Berücksichtigung der Kriechverformung w_{creep}

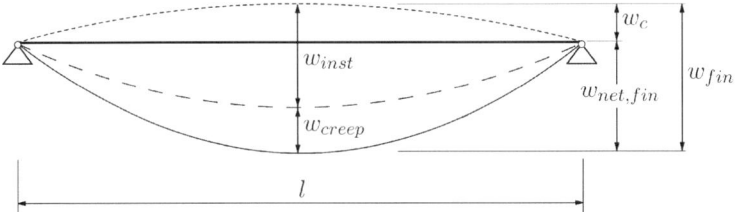

Abb. 2.20 Verformungsanteile beim Nachweis im GZG.

Tab. 2.13 Empfohlene Grenzwerte für die Durchbiegung in Abhängigkeit von der Spannweite ℓ nach DIN EN 1995-1-1/NA (deutsche Regelung).

	w_{inst}	$w_{net,fin}$	w_{fin}
Allgemein			
Ein- und Mehrfeldträger	1/300	1/300	1/200
Auskragung	1/500	1/150	1/100
Überhöhte Bauteile und untergeordnete Bauteile			
Ein- und Mehrfeldträger	1/200	1/250	1/100
Auskragung	1/100	1/125	1/75

Bei verformungsempfindlichen Konstruktionen können geringere Grenzwerte erforderlich werden.

Tab. 2.14 Beispiele der Grenzwerte für die Durchbiegung in Abhängigkeit von der Spannweite ℓ nach DIN EN 1995-1-1 (europäische Regelung).

	w_{inst}	$w_{net,fin}$	w_{fin}
Feldbereich	1/300 bis 1/500	1/250 bis 1/350	1/150 bis 1/100
Kragarm	1/150 bis 1/250	1/125 bis 1/175	1/75 bis 1/150

für den Anteil der ständigen Last ermittelt.

$$w_{fin} = w_{inst} + w_{creep} \tag{2.32}$$

$$w_{creep} = \left(w_{inst,G} + \sum_{i \geq 1} \psi_{2,i} \cdot w_{inst,Q_i} \right) \cdot k_{def} \tag{2.33}$$

Die gesamte Enddurchbiegung bei überhöht eingebauten Biegeträgern ergibt sich konsequenterweise zu

$$w_{net,fin} = w_{fin} - w_c \tag{2.34}$$

Die Kombinationsbeiwerte ψ und die Verformungsbeiwerte k_{def} sind in Abschn. 2.1.2 angegeben.

Bei einer veränderlichen Einwirkung kann die gesamte Enddurchbiegung w_{fin} mit Gl. (2.35) berechnet werden.

$$w_{fin} = w_{inst,G} \cdot (1 + k_{def}) + w_{inst,Q} \cdot (1 + \psi_2 \cdot k_{def}) \tag{2.35}$$

Abweichend von dieser europäischen Definition, aber in Übereinstimmung mit den Regelungen des der DIN EN 1990 darf in Deutschland die gesamte Enddurchbiegung ohne den nicht ständigen Anteil der veränderlichen Einwirkung berechnet werden.

$$w_{fin} = (w_{inst,G} + \psi_2 \cdot w_{inst,Q}) \cdot (1 + \cdot k_{def}) - u_c \tag{2.36}$$

Bei verformungsempfindlichen Konstruktionen sollte gut abgewogen werden, welche der beiden Definitionen der Situation besser gerecht wird.

2.9.2 Schwingungen

Schwingungen von Deckenkonstruktionen können als unangenehm empfunden werden. Dabei hängt viel vom subjektiven Empfinden ab. Für den Nachweis der Schwingungen für Decken von Wohngebäuden gilt eine Eigenfrequenz von 8 Hz als Grenzwert. Bei Einfeldträgern, die direkt auf Wänden und Stützen aufgelagert sind, kann dieser Nachweis als Durchbiegungsnachweis geführt werden.

$$w_{inst,G} \leq 5\,\text{mm} \tag{2.37}$$

Dieser Nachweis ist für übliche Anwendungsfälle konservativ.

Bei Decken, die nur eine geringe Biegesteifigkeit quer zur Spannrichtung haben – z. B. bei Holzbalkendecken –, ist zusätzlich die Mindeststeifigkeit zu überprüfen [2]. Die Durchbiegung unter einer Einzellast von 1 kN wird begrenzt, für Decken innerhalb einer Nutzungseinheit auf

$$w_{1\,\text{kN}} \leq 0{,}5\,\text{mm} \tag{2.38}$$

und für Decken zwischen unterschiedlichen Nutzungseinheiten auf

$$w_{1\,\text{kN}} \leq 0{,}25\,\text{mm} \tag{2.39}$$

Bei Deckenkonstruktionen hat neben der Masse, der Steifigkeit und der Stützweite auch der konstruktive Aufbau einen wichtigen Einfluss auf das Schwingungsverhalten. Diese und weitere Zusammenhänge werden im zweiten Band *Ingenieurholzbau – Vertiefung* umfassend erläutert.

Literatur

1 Blaß, H.J. (1988). Traglastberechnung von Druckstäben aus Brettschichtholz. *Bauingenieur* 63: 245–251.
2 Hamm, P. und Richter, A. (2009). Bemessungs- und Konstruktionsregeln zum Schwingungsnachweis von Holzdecken. In: *Fachtagungen Holzbau 2009. Leinfelden-Echterdingen*, S. 15–29. Stuttgart: Hrsg. Landesbeirat Holz Baden-Württemberg e. V.

3
Anschlüsse und Verbindungen

3.1 Allgemeines

Der Holzbau verfügt über eine Fülle unterschiedlicher Möglichkeiten, um einzelne Tragelemente kraftschlüssig miteinander zu verbinden. Bis in die Frühzeit menschlicher Entwicklung reichen handwerkliche Techniken zurück, die auf dem Prinzip des Formschlusses basieren. Unter dem Überbegriff „stiftförmige Verbindungsmittel" werden Klammern, Nägel, Schrauben sowie Stabdübel, Passbolzen und Bolzen zusammengefasst. Dübel besonderer Bauart und Nagelplatten zählen wie stiftförmige Verbindungen zu den sogenannten mechanischen Verbindungen. Eine Sonderform stellen geklebte Verbindungen dar.

Tragwerk und Verbindung können im Holzbau nie getrennt betrachtet werden (siehe Abb. 3.1). Es ist vielmehr so, dass die Überlegungen zur Art und Weise der Verbindungen ein entscheidender Teil des Tragwerksentwurfs sind.

Im Folgenden werden durch Kontakt druckbeanspruchte sowie scherbeanspruchte Verbindungen mit stiftförmigen Verbindungsmitteln und Dübeln besonderer Bauart erläutert. Darüber hinaus wird das Tragverhalten von Verbindungen mit stiftförmigen Verbindungsmitteln unter Zugbeanspruchung erklärt. Zimmermannsmäßige und geklebte Verbindungen werden ausführlich im zweiten Band *Ingenieurholzbau – Vertiefung* behandelt.

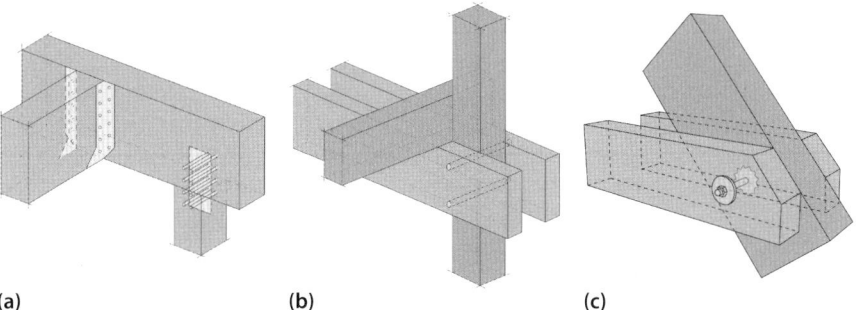

(a) (b) (c)

Abb. 3.1 Fügen mit Stahl-Holzverbindungen in einer Ebene (a); Fügen mit Holz-Holz-Verbindungen und Stabdübeln in mehreren Ebenen (b); Verbindung mit Dübeln besonderer Bauart (c).

Ingenieurholzbau – Basiswissen: Tragelemente und Verbindungen, Erste Auflage.
Werner Seim und Johannes Hummel.
© 2019 Wilhelm Ernst & Sohn. Published 2019 by Wilhelm Ernst & Sohn.

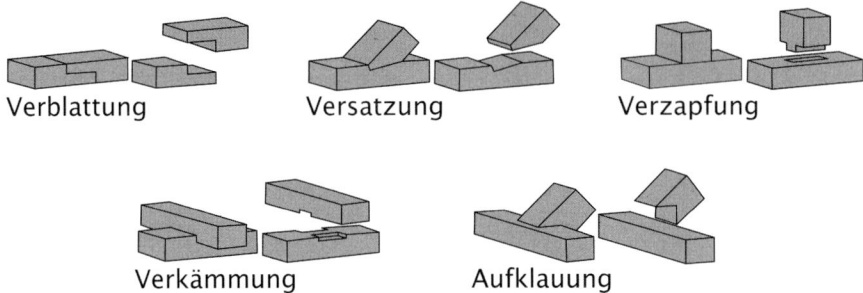

Abb. 3.2 Zimmermannsmäßige Verbindungen nach dem Prinzip des Formschlusses.

3.2 Kontakt

Bei den Holzverbindungen, die nach dem Prinzip des Formschlusses funktionieren, erfolgt die Kraftübertragung durch Druckspannungen in der Kontaktfläche zwischen den Tragelementen. Zu diesen Verbindungen gehören beispielsweise die Verblattung, der Versatz, die Verzapfung, die Verkämmung oder die Aufklauung als sogenannte zimmermannsmäßige Verbindungen (siehe Abb. 3.2).

3.2.1 Druck rechtwinklig zur Faser

Die einfachste Holzverbindung ist das direkte Auflegen eines Balkens auf eine Stütze oder auf einen zweiten Balken. Verlaufen die Druckspannungen senkrecht zur Faserrichtung des Holzes, so spricht man von Querdruck. Die Druckfestigkeit von Holz quer zur Faserrichtung ist wesentlich geringer als die Druckfestigkeit in Faserrichtung. Allerdings können bei der Bemessung zwei Phänomene berücksichtigt werden, die die Tragfähigkeit bei einer Druckbeanspruchung quer zur Faser positiv beeinflussen. Dies ist zum einen der sogenannte Einhängeeffekt bei einer Teilflächenbelastung (siehe Abb. 3.3) und zum anderen die Abnahme der Spannungen über die Querschnittshöhe (siehe Abb. 3.4). Wegen des Einhängeeffektes können bei einem einseitigen oder beidseitigen Überstand in Faserrichtung des Holzes größere Kräfte übertragen werden als ohne Überstand.

Die höhere Tragfähigkeit wird durch eine vergrößerte Auflagerfläche A_{ef} beim Nachweis berücksichtigt (siehe Abb. 3.6). Rechtwinklig zur Faserrichtung stellt sich der tragfähigkeitssteigernde Einhängeeffekt nicht ein.

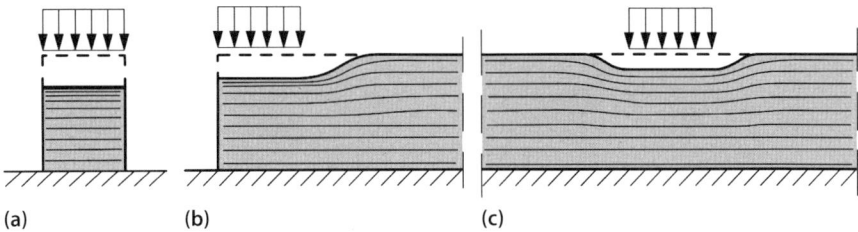

Abb. 3.3 Verformungsverhalten von Holz unter Querdruckbeanspruchung: (a) ohne Überstand; (b) mit einseitigem Überstand; (c) mit beidseitigem Überstand.

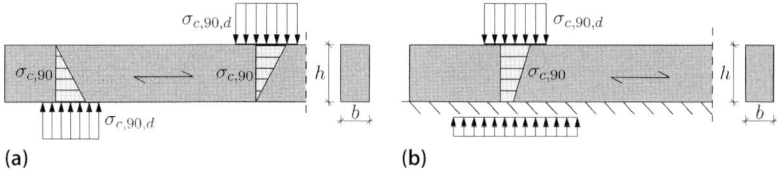

Abb. 3.4 Verlauf der Querdruckspannungen $\sigma_{c,90}$ über die Querschnittshöhe bei Einzellagerung (a) und kontinuierlicher Lagerung (b).

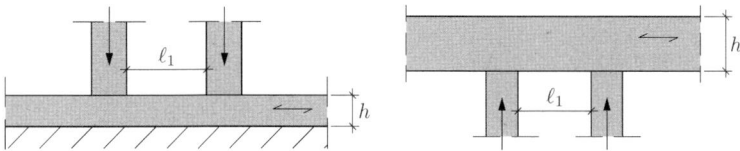

Abb. 3.5 Abstand benachbarter Druckflächen ℓ_1 und Höhe h.

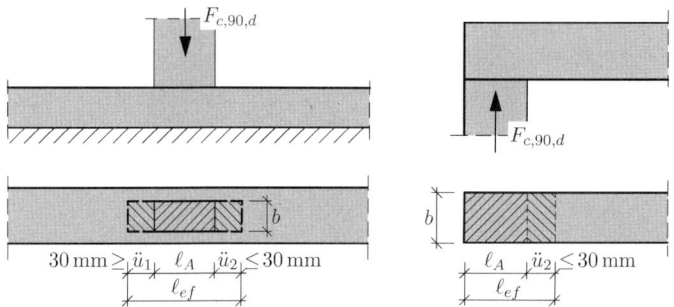

Abb. 3.6 Effektiv wirksame Auflagerfläche A_{ef}.

Die effektiv wirksame Auflagerfläche A_{ef} wird wie folgt berechnet:

$$A_{ef} = b \cdot l_{ef} = b \cdot (l_A + ü_1 + ü_2) \tag{3.1}$$

mit

b	Breite der Auflagerfläche
l_A	Auflagerlänge
l_{ef}	effektive Auflagerbreite
$ü_1, ü_2$	Überstände in Faserrichtung; $ü_1$ bzw. $ü_2 \leq \min\{30\,\text{mm}, l_A, l_1/2\}$

Die Druckspannungen senkrecht zur Faser werden nach Gl. (3.2) für die effektiv wirksame Nettofläche ermittelt.

$$\sigma_{c,90,d} = \frac{F_{c,90,d}}{A_{ef}} \tag{3.2}$$

Der Nachweis der Querdruckspannung wird nach Gl. (3.3) geführt.

$$\sigma_{c,90,d} \leq k_{c,90} \cdot f_{c,90,d} \tag{3.3}$$

Mit dem Beiwert $k_{c,90}$ wird die Querdruckfestigkeit für einige Fälle erhöht. Es wird zwischen kontinuierlicher Lagerung und Einzellagerung unterschieden. Die

Tab. 3.1 Querdruckbeiwerte $k_{c,90}$.

Baustoff	Kontinuierliche Lagerung		Einzellagerung	
	$l_1 < 2h$	$l_1 \geq 2h$	$l_1 < 2h$	$l_1 \geq 2h$
BSH	1,00	1,50	1,00	1,75[a]
VH aus NH	1,00	1,25	1,00	1,50
VH aus LH	1,00	1,00	1,00	1,00

BSH – Brettschichtholz, *VH* – Vollholz, *NH* – Nadelholz, *LH* – Laubholz.
a) für $l_A \leq 400$ mm.

günstigere Orientierung der Jahrringlage von Brettschichtholz (BSH) gegenüber Vollholz wirkt sich tragfähigkeitssteigernd aus. Werte für $k_{c,90}$ können Tab. 3.1 entnommen werden.

Einzellagerung liegt immer dann vor, wenn die Beanspruchung nur auf einer Seite in den Querschnitt eingetragen wird und aus der eingeleiteten Kraft Querkräfte und Biegemomente resultieren. Die Querdruckspannungen bauen sich ab und gehen auf der gegenüberliegenden Seite der Krafteinleitung auf 0 zurück (siehe Abb. 3.4a). Bei kontinuierlicher Lagerung wird die Kraft direkt zur gegenüberliegenden Seite der Einleitungsstelle abgetragen (siehe Abb. 3.4b). Es kann von einer Lastausbreitung unter 45° und einer entsprechenden Abnahme der Querdruckspannungen ausgegangen werden.

Liegen die Druckflächen nahe beieinander, ist eine Überlagerung der Spannungen die Folge. Der Spannungsabbau wird durch die Überlagerung aufgehoben. Aus diesem Grund kann nur bei ausreichendem Abstand l_1 die Querdruckfestigkeit mit dem Faktor $k_{c,90}$ erhöht werden (siehe Abb. 3.5 und Tab. 3.1).

Bei Bolzen und Passbolzen, die auf Zug belastet sind, entstehen in der Kontaktfläche zwischen Unterlegscheibe und Holz Querdruckspannungen. Hier wird der Einhängeeffekt vereinfacht dadurch berücksichtigt, dass die Tragfähigkeit mit der dreifachen Druckfestigkeit des Holzes rechtwinklig zur Faser und mit dem Nettoquerschnitt der Unterlegscheibe ermittelt wird (siehe Abb. 3.7).

$$\sigma_{c,90,d} \leq 3 \cdot f_{c,90,d} \quad \text{mit} \quad \sigma_{c,90,d} = \frac{F_{c,90,d}}{A_{netto}} \tag{3.4}$$

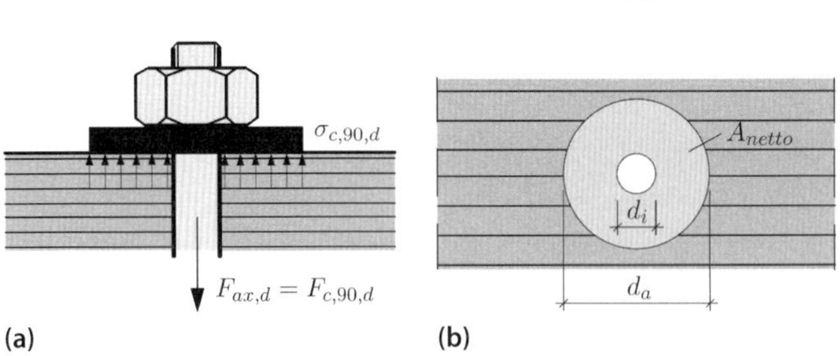

Abb. 3.7 (a) Querdruckspannungen unter der Unterlegscheibe; (b) Nettofläche der Unterlegscheibe.

3.2.2 Druck unter einem Winkel zur Faserrichtung

Bei Druckbeanspruchungen des Holzes unter einem Winkel zwischen 0° und 90° entsteht eine Kombination von Druck- und Schubspannungen (siehe Abb. 3.8). Die drei Spannungskomponenten lassen sich in Abhängigkeit vom Kraft-Faser-Winkel berechnen zu

$$\sigma_{c,0} = \sigma_{c,\alpha} \cdot \cos^2 \alpha \tag{3.5}$$

$$\sigma_{c,90} = \sigma_{c,\alpha} \cdot \sin^2 \alpha \tag{3.6}$$

$$\tau = \sigma_{c,\alpha} \cdot \sin \alpha \cdot \cos \alpha \tag{3.7}$$

Der rechnerische Nachweis könnte nun bezogen auf die drei zugehörigen Festigkeiten erfolgen, mit einem Kriterium, das die Spannungsinteraktion berücksichtigt. Grundlegende Untersuchungen dazu gehen auf Norris [1] zurück.

Eine vereinfachte Betrachtung dieser Zusammenhänge führt zu einer fiktiven Festigkeit $f_{c,\alpha,d}$.

$$f_{c,\alpha,d} = \frac{f_{c,0,d}}{\frac{f_{c,0,d}}{k_{c,90} \cdot f_{c,90,d}} \cdot \sin^2 \alpha + \cos^2 \alpha} \tag{3.8}$$

Der Nachweis lautet:

$$\sigma_{c,\alpha,d} \leq f_{c,\alpha,d} \quad \text{mit} \quad \sigma_{c,\alpha,d} = \frac{F_{c,\alpha,d}}{A_{ef}} \tag{3.9}$$

In Abb. 3.9 wird der Übergang von $f_{c,0,d}$ zu $f_{c,90,d}$ für Nadelholz C24 beispielhaft dargestellt.

Die Spannungen $\sigma_{c,\alpha,d}$ werden mit der unter einem Winkel zur Faser einwirkenden Kraft $F_{c,\alpha,d}$ und der wirksamen Kontaktfläche A_{ef} bestimmt. Bei der Ermittlung von A_{ef} wird auch hier der Einhängeeffekt berücksichtigt (siehe Abschn. 3.2.1). Dabei ergibt sich der wirksame Überstand als Projektion des in Faserrichtung gemessenen Überstands in den Kontaktflächen. Dies ist in Tab. 3.2 für häufig auftretende Fälle ausgearbeitet.

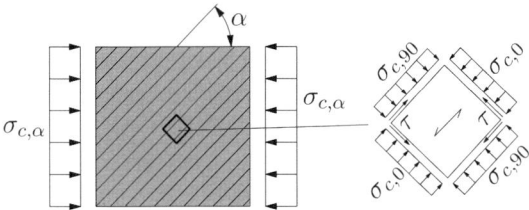

Abb. 3.8 Spannungstransformation bei Druck unter einem Winkel α zur Faser.

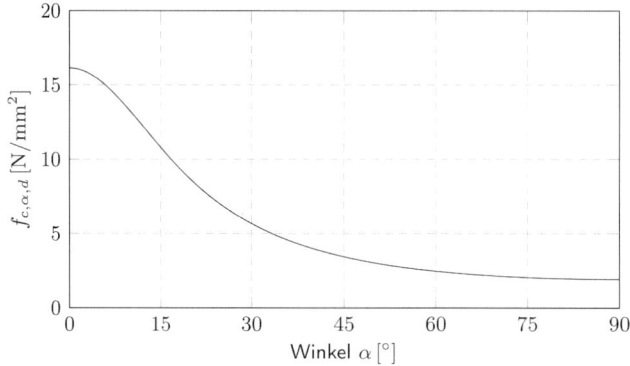

Abb. 3.9 Druckfestigkeit $f_{c,\alpha,d}$ für Nadelholz C24 in Abhängigkeit vom Kraft-Faser-Winkel α.

3.3 Stiftförmige Verbindungsmittel

3.3.1 Überblick

Zu den stiftförmigen Verbindungsmitteln zählen Stabdübel, Passbolzen, Bolzen, Gewindestangen, Nägel, Klammern und Holzschrauben (siehe Abb. 3.10). Stiftförmige Verbindungen können einschnittig (siehe Abb. 3.10d–f) oder mehrschnittig – z. B. zweischnittig (siehe Abb. 3.10a–c) – ausgeführt werden.

Stiftförmige Verbindungsmittel sind in der Lage, Scherkräfte zu übertragen. Dabei entstehen Biegemomente und Querkräfte im Verbindungsmittel. Zwischen dem Holz und dem Verbindungsmittel wirken Lochleibungsspannungen. Nägel, Holzschrauben und beharzte Klammern sind zusätzlich in der Lage, Zugkräfte in Längsrichtung des Verbindungsmittels zu übertragen. Bei Passbolzen, Bolzen und Gewindestangen können Zugkräfte in das Verbindungsmittel über die Unterlegscheiben eingeleitet werden (siehe Abb. 3.7).

3.3.2 Zusammenwirken und Verformungsverhalten

Das Kraft-Verformungsverhalten verschiedener auf Abscheren beanspruchter Verbindungen ist in Abb. 3.11 dargestellt. Bei stiftförmigen Verbindungsmitteln treten Verformungen aus der Eindrückung in das Holz und der Biegung des Stiftes auf, wogegen geklebte Verbindungen keine relevante Nachgiebigkeit zeigen. Bei Verbindungen mit Bolzen treten zusätzlich lastunabhängige Verformungen wegen des Lochspiels auf. Aufgrund der unterschiedlichen Verformungscharakteristika dürfen verschiedene Verbindungsmittel nur dann kombiniert werden, wenn bei der Aufteilung der Kräfte die unterschiedlichen Steifigkeiten berücksichtigt werden.

Die Steifigkeit einer mechanischen Holzverbindung wird durch den Verschiebungsmodul K ausgedrückt. K wird aus dem elastischen Teil der Kraft-Verschiebungs-Kurve einer Verbindung abgeleitet und kann auch als Federkonstante verstanden werden.

Tab. 3.2 Bestimmung der wirksamen Auflagerlänge l_{ef} bei Druckbeanspruchung unter einem Winkel zur Faser.

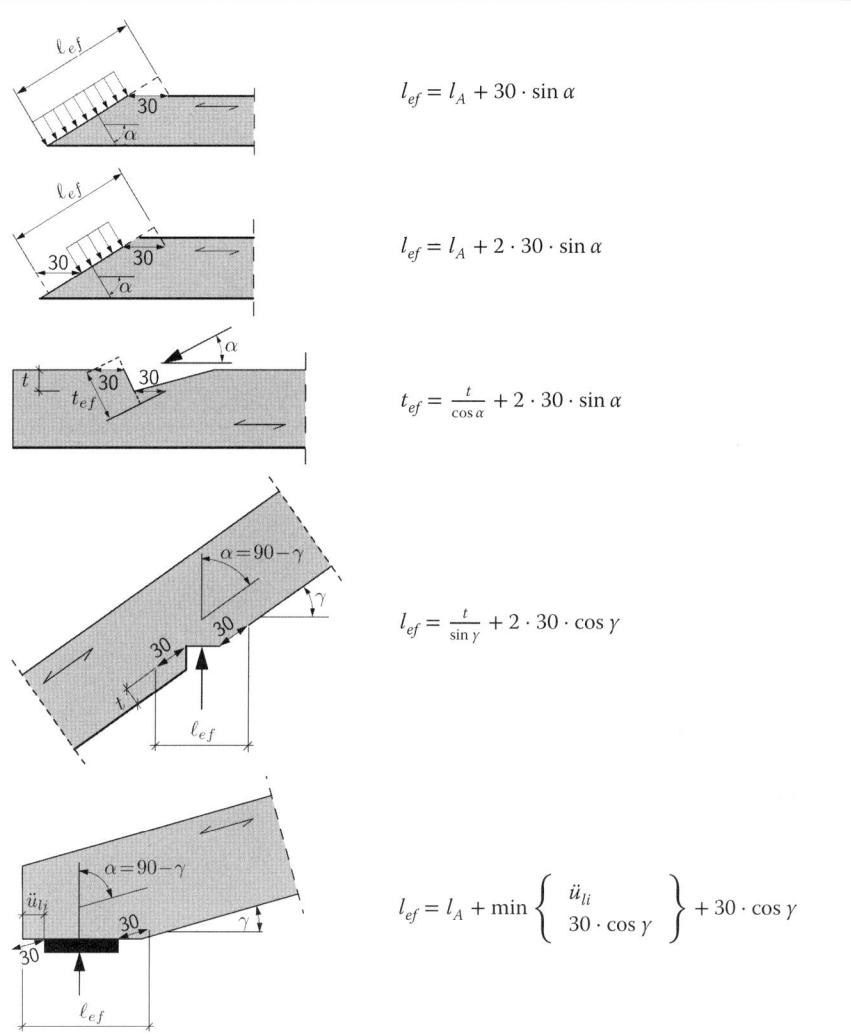

$$l_{ef} = l_A + 30 \cdot \sin \alpha$$

$$l_{ef} = l_A + 2 \cdot 30 \cdot \sin \alpha$$

$$t_{ef} = \frac{t}{\cos \alpha} + 2 \cdot 30 \cdot \sin \alpha$$

$$l_{ef} = \frac{t}{\sin \gamma} + 2 \cdot 30 \cdot \cos \gamma$$

$$l_{ef} = l_A + \min \left\{ \begin{array}{c} ü_{li} \\ 30 \cdot \cos \gamma \end{array} \right\} + 30 \cdot \cos \gamma$$

Die Verschiebung u infolge der Kraft F wird mit Gl. (3.10) ermittelt.

$$u = \frac{F}{K} \tag{3.10}$$

Die Verschiebungsmoduln K sind von der Rohdichte des Holzes oder des Holzwerkstoffs und von der Art und vom Durchmesser des Verbindungsmittels abhängig.

Für die Nachweise im Grenzzustand der Gebrauchstauglichkeit (GZG) werden die Verschiebungsmoduln K_{ser} nach Tab. 3.3 verwendet. Wenn die Nachgiebigkeit der Verbindung im Grenzzustand der Tragfähigkeit (GZT) relevant ist, z. B. bei der Ermittlung der Knicklänge eingespannter Stützen oder bei Berechnungen

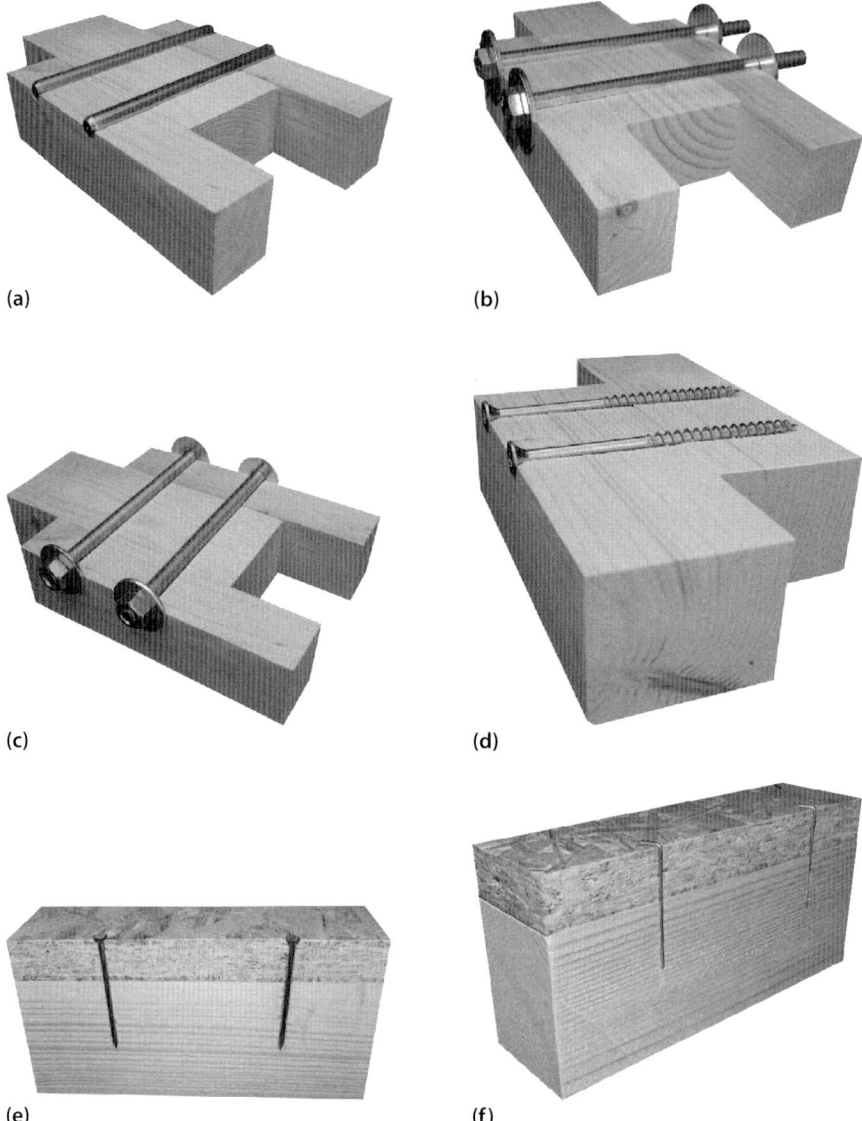

Abb. 3.10 Verbindungen mit stiftförmigen Verbindungsmitteln: (a) Stabdübel; (b) Passbolzen; (c) Bolzen, Gewindestange; (d) Holzschrauben; (e) Nägel; (f) Klammern.

nach Theorie II. Ordnung, dann ist der nach Gl. (3.11) abgeminderte Verschiebungsmodul K_u einzusetzen.

$$\text{GZT:} \quad K_u = \frac{2}{3} K_{ser} \tag{3.11}$$

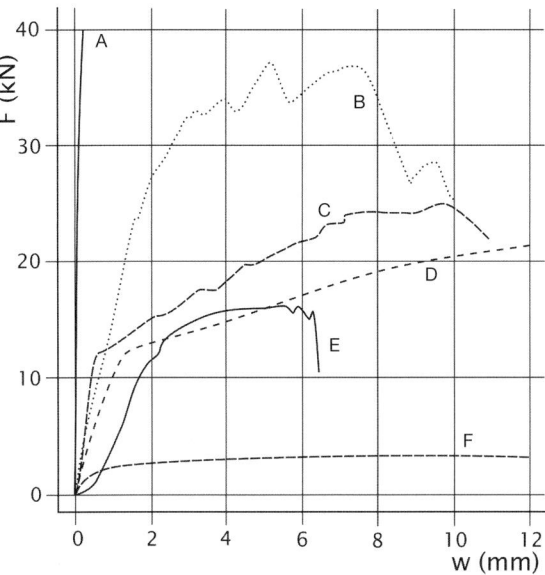

Abb. 3.11 Kraft-Verschiebungs-Kurven für verschiedene Verbindungsmittel, Kraft parallel zur Faserrichtung. A geklebte Verbindung, B Einlassdübel (⌀100 mm), C Einpressdübel (⌀62 mm), D Stabdübel (⌀14 mm), E Bolzen (⌀14 mm), F Nagel (⌀4,4 mm).

Tab. 3.3 Rechenwerte der Verschiebungsmoduln K_{ser} [N/mm] je Scherfuge, Rohdichte ρ [kg/m³], Durchmesser d [mm] nach DIN EN 1995-1-10.

Verbindungsmittel	K_{ser}
Stabdübel Bolzen mit oder ohne Lochspiel[a] Schrauben Nägel (vorgebohrt)	$\dfrac{\rho_m^{1,5} \cdot d}{23}$
Nägel (nicht vorgebohrt)	$\dfrac{\rho_m^{1,5} \cdot d^{0,8}}{30}$
Klammern	$\dfrac{\rho_m^{1,5} \cdot d^{0,8}}{80}$
Ringdübel Typ A Scheibendübel Typ B	$\dfrac{\rho_m \cdot d_c}{2}$
Scheibendübel mit Zähnen: Dübeltyp C 1 bis C 9	$\dfrac{1,5 \cdot \rho_m \cdot d_c}{4}$
Dübeltyp C 10 und C 11	$\dfrac{\rho_m \cdot d_c}{2}$

a) Das Lochspiel (in der Regel 1 mm) ist zusätzlich zu der elastischen Verschiebung hinzuzurechnen.

Besitzen die verbundenen Teile unterschiedliche Rohdichten, ist der Rechenwert der Rohdichte nach Gl. (3.12) zu ermitteln.

$$\rho_m = \sqrt{\rho_{m,1} \cdot \rho_{m,2}} \tag{3.12}$$

Bei Stahl-Holz- oder bei Beton-Holz-Verbindungen wird die Rohdichte des Holzes eingesetzt und K_{ser} wird mit dem Faktor 2,0 multipliziert.

3.3.3 Grundlagen der Berechnung bei Beanspruchung auf Abscheren

Auf Abscheren beanspruchte stiftförmige Verbindungsmittel übertragen die Scherkraft durch Pressung in der Kontaktzone, der sogenannten Lochleibungsfläche, in das Holz. In Abb. 3.12a ist eine unverformte zweischnittige Verbindung dargestellt. Infolge der vertikalen Druckkraft wird der mittlere Teil des Verbindungsmittels nach unten verformt (siehe Abb. 3.12b). Das Verbindungsmittel wird auf Biegung und die Lochleibungsfläche durch Pressung beansprucht.

Die Tragfähigkeit der Verbindung ist durch die Festigkeit der Lochleibungsfläche, die sogenannte Lochleibungsfestigkeit und durch die Biegefestigkeit des Verbindungsmittels begrenzt. Die Biegefestigkeit des Verbindungsmittels wird durch das Fließmoment definiert. In Abhängigkeit von der Geometrie der Verbindung kann die Tragfähigkeit entweder durch die Überschreitung der Lochleibungsfestigkeit oder durch die Ausbildung eines Fließgelenks oder durch gleichzeitiges Erreichen der Lochleibungsfestigkeit und Ausbildung eines Fließgelenks erreicht werden. Aus den Eindrückungen der Lochleibungsfläche und aus den Biegeverformungen des Stiftes resultieren Verschiebungen der Verbindung, die bei der Konstruktion und bei der genaueren Berechnung weitgespannter Holztragwerke zu berücksichtigen sind (vgl. Abschn. 3.3.2).

Die Berechnung der Tragfähigkeit von stiftförmigen metallischen Verbindungen basiert auf der Plastizitätstheorie und wurde von Johansen [2] erstmals systematisch aufgearbeitet. Dabei wird für Lochleibungsversagen beim Holz und beim

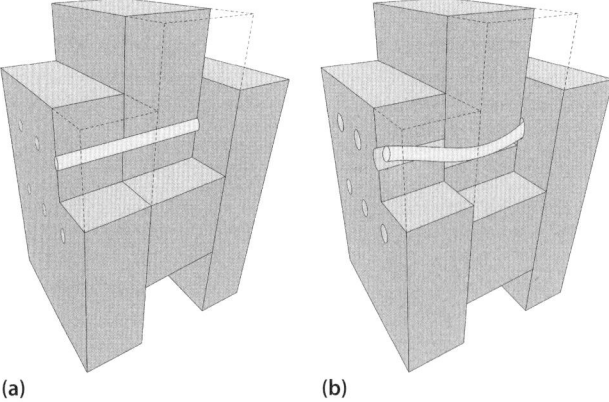

(a) (b)

Abb. 3.12 Zweischnittige Verbindung bei Beanspruchung auf Abscheren im unverformten (a) und im verformten Zustand (b).

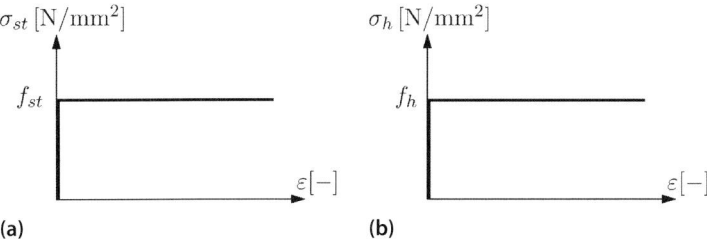

Abb. 3.13 Ideal-plastische Spannungs-Dehnungs-Beziehung des Verbindungsmittels bei Biegebeanspruchung (a) und des Holzes bei Lochleibungsbeanspruchung (b).

Holzwerkstoff sowie für das Biegeverhalten der Verbindungsmittel ideal-plastisches Materialverhalten angenommen (siehe Abb. 3.13).

Im Folgenden wird die Bemessungsgleichung zur Bestimmung der Tragfähigkeit für eine einschnittige Holz-Holz-Verbindung hergeleitet. Zunächst wird der Fall betrachtet, dass Lochleibungsversagen im Teilquerschnitt 1 eintritt und der Stift gerade bleibt (siehe Abb. 3.14a). Aus der Gleichgewichtsbeziehung ΣV lässt sich die Tragfähigkeit für diesen Fall ermitteln.

$$\sum V = 0: \quad F_{v,Rk} - f_{h,1,k} \cdot t_1 \cdot d = 0$$
$$\Rightarrow F_{v,Rk} = f_{h,1,k} \cdot t_1 \cdot d \tag{3.13}$$

mit

$F_{v,Rk}$	charakteristische Tragfähigkeit bei Beanspruchung auf Abscheren
t_1, t_2	Holz- oder Holzwerkstoffdicke bzw. Einbindetiefe des Verbindungsmittels
$f_{h,1,k}, f_{h,2,k}$	charakteristische Werte der Lochleibungsfestigkeit in den Querschnitten 1 und 2
d	Durchmesser des Verbindungsmittels
$M_{y,Rk}$	charakteristischer Wert des Fließmoments des Verbindungsmittels

Als Nächstes wird eine einschnittige Verbindung betrachtet (siehe Abb. 3.14b), bei der die Lochleibungsfestigkeit in Querschnitt 1 und in Querschnitt 2 zwischen zwei Fließgelenken erreicht ist. Für den mittleren Teil des Verbindungsmittels können die Gleichgewichtsbedingungen formuliert werden.

$$\sum M = 0: \quad 2 \cdot M_{y,Rk} - f_{h,1,k} \cdot d \cdot b_1 \left(\frac{b_1}{2} + b_2\right) + f_{h,2,k} \cdot d \cdot b_2 \cdot \frac{b_2}{2} = 0 \tag{3.14}$$

$$\sum V = 0: \quad F_{v,Rk,1} = f_{h,1,k} \cdot d \cdot b_1 = f_{h,2,k} \cdot d \cdot b_2 = F_{v,Rk,2}$$
$$\Rightarrow f_{h,1,k} \cdot b_1 = f_{h,2,k} \cdot b_2 \tag{3.15}$$

Das Verhältnis der Lochleibungsfestigkeiten bei unterschiedlichen Werkstoffen wird ausgedrückt mit:

$$\beta = \frac{f_{h,2,k}}{f_{h,1,k}} \tag{3.16}$$

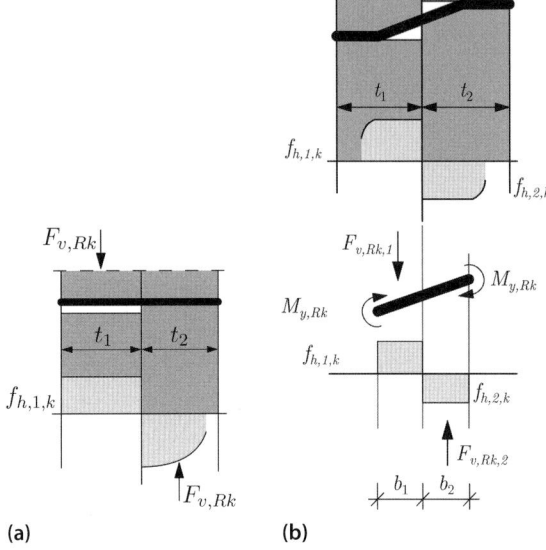

Abb. 3.14 Versagensmechanismus einer einschnittigen Verbindung beim Erreichen der Lochleibungsfestigkeit in Querschnittsteil 1 (a) und beim Erreichen der Lochleibungsfestigkeit in Querschnittsteil 1 und 2 und gleichzeitiger Ausbildung von zwei Fließgelenken (b).

Durch Umformen von Gl. (3.15) und anschließendes Einsetzen von Gl. (3.16) in den umgeformten Term erhält man:

$$b_2 = b_1 \cdot \frac{f_{h,1,k}}{f_{h,2,k}} = \frac{b_1}{\beta} \tag{3.17}$$

Einsetzen von Gln. (3.16) und (3.17) in Gl. (3.14) liefert dann:

$$2 \cdot M_{y,Rk} = f_{h,1,k} \cdot d \cdot b_1 \cdot \left(\frac{b_1}{2} + \frac{b_1}{\beta}\right) - \beta \cdot f_{h,1,k} \cdot d \cdot \left(\frac{b_1}{\beta}\right)^2 \cdot \frac{1}{2} \tag{3.18}$$

Der Ausdruck wird umgeformt:

$$2 \cdot M_{y,Rk} = f_{h,1,k} \cdot d \cdot b_1^2 \cdot \left(\frac{1}{2} + \frac{1}{\beta}\right) - f_{h,1,k} \cdot d \cdot b_1^2 \cdot \frac{1}{\beta} \cdot \frac{1}{2} \tag{3.19}$$

$$2 \cdot M_{y,Rk} = f_{h,1,k} \cdot d \cdot b_1^2 \cdot \left(\frac{1}{2} + \frac{1}{2\beta}\right) \tag{3.20}$$

und dann nach b_1 aufgelöst:

$$b_1 = \sqrt{\frac{2 \cdot M_{y,Rk}}{f_{h,1,k} \cdot d \cdot \left(\frac{1}{2} + \frac{1}{2\beta}\right)}} = \sqrt{\frac{2 \cdot M_{y,Rk}}{f_{h,1,k} \cdot d}} \cdot \sqrt{\frac{1}{\left(\frac{1}{2} + \frac{1}{2\beta}\right)}}$$

$$= \sqrt{\frac{2 \cdot M_{y,Rk}}{f_{h,1,k} \cdot d}} \cdot \sqrt{\frac{2\beta}{1+\beta}} \tag{3.21}$$

Durch Einsetzen von Gl. (3.21) in Gl. (3.15) erhält man nun die Gleichung für die Tragfähigkeit eines Verbindungsmittels einer einschnittigen Verbindung mit zwei Fließgelenken.

$$F_{v,Rk} = f_{h,1,k} \cdot d \cdot b_1 = \sqrt{2 \cdot M_{y,Rk} \cdot f_{h,1,k} \cdot d} \cdot \sqrt{\frac{2 \cdot \beta}{1+\beta}} \qquad (3.22)$$

3.3.4 Holz-Holz- und Holz-Holzwerkstoff-Verbindungen – Abscheren

Die Tragfähigkeit von Verbindungen mit stiftförmigen Verbindungsmitteln wird für einschnittige Holz-Holz- oder Holz-Holzwerkstoff-Verbindungen nach den Bemessungsgleichungen in Tab. 3.4 und für zweischnittige Verbindungen nach den Gleichungen in Tab. 3.5 bestimmt. Es sind im Sinne des oberen Grenzwertsatzes der Plastizitätstheorie sechs bzw. vier Tragfähigkeitswerte zu bestimmen. Der kleinste Wert stellt dann die maßgebende Tragfähigkeit dar.

Tab. 3.4 Versagensmechanismus und Tragfähigkeit einschnittiger Holz-Holz- oder Holz-Holzwerkstoff-Verbindungen.

Versagensmechanismus	Tragfähigkeit je Scherfuge bei einschnittigen Holz-Holz- und Holz-Holzwerkstoff-Verbindungen $F_{v,Rk}$ Der kleinste Wert ist maßgebend.
a	Lochleibungsfestigkeit in Querschnitt 1 erreicht $f_{h,1,k} \cdot t_1 \cdot d$
b	Lochleibungsfestigkeit in Querschnitt 2 erreicht $f_{h,2,k} \cdot t_2 \cdot d$
c	Lochleibungsfestigkeit in beiden Querschnitten erreicht $\dfrac{f_{h,1,k} \cdot t_1 \cdot d}{1+\beta} \cdot \left[\sqrt{\beta + 2 \cdot \beta^2 \left[1 + \dfrac{t_2}{t_1} + \left(\dfrac{t_2}{t_1}\right)^2\right] + \beta^3 \cdot \left(\dfrac{t_2}{t_1}\right)^2} - \beta \cdot \left(1 + \dfrac{t_2}{t_1}\right) \right]$
d	Lochleibungsfestigkeit in Querschnitt 1 erreicht und Fließgelenk im Stift ausgebildet $1{,}05 \cdot \dfrac{f_{h,1,k} \cdot t_1 \cdot d}{2+\beta} \cdot \left[\sqrt{2 \cdot \beta \cdot (1+\beta) + \dfrac{4 \cdot \beta \cdot (2+\beta) \cdot M_{y,Rk}}{f_{h,1,k} \cdot d \cdot t_1^2}} - \beta \right]$
e	Lochleibungsfestigkeit in Querschnitt 2 erreicht und Fließgelenk im Stift ausgebildet $1{,}05 \cdot \dfrac{f_{h,1,k} \cdot t_2 \cdot d}{1+2 \cdot \beta} \cdot \left[\sqrt{2 \cdot \beta^2 \cdot (1+\beta) + \dfrac{4 \cdot \beta \cdot (1+2 \cdot \beta) \cdot M_{y,Rk}}{f_{h,1,k} \cdot d \cdot t_2^2}} - \beta \right]$
f	Zwei Fließgelenke im Stift ausgebildet und Lochleibungsfestigkeit in beiden Querschnitten erreicht $1{,}15 \cdot \sqrt{\dfrac{2 \cdot \beta}{1+\beta}} \cdot \sqrt{2 \cdot M_{y,Rk} \cdot f_{h,1,k} \cdot d}$

Mit Gl. (3.23) wird aus der charakteristischen Tragfähigkeit eines Verbindungsmittels pro Scherfuge der zugehörige Bemessungswert ermittelt:

$$F_{v,Rd} = \frac{k_{mod} \cdot F_{v,Rk}}{\gamma_M} \tag{3.23}$$

Die Streuung der Festigkeiten bei unterschiedlichen Materialien wird mit dem Teilsicherheitsbeiwert γ_M erfasst (vgl. Abschn. 2.1). Genau genommen könnten für Holz und Stahl unterschiedliche Sicherheitsbeiwerte angesetzt werden. Vereinfachend wird ein Teilsicherheitsbeiwert von $\gamma_M = 1{,}3$ für alle Materialkombinationen festgelegt. Zum Ausgleich werden bei Versagensformen mit kombiniertem Stahl-Holz-Versagen und bei dominierendem Stahlversagen die Vorfaktoren 1,05 und 1,15 eingeführt.

Die Modifikationsbeiwerte $k_{mod,1}$ und $k_{mod,2}$ bei Bauteilen aus unterschiedlichen Werkstoffen werden nach Gl. (3.24) kombiniert.

$$k_{mod} = \sqrt{k_{mod,1} \cdot k_{mod,2}} \tag{3.24}$$

Die Gleichungen für die Versagensfälle a und f wurden in Abschn. 3.3.3 hergeleitet. Für die Versagensformen b bis e können die zugehörigen Traglasten auf dieselbe Art und Weise ermittelt werden. Angaben zur Lochleibungsfestigkeit und zum Fließmoment der Verbindungsmittel finden sich im Abschn. 3.4.

Bei der Verwendung von zugfesten Verbindungsmitteln (Passbolzen, Holzschrauben, Sondernägel) werden in den Fällen c, d, e, f, j und k durch die Verformung der Verbindungsmittel Zugkräfte in diesen aktiviert, dadurch werden höhere Traglasten erreicht (siehe dazu Abschn. 3.4 und 3.5.4).

Tab. 3.5 Versagensmechanismus und Tragfähigkeit von zweischnittigen Holz-Holz- oder Holz-Holzwerkstoff-Verbindungen.

Versagensfall	Tragfähigkeit je Scherfuge bei zweischnittigen Holz-Holz- und Holz-Holzwerkstoff-Verbindungen $F_{v,Rk}$ Der kleinste Wert ist maßgebend.
g	Lochleibungsfestigkeit in den beiden Seitenhölzern erreicht $f_{h,1,k} \cdot t_1 \cdot d$
h	Lochleibungsfestigkeit im Mittelholz erreicht $0{,}5 \cdot f_{h,2,k} \cdot t_2 \cdot d$
j	Lochleibungsfestigkeit erreicht und zwei Fließgelenke im Stift $1{,}05 \cdot \dfrac{f_{h,1,k} \cdot t_1 \cdot d}{2 + \beta} \left[\sqrt{2 \cdot \beta \cdot (1 + \beta) + \dfrac{4 \cdot \beta \cdot (2 + \beta) \cdot M_{y,Rk}}{f_{h,1,k} \cdot d \cdot t_1^2}} - \beta \right]$
k	Lochleibungsfestigkeit erreicht und vier Fließgelenke im Stift $1{,}15 \cdot \sqrt{\dfrac{2 \cdot \beta}{1 + \beta}} \cdot \sqrt{2 \cdot M_{y,Rk} \cdot f_{h,1,k} \cdot d}$

Tab. 3.6 Mindestholzdicken bei ein- und zweischnittigen Holz-Holz- oder Holz-Holzwerkstoff-Verbindungen.

Seitenholz 1	Einschnittig und zweischnittig	$t_{1,req} = 1{,}15 \left(2 \cdot \sqrt{\dfrac{\beta}{1+\beta}} + 2 \right) \cdot \sqrt{\dfrac{M_{y,Rk}}{f_{h,1,k} \cdot d}}$	(3.26)
Seitenholz 2	Einschnittig	$t_{2,req} = 1{,}15 \left(2 \cdot \dfrac{1}{\sqrt{1+\beta}} + 2 \right) \cdot \sqrt{\dfrac{M_{y,Rk}}{f_{h,2,k} \cdot d}}$	(3.27)
Mittelholz	Zweischnittig	$t_{2,req} = 1{,}15 \left(\dfrac{4}{\sqrt{1+\beta}} \right) \cdot \sqrt{\dfrac{M_{y,Rk}}{f_{h,2,k} \cdot d}}$	(3.28)

3.3.5 Holz-Holz- und Holz-Holzwerkstoff-Verbindungen – Abscheren, vereinfachtes Verfahren

Durch die Wahl ausreichender Mindestholzdicken $t_{1,req}$ und $t_{2,req}$ kann sichergestellt werden, dass sich pro Scherfuge zwei Fließgelenke im Verbindungsmittel ausbilden (Versagensfall f nach Tab. 3.4 bzw. Versagensfall k nach Tab. 3.5). In diesen Fällen kann die Tragfähigkeit von Holz-Holz- und Holz-Holzwerkstoff-Verbindungen direkt mit Gl. (3.25) bestimmt werden:

$$F_{v,Rk} = 1{,}15 \cdot \sqrt{\dfrac{2 \cdot \beta}{1+\beta}} \cdot \sqrt{2 \cdot M_{y,Rk} \cdot f_{h,1,k} \cdot d} \tag{3.25}$$

Der Bemessungswert der Tragfähigkeit $F_{v,Rd}$ ist nach Gl. (3.23) mit $\gamma_M = 1{,}3$ zu berechnen. Die Mindestholzdicken $t_{1,req}$ und $t_{2,req}$ werden mit den Gleichungen in Tab. 3.6 berechnet. Sind die Mindestholzdicken nicht eingehalten, dann ist bei diesem vereinfachten Verfahren die Tragfähigkeit linear mit dem kleineren Verhältniswert $t_1/t_{1,req}$ oder $t_2/t_{2,req}$ abzumindern.

3.3.6 Stahlblech-Holz-Verbindungen – Abscheren

Bei Stahlblech-Holz-Verbindungen wird zwischen innen liegenden und außen liegenden Stahlblechen sowie zwischen dünnen und dicken Stahlblechen unterschieden. Beim dicken Stahlblech wird der Stift im Stahlblech eingespannt (siehe Abb. 3.15a). Beim dünnen Stahlblech hingegen kann er sich frei verdrehen (siehe Abb. 3.15b).

Die Definition von dünnen und dicken Stahlblechen hängt vom Durchmesser des Verbindungsmittels ab und kann Tab. 3.7 entnommen werden.

Die Gleichungen für die Tragfähigkeiten der Verbindungen mit innen- und außenliegenden dicken und dünnen Stahlblechen sind in den Tab. 3.8–3.10 zusammengestellt. Für Stahlbleche mit Blechstärken zwischen „dick" und „dünn" wird die Tragfähigkeit interpoliert.

Bei der Verwendung von zugfesten Verbindungsmitteln (Passbolzen, Holzschrauben, Sondernägel) kann die Tragfähigkeit in den Fällen b, d und e, in den Fällen g und h sowie in den Fällen k und m erhöht werden (vgl. Abschn. 3.4 und 3.5.4).

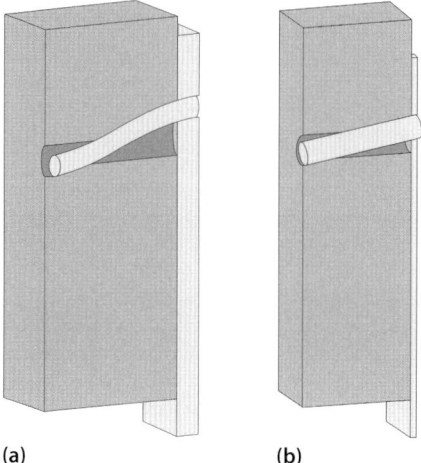

(a) (b)

Abb. 3.15 Stahlblech-Holz-Verbindung im verformten Zustand mit außenliegendem dickem (a) und dünnem Blech (b).

Tab. 3.7 Definition für dünne und dicke Stahlbleche.

Dickes Stahlblech	Dünnes Stahlblech
$t_s \geq d$	$t_s \leq d/2$

t_s – Dicke des Stahlblechs, d – Durchmesser des Verbindungsmittels.

Tab. 3.8 Tragfähigkeit bei einschnittigen Stahl-Holz-Verbindungen mit außenliegenden Blechen.

	Versagensmechanismus	Stahlblechdicke	Tragfähigkeit je Scherfuge bei einschnittigen Stahlblech-Holz-Verbindungen $F_{v,Rk}$ Der kleinste Wert ist maßgebend.
a		Dünnes Blech	Lochleibungsfestigkeit erreicht $0{,}4 \cdot f_{h,k} \cdot t_1 \cdot d$
b			Lochleibungsfestigkeit erreicht und ein Fließgelenk im Stift ausgebildet $1{,}15\sqrt{2M_{y,Rk} \cdot f_{h,k} \cdot d}$
c		Dickes Blech	Lochleibungsfestigkeit erreicht $f_{h,k} \cdot t_1 \cdot d$
d			Lochleibungsfestigkeit erreicht und ein Fließgelenk im Stift ausgebildet $f_{h,k} \cdot t_1 \cdot d \cdot \left[\sqrt{2 + \dfrac{4M_{y,Rk}}{f_{h,k} \cdot d \cdot t_1^2}} - 1\right]$
e			Lochleibungsfestigkeit erreicht und zwei Fließgelenke im Stift ausgebildet $2{,}3 \cdot \sqrt{M_{y,Rk} \cdot f_{h,k} \cdot d}$

Tab. 3.9 Tragfähigkeit bei zweischnittigen Stahlblech-Holz-Verbindungen mit innenliegenden Blechen.

Versagens-mechanismus	Stahlblechdicke	Tragfähigkeit je Scherfuge bei einschnittigen Stahlblech-Holz-Verbindungen $F_{v,Rk}$ Der kleinste Wert ist maßgebend.
f	Dicke und dünne Bleche	Lochleibungsfestigkeit erreicht $f_{h,1,k} \cdot t_1 \cdot d$
g		Lochleibungsfestigkeit erreicht und ein Fließgelenk im Stift ausgebildet $f_{h,1,k} \cdot t_1 \cdot d \cdot \left[\sqrt{2 + \dfrac{4 M_{y,Rk}}{f_{h,1,k} \cdot d \cdot t_1^2}} - 1 \right]$
h		Lochleibungsfestigkeit erreicht und zwei Fließgelenke im Stift ausgebildet $2{,}3 \cdot \sqrt{M_{y,Rk} \cdot f_{h,1,k}} \cdot d$

Tab. 3.10 Tragfähigkeit bei zweischnittigen Stahlblech-Holz-Verbindungen mit außenliegenden Blechen.

Versagens-mechanismus	Stahlblechdicke	Tragfähigkeit je Scherfuge bei einschnittigen Stahlblech-Holz-Verbindungen $F_{v,Rk}$ Der kleinste Wert ist maßgebend.
j	Dünnes Blech	Lochleibungsfestigkeit erreicht $0{,}5 \cdot f_{h,2,k} \cdot t_2 \cdot d$
k		Lochleibungsfestigkeit erreicht und ein Fließgelenk im Stift ausgebildet $1{,}15 \cdot \sqrt{2 M_{y,Rk} \cdot f_{h,2,k} \cdot d}$
l	Dickes Blech	Lochleibungsfestigkeit erreicht $0{,}5 \cdot f_{h,2,k} \cdot t_2 \cdot d$
m		Lochleibungsfestigkeit erreicht und zwei Fließgelenke im Stift ausgebildet $2{,}3 \cdot \sqrt{M_{y,Rk} \cdot f_{h,2,k}} \cdot d$

3.3.7 Stahlblech-Holzverbindungen – Abscheren, vereinfachtes Verfahren

Durch die Wahl ausreichender Mindestholzdicken in Stahlblech-Holzverbindungen kann sichergestellt werden, dass die Tragfähigkeit von der Ausbildung mindestens eines Fließgelenks im Stift begrenzt ist.

Der Nachweis innenliegender Stahlbleche und außenliegender dicker Stahlbleche kann dann nach folgenden Gleichungen geführt werden:

$$F_{v,Rk} = 1{,}15 \cdot \sqrt{2} \cdot \sqrt{2 \cdot M_{y,Rk} \cdot f_{h,k} \cdot d} \tag{3.29}$$

$$t_{req} = 1{,}15 \cdot 4 \cdot \sqrt{\frac{M_{y,Rk}}{f_{h,k} \cdot d}} \tag{3.30}$$

Der Nachweis außenliegender dünner Stahlbleche kann nach folgenden Gleichungen geführt werden:

$$F_{v,Rk} = 1{,}15 \cdot \sqrt{2 \cdot M_{y,Rk} \cdot f_{h,k} \cdot d} \tag{3.31}$$

$$t_{req} = 1{,}15 \cdot 2 \cdot \sqrt{2} \cdot \sqrt{\frac{M_{y,Rk}}{f_{h,k} \cdot d}} \tag{3.32}$$

für Mittelhölzer mit zweischnittig beanspruchten Verbindungsmitteln

$$t_{req} = 1{,}15 \cdot \left(2 + \sqrt{2}\right) \cdot \sqrt{\frac{M_{y,Rk}}{f_{h,k} \cdot d}} \tag{3.33}$$

für alle anderen Fälle.

Der Bemessungswert der Tragfähigkeit $F_{v,Rd}$ ist nach Gl. (3.23) mit $\gamma_M = 1{,}3$ zu berechnen. Zwischen dünnen und dicken Stahlblechen wird linear interpoliert. Ist die Mindestholzdicke nicht eingehalten, dann wird die Tragfähigkeit vereinfachend mit dem Verhältniswert t/t_{req} abgemindert.

3.4 Stabdübel/Passbolzen

Stabdübel sind glattschaftige Stäbe aus Rundstahl mit Durchmessern zwischen 6 und 30 mm (siehe Abb. 3.16a). Üblich sind Durchmesser von 8, 10, 12, 16, 20 und 24 mm. Passbolzen sind Rundstäbe mit angearbeitetem Sechskantkopf und Endgewinde (siehe Abb. 3.16b). Bei der Montage von Passbolzen werden beidseitig Unterlegscheiben angeordnet.

Die Löcher für Stabdübel und Passbolzen werden im Holz oder im Holzwerkstoff mit dem Nenndurchmesser des Verbindungsmittels gebohrt. Löcher im Stahlteil dürfen bis zu 1 mm größer gebohrt werden.

Es sollten mindestens vier Scherflächen mit mindestens zwei Verbindungsmitteln vorhanden sein. Bei Verbindungen mit nur einem Stabdübel bzw. Passbolzen ist die charakteristische Tragfähigkeit zu halbieren.

Die Tragfähigkeit von Verbindungen mit Stabdübeln kann nach den Abschn. 3.3.4–3.3.7 berechnet werden. Dazu ist es erforderlich, das Fließmoment des Verbindungsmittels zu ermitteln und den charakteristischen Wert der Lochleibungsfestigkeit zu kennen.

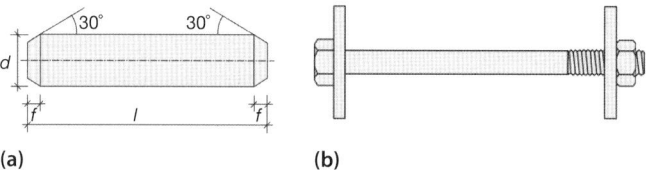

Abb. 3.16 Stabdübel (a) und Passbolzen (b).

Tab. 3.11 Charakteristischer Wert der Zugfestigkeit für unterschiedliche Stahlsorten.

Stahlsorte	Zugfestigkeit $f_{u,k}$ [N/mm²]	Stahlsorte	Zugfestigkeit $f_{u,k}$ [N/mm²]
S 235	360	3.6	300
S 275	430	4.6/4.8	400
S 355	490	5.6/5.8	500
		8.8	800

Das Fließmoment von Stabdübeln und Passbolzen wird in Abhängigkeit vom Durchmesser und von der Stahlgüte bestimmt:

$$M_{y,Rk} = 0{,}30 \cdot f_{u,k} \cdot d^{2,6} \tag{3.34}$$

mit

$M_{y,Rk}$ charakteristischer Wert des Fließmoments des Verbindungsmittels [Nmm]
d Durchmesser des Verbindungsmittels [mm]
$f_{u,k}$ charakteristischer Wert der Zugfestigkeit des Verbindungsmittels [N/mm²] (Tab. 3.11)

Das Fließmoment weicht vom theoretischen Wert des plastischen Fließmoments, das für einen Kreisquerschnitt $M_{y,Rk} = (d^3/6) f_{u,k}$ beträgt, ab, da mit zunehmendem Durchmesser des Verbindungsmittels der Biegewinkel nicht mehr ausreicht, um einen vollplastischen Zustand zu erreichen.

Der charakteristische Wert der Lochleibungsfestigkeit in Vollholz, BSH und Furnierschichtholz ist abhängig von der Rohdichte des Holzes und vom Winkel zwischen Kraft und Holzfaser:

$$f_{h,0,k} = 0{,}082 \cdot (1 - 0{,}01 \cdot d) \cdot \rho_k \tag{3.35}$$

$$f_{h,\alpha,k} = \frac{f_{h,0,k}}{k_{90} \cdot \sin^2 \alpha + \cos^2 \alpha} \tag{3.36}$$

$$k_{90} = \begin{cases} 1{,}35 + 0{,}015 \cdot d & \text{für Nadelholz} \\ 1{,}30 + 0{,}015 \cdot d & \text{für Furnierschichtholz} \\ 0{,}90 + 0{,}015 \cdot d & \text{für Laubholz} \end{cases} \tag{3.37}$$

mit

$f_{h,0,k}$ charakteristischer Wert der Lochleibungsfestigkeit in Faserrichtung des Holzes [N/mm²]
$f_{h,\alpha,k}$ charakteristischer Wert der Lochleibungsfestigkeit unter einem Winkel zwischen Kraft und Faserrichtung des Holzes [N/mm²]
α Winkel zwischen Kraft und Faserrichtung des Holzes
d Durchmesser des Verbindungsmittels [mm]
ρ Rohdichte des Holzes [kg/m³]

Die Lochleibungsfestigkeit von Baufurniersperrholz wird berechnet mit:

$$f_{h,0,k} = 0{,}11 \cdot (1 - 0{,}01 \cdot d) \cdot \rho_k \tag{3.38}$$

Die Lochleibungsfestigkeit von Spanplatten und OSB-Platten mit der Dicke t wird berechnet mit:

$$f_{h,k} = 50 \cdot d^{-0,6} \cdot t^{0,2} \tag{3.39}$$

Die Lochleibungsfestigkeit von Baufurniersperrholz, Spanplatten und OSB ist jeweils unabhängig vom Kraft-Faser-Winkel.

Werden mehrere Stabdübel oder Passbolzen parallel zur Faserrichtung hintereinander angeordnet, so besteht die Gefahr, dass das Holz aufspaltet, bevor die volle Tragfähigkeit der Verbindungsmittel erreicht wird. Deshalb wird die Tragfähigkeit der Verbindungsmittelgruppe mit der wirksamen Anzahl n_{ef} ermittelt.

$$F_{v,Ed} \leq n_{ef} \cdot F_{v,Rd} \tag{3.40}$$

$$n_{ef} = \left[\min \left\{ \begin{array}{c} n \\ n^{0,9} \cdot \sqrt[4]{\frac{a_1}{13 \cdot d}} \end{array} \right\} \right] \cdot \frac{90° - \alpha}{90°} + \frac{n \cdot \alpha}{90°} \tag{3.41}$$

mit

n Anzahl der Verbindungsmittel in einer Reihe
a_1 Abstand der Verbindungsmittel untereinander in Faserrichtung [mm]
d Durchmesser des Verbindungsmittels [mm]
α Winkel zwischen Kraft und Faserrichtung des Holzes [°]

Die Tragfähigkeit von Passbolzen ist wegen der sogenannten Seilwirkung größer als die Tragfähigkeit von Stabdübeln. Die charakteristische Tragfähigkeit nach Abschn. 3.3.3 und nach Abschn. 3.3.6 darf daher für Passbolzen um den Anteil $\Delta F_{v,Rk}$ für die Versagensmechanismen mit schräg gestellten Verbindungsmitteln und bei Fließgelenken im Verbindungsmittel erhöht werden.

$$\Delta F_{v,Rk} = \min \left\{ \begin{array}{l} 0{,}25 \cdot F_{ax,Rk} \\ 0{,}25 \cdot F_{v,Rk} \end{array} \right. \tag{3.42}$$

mit

$F_{ax,Rk}$ charakteristische Tragfähigkeit im Bereich der Unterlegscheibe auf Querdruck (vgl. Abschn. 3.2.1)

Damit die Kräfte in die Verbindungsmittel übertragen werden können und um ein Aufspalten des Holzes zu vermeiden, sind Mindestabstände zu den beanspruchten und unbeanspruchten Rändern, rechtwinklig zur Faserrichtung und in Faserrichtung und zwischen den Verbindungsmitteln untereinander einzuhalten. Teilweise sind die Abstände vom Winkel zwischen Kraft und Faserrichtung abhängig (siehe Tab. 3.12).

Durchmesser und Dicke der Unterlegscheiben bei Passbolzen sollen mit $3d$ bzw. $0{,}5d$ gewählt werden.

Tab. 3.12 Mindestabstände für Verbindungen mit Stabdübeln, Passbolzen, Bolzen und Gewindestangen.

	Winkel	Mindestabstände Stabdübel und Passbolzen	Mindestabstände Bolzen und Gewindestangen
	$0° \leq \alpha \leq 360°$	$a_1 = (3 + 2 \cdot |\cos \alpha|) \cdot d$	$a_1 = (4 + |\cos \alpha|) \cdot d$
		$a_2 = 3 \cdot d$	$a_2 = 4 \cdot d$
	$90° \leq \alpha < 150°$	$a_{3,c} = \max \begin{cases} a_{3,t} \cdot |\sin \alpha| \\ 3 \cdot d \end{cases}$	$a_{3,c} = (1 + 6 \cdot \sin \alpha) \cdot d$
	$150° \leq \alpha < 210°$	$a_{3,c} = 3 \cdot d$	$a_{3,c} = 4 \cdot d$
	$210° \leq \alpha \leq 270°$	$a_{3,c} = \max \begin{cases} a_{3,t} \cdot |\sin \alpha| \\ 3 \cdot d \end{cases}$	$a_{3,c} = (1 + 6 \cdot |\sin \alpha|) \cdot d$
	$-90° \leq \alpha \leq 90°$	$a_{3,t} = \max \begin{cases} 7 \cdot d \\ 80 \text{ mm} \end{cases}$	$a_{3,t} = \max \begin{cases} 7 \cdot d \\ 80 \text{ mm} \end{cases}$
	$180° \leq \alpha \leq 360°$	$a_{4,c} = 3 \cdot d$	$a_{4,c} = 3 \cdot d$
	$0° \leq \alpha \leq 180°$	$a_{4,t} = \max \begin{cases} (2 + 2 \cdot \sin \alpha) \cdot d \\ 3 \cdot d \end{cases}$	$a_{4,t} = \max \begin{cases} (2 + 2 \cdot \sin \alpha) \cdot d \\ 3 \cdot d \end{cases}$

3.5 Nägel und Klammern

3.5.1 Begriffe und Definitionen

Nägel werden im Holzbau in großer Zahl eingesetzt, seitdem diese aus Stahldraht als preiswertes Massenprodukt industriell hergestellt werden.

In den Anfängen des Ingenieurholzbaus wurden zahlreiche weitgespannte Hallentragwerke mit genagelten Verbindungen hergestellt (siehe Abb. 3.17a). Heute werden Nägel vorwiegend in Verbindung mit Stahlblechformteilen und bei der Herstellung von Wand- und Deckenelementen im Holztafelbau eingesetzt (siehe Abb. 3.17b).

Der einfachste Nagel ist der *glattschaftige Nagel*. Glattschaftige Nägel werden aus Walzdraht mit Durchmessern d zwischen 1,9 und 8,0 mm hergestellt. Quadratische Querschnitte sind möglich. Die Zugfestigkeit des Stahldrahts muss mindestens $600\,\text{N/mm}^2$ betragen. Es können unlegierte oder nichtrostende Stähle verwendet werden. Kopf und Spitze werden durch Kaltumformung hergestellt. Die Fläche des Nagelkopfs darf $2,5d^2$ und die Dicke des Kopfes darf $0,25d$ nicht unterschreiten. Die Spitze muss zwischen 0,5 und $2,5d$ lang sein. Nägel können Scher- und Zugkräfte übertragen. D. h., sie können gleichzeitig senkrecht zur Achse auf Abscheren und parallel zur Achse auf Herausziehen beansprucht werden (siehe Abb. 3.18).

Zur Erhöhung der Auszugsfestigkeit eines Nagels kann der Schaft ring- oder schraubenförmig profiliert werden. Man spricht dann von *profilierten Nägeln* oder auch von Sondernägeln, Rillennägeln (Nägel mit angerolltem Schaft) oder Schraubnägeln. Die Länge des profilierten Bereichs muss mindestens $4,5d$ betragen. Sondernägel werden in Abhängigkeit der Profilierung des Schaftes und der Geometrie des Kopfes in Nageltypen eingeteilt (Abb. 3.19). Für den Ausziehwiderstand werden Tragfähigkeitsklassen 1–3 und für das Kopfdurchziehen die Typen A–F definiert.

Die Tragwirkung von Klammern entspricht weitgehend derjenigen von glattschaftigen Nägeln. Klammern werden überwiegend eingesetzt, um Beplankungen aus Holzwerkstoffplatten mit einer Unterkonstruktion zu verbinden. Sie werden aus Stahldraht mit kreisförmigem, deformiert kreisförmigem oder recht-

Abb. 3.17 (a) Fachwerkbinder mit genagelten Verbindungen; (b) Fertigungsanlage zur vollautomatischen Herstellung von Holztafelelementen mit genagelten Verbindungen.

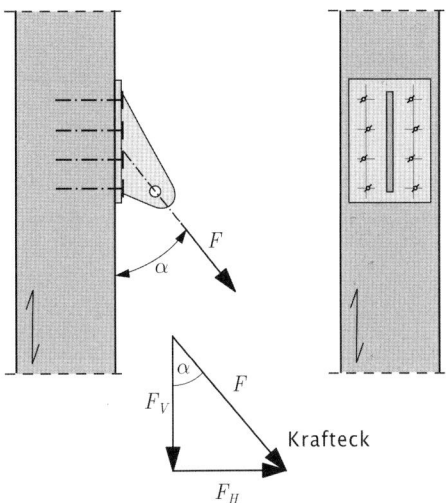

Abb. 3.18 Anschluss einer Zugdiagonale mit Nägeln unter kombinierter Beanspruchung.

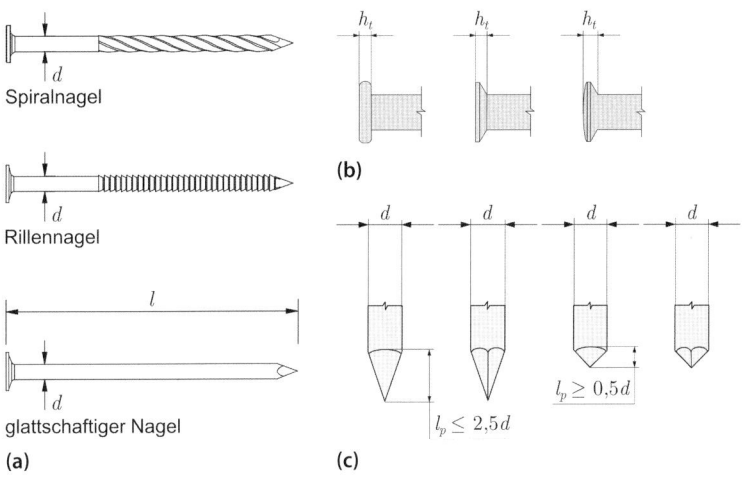

Abb. 3.19 (a) Glattschaftige und profilierte Nägel; (b) Formen von Nagelköpfen; (c) Formen von Nagelspitzen nach DIN EN 14592.

eckigem Querschnitt hergestellt. Die Zugfestigkeit des Stahls muss mindestens 800 N/mm² betragen. Wenn das Seitenverhältnis der kürzeren und der längeren Seite nicht größer als 1,2 ist, dann kann bei ovalen Klammern der mittlere Durchmesser d mit der Querschnittsfläche A_s ermittelt werden:

$$d = \sqrt{\frac{4 \cdot A_s}{\pi}} \tag{3.43}$$

Dieser mittlere Durchmesser wird vom Hersteller der Klammern angegeben.

Für rechteckige Klammern gilt:

$$d = \sqrt{d_1 \cdot d_2} \tag{3.44}$$

Tab. 3.13 Abmessungen handelsüblicher glattschaftiger Nägel.

d [mm]	l [mm]
2,7	50/60
2,8	60/65/70
3,0	70/80
3,1	65/70/80
3,4	80/90
3,8	100
4,2	100/110/120
4,6	120/130
5,0	140
5,5	140/160
6,0	180
7,0	200/210
7,6	230/260

Die Querschnittsfläche soll zwischen 1,7 und 3,2 mm² liegen. Der Klammerrücken soll zwischen $6d$ breit sein und die Schaftlänge soll höchstens $65d$ betragen. Klammern sind meistens mit einem Kunstharz beschichtet. Dieses Harz erwärmt sich beim Einbringen der Klammer und wird so zum Gleitmittel. Danach verhält sich das Harz wie ein Klebstoff. Bei der Bemessung wird eine Klammer wie zwei Nägel behandelt.

Klammern werden keine planmäßigen Zugkräfte zugewiesen. Nägel, die für ständige oder langandauernde Beanspruchung in Richtung der Nagelachse beansprucht werden, müssen profiliert sein. Glattschaftige Nägel in vorgebohrten Nagellöchern dürfen nicht auf Herausziehen beansprucht werden. Nägel und Klammern werden heute üblicherweise mit hand- oder maschinengeführten Apparaturen „eingeschossen".

Abmessungen handelsüblicher glattschaftiger Nägel und Klammern sind in Tab. 3.13 und Abb. 3.20 angegeben.

3.5.2 Konstruktive Regeln für Nägel

Beim Einschlagen eines Nagels treten Spaltkräfte auf, diese können verringert werden, wenn das Loch vorgebohrt wird. In der Folge wird das Holz im Schaftbereich beim Einschlagen des Nagels gleichmäßig verdichtet. Bei vorgebohrten Nagelverbindungen können die Nagelabstände reduziert und die Tragfähigkeiten erhöht werden. Wenn eine der drei Bedingungen in Tab. 3.14 verletzt ist, dann muss vorgebohrt werden, ansonsten ist das Vorbohren eine Option. Der Durchmesser des Bohrloches soll $0,8d$ betragen.

Die Gefahr, dass ein Brett oder eine Bohle aufspaltet, wenn die Nagelverbindung auf Abscheren beansprucht wird, wird dadurch reduziert, dass die Nägel um mindestens $1,0d$ senkrecht zur Faserrichtung versetzt angeordnet werden (siehe Abb. 3.21).

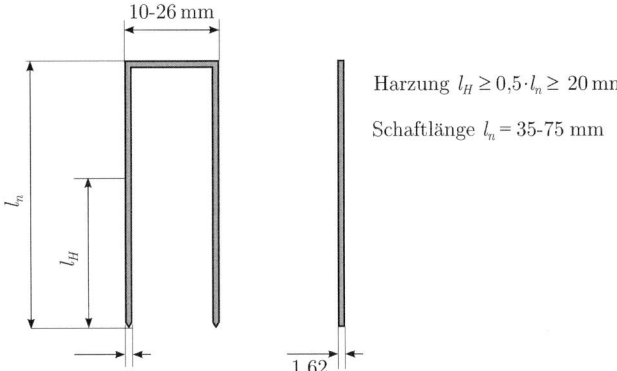

Abb. 3.20 Abmessungen handelsüblicher Klammern mit einem Rohdrahtdurchmesser von 1,53 mm.

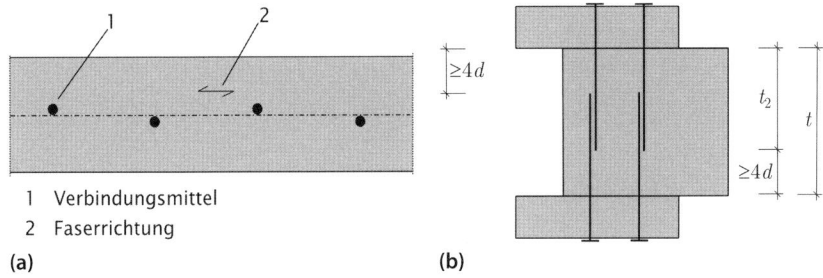

1 Verbindungsmittel
2 Faserrichtung
(a) (b)

Abb. 3.21 Ausführung von Nagelverbindungen: (a) versetzte Anordnung; (b) übergreifende Nägel.

Wenn der Nagelabstand a_1 mindestens $14d$ beträgt, dann ist es unerheblich, ob die Nägel versetzt angeordnet werden oder nicht. Bei nicht versetzt angeordneten Nägeln mit einem Abstand von weniger als $14d$ muss mit n_{ef} die reduzierte wirksame Nagelanzahl berücksichtigt werden.

Einander gegenüber eingeschlagene Nägel dürfen sich ohne Mindestabstand übergreifen, wenn der Abstand der Nagelspitzen von der gegenüber liegenden Scherfuge mindestens $4d$ beträgt. Beim Anschluss von Holzwerkstoffplatten darf der Nagelkopf um maximal 2 mm versenkt werden. In diesem Fall ist die Mindestdicke der Holzwerkstoffplatte um 2 mm zu erhöhen.

Tab. 3.14 Anwendungsgrenzen für nicht vorgebohrte Nagelverbindungen.

Nageldurchmesser	$d \leq 6$ mm
Rohdichte des Holzes	$\rho_k \leq 500$ kg/m³
Dicke der angeschlossenen Hölzer[a]	$t \geq \max \begin{cases} 14d \\ (13d - 30) \cdot \frac{\rho_k}{200} \end{cases}$

a) Bei Kiefernholz und bei Erhöhung der Randabstände a_4 auf $10d$ für $\rho_k \leq 420$ kg/m³ und auf $14d$ für $\rho_k > 420$ kg/m³ dürfen die angegebenen Werte für die Mindestdicke um 50 % reduziert werden.

Tab. 3.15 Mindestabstände für Nagelverbindungen.

Abstände	Winkel α	Vollholz (VH) und Brettschichtholz (BSH)		Holzwerkstoffplatten	
		Ohne Vorbohrung[a)] VH: $\rho \leq 420\,\text{kg/m}^3$ BSH: $\rho \leq 500\,\text{kg/m}^3$	Mit Vorbohrung	Sperrholz	OSB, kunstharz-gebundene Spanplatten
a_1	$0 \leq \alpha \leq 360°$	$d < 5\,\text{mm}$ $(5 + 5 \cdot |\cos \alpha|) \cdot d$ $d \geq 5\,\text{mm}$ $(5 + 7 \cdot |\cos \alpha|) \cdot d$	$(4 + |\cos \alpha|) \cdot d$	85 % der für VH und BSH angegebenen Werte	
a_2		$5d$	$(3 + |\sin \alpha|) \cdot d$		
$a_{3,c}$	$90 \leq \alpha \leq 270°$	$10d$	$7d$	$3d$	$3d$
$a_{3,t}$	$-90 \leq \alpha \leq 90°$	$(10 + 5 \cdot \cos \alpha) \cdot d$	$(7 + 5 \cdot \cos \alpha) \cdot d$	$(3 + 4 \cdot |\sin \alpha|) \cdot d$	$7d$
$a_{4,c}$	$180 \leq \alpha \leq 360°$	$5d$	$3d$	$3d$	$3d$
$a_{4,t}$	$0 \leq \alpha \leq 180°$	$d < 5\,\text{mm}$ $(5 + 2 \cdot |\sin \alpha|) \cdot d$ $d \geq 5\,\text{mm}$ $(5 + 5 \cdot |\sin \alpha|) \cdot d$	$d < 5\,\text{mm}$ $(3 + 2 \cdot \sin \alpha) \cdot d$ $d \geq 5\,\text{mm}$ $(3 + 4 \cdot \sin \alpha) \cdot d$	$(3 + 4 \cdot \sin \alpha) \cdot d$	$7d$

a) Bei VH mit $420\,\text{kg/m}^3 < \rho \leq 500\,\text{kg/m}^3$ gelten größere Werte.

Die Mindesteindringtiefe der Nägel beträgt

- für glattschaftige Nägel $t_{pen} \geq 8d$ ($12d$ bei Zugbeanspruchung)
- für profilierte Nägel $t_{pen} \geq 6d$ ($8d$ bei Zugbeanspruchung)

Die einzuhaltenden Mindestabstände zum Bauteilrand und der Verbindungsmittel untereinander sind in Tab. 3.15 zusammengestellt.

Bei Stahlblech-Holz-Verbindungen dürfen die Abstände a_1 und a_2 im Holz um 30 % reduziert werden.

Die maximalen Nagelabstände sollen folgende Werte nicht überschreiten: in Faserrichtung des Holzes $40d$, senkrecht zur Faserrichtung $20d$, bei Holzwerkstoffplatten $40d$. Haben die Platten nur aussteifende Funktion, so ist ein Abstand von $80d$ zulässig.

Nägel im Hirnholz können nicht als tragend angesetzt werden (siehe Abb. 3.22a). Als Alternative bietet sich eine Schrägnagelung an. In diesem Fall muss der Abstand des Nagelkopfes zum belastenden Hirnholzende mindestens $10d$ betragen (siehe Abb. 3.22b).

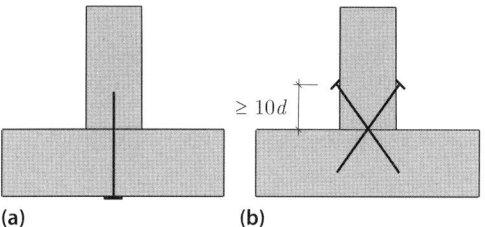

Abb. 3.22 Unzulässige Nagelung ins Hirnholz (a) und Schrägnagelung (b).

Gelegentlich wird eine Verbindung nicht direkt, sondern über eine Zwischenschicht hergestellt. Ein typisches Beispiel ist die Verankerung einer Wandtafel. In diesem Fall ist die Zwischenschicht bei der Ermittlung der Tragfähigkeit zu berücksichtigen. Blaß und Laskewitz [3] leiten entsprechende Formeln mithilfe der Johansen-Theorie her.

3.5.3 Konstruktive Regeln für Klammern

Tragende Verbindungen aus Klammern werden überwiegend bei der Holztafelbauweise eingesetzt, um eine Holzwerkstoffplatte mit einer Unterkonstruktion zu verbinden. Abbildung 3.23 zeigt entsprechende Details mit den zugehörigen geometrischen Größen. Für die Breite des Klammerrückens b und die Eindringtiefe t_{pen} gelten folgende Regeln:

$$b \geq 6 \cdot d \tag{3.45}$$
$$t_{pen} \geq 14 \cdot d \tag{3.46}$$

Klammern in einer Reihe gelten als versetzt angeordnet, auch wenn sie auf einer Linie parallel zur Faserrichtung liegen (Abb. 3.24). Beharzte Klammern können auf Herausziehen beansprucht werden, dabei müssen folgende Mindestdi-

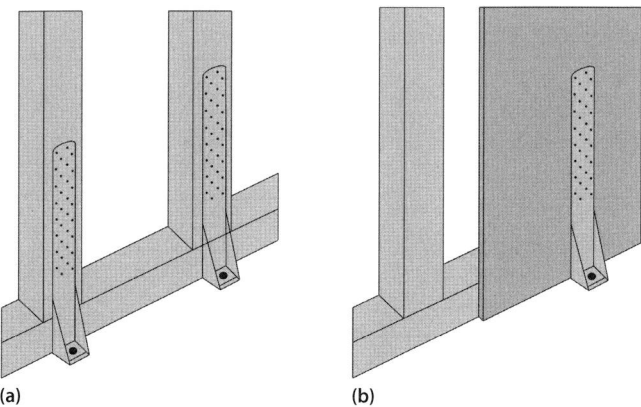

Abb. 3.23 Anschluss eines Zugankers an eine Wandtafel direkt (a) und über eine Zwischenschicht (b).

3 Anschlüsse und Verbindungen

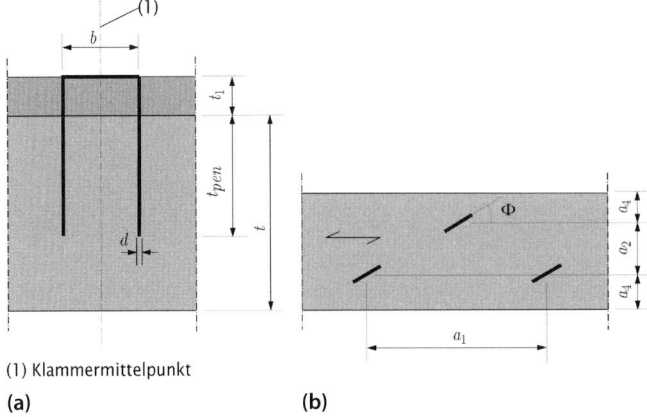

(1) Klammermittelpunkt

(a)   (b)

Abb. 3.24 Klammerverbindung: (a) Schnitt; (b) Draufsicht mit geometrischen Kenngrößen.

Tab. 3.16 Mindestabstände von Klammern.

Abstände		Winkel	Mindestabstände
a_1	Für $\theta \leq 30°$	$0° \leq \alpha \leq 360°$	$(10 + 5 \cdot |\cos \alpha|) \cdot d$
	Für $\theta \geq 30°$		$(15 + 5 \cdot |\cos \alpha|) \cdot d$
a_2		$0° \leq \alpha \leq 360°$	$15d$
$a_{3,t}$		$-90° \leq \alpha \leq 90°$	$(15 + 5 \cdot |\cos \alpha|) \cdot d$
$a_{3,c}$		$90° \leq \alpha \leq 270°$	$15d$
$a_{4,t}$		$0° \leq \alpha \leq 180°$	$(15 + 5 \cdot |\sin \alpha|) \cdot d$
$a_{4,c}$		$180° \leq \alpha \leq 360°$	$10d$

cken des Plattenwerkstoffs eingehalten werden:

$t_1 \geq 6$ mm   für Massivholzplatten, Sperrholzplatten und Faserplatten

$t_1 \geq 8$ mm   für OSB-Platten und kunstharzgebundene Spanplatten

Der Klammerrücken darf maximal 2 mm in die Holzwerkstoffplatte versenkt werden. Dann sind allerdings die Mindestdicken t_1 um 2 mm zu erhöhen. Die Mindestabstände für Klammerverbindungen sind in Tab. 3.16 zusammengestellt. Hinsichtlich der maximalen Abstände gelten die gleichen Regeln wie für Nägel.

3.5.4 Tragfähigkeit

Im Folgenden wird zuerst die Vorgehensweise zur Ermittlung der charakteristischen Werte der Tragfähigkeit von Nagelverbindungen vorgestellt. Im Anschluss werden die Gemeinsamkeiten und Unterschiede von Verbindungen mit Klammern erläutert.

Die Tragfähigkeiten von Nagelverbindungen auf Abscheren können nach den aus Abschn. 3.3.4 bekannten Regeln ermittelt werden. Auch eine vereinfachte Ermittlung der Tragfähigkeit, wie in Abschn. 3.3.5 beschrieben, ist möglich. Dazu werden in DIN EN 1995-1-1/NA Vorfaktoren definiert. Das Fließmoment kann nach folgenden Gleichungen ermittelt werden:

- für Nägel mit rundem Querschnitt

$$M_{y,Rk} = 0{,}30 \cdot f_k \cdot d^{2,6} \tag{3.47}$$

- für Nägel mit annähernd quadratischem Querschnitt

$$M_{y,Rk} = 0{,}45 \cdot f_k \cdot d^{2,6} \tag{3.48}$$

mit
$M_{y,Rk}$ charakteristischer Wert des Fließmoments [Nmm]
f_k Drahtzugfestigkeit, der Mindestwert beträgt 600 N/mm²
d Durchmesser oder Seitenlänge des Nagels [mm]

Für Nageldurchmesser über 8 mm gelten die charakteristischen Werte der Leibungsfestigkeit wie für Stabdübel. Für Nägel mit einem Durchmesser bis einschließlich 8 mm sind die Leibungsfestigkeiten unabhängig vom Kraft-Faser-Winkel:

- für Holz und Furnierschichtholz, ohne vorgebohrte Löcher

$$f_{h,k} = 0{,}082 \cdot \rho_k \cdot d^{-0,3} \tag{3.49}$$

- für Holz und Furnierschichtholz, mit vorgebohrten Löchern

$$f_{h,k} = 0{,}082 \cdot (1 - 0{,}01 \cdot d) \cdot \rho_k \tag{3.50}$$

- für Sperrholz

$$f_{h,k} = 0{,}11 \cdot \rho_k \cdot d^{-0,3} \tag{3.51}$$

- für Spanplatten und OSB

$$f_{h,k} = 65 \cdot d^{-0,7} \cdot t^{0,1} \tag{3.52}$$

mit
ρ_k charakteristischer Wert der Rohdichte des Holzes [kg/m³]
t Plattendicke [mm]
d Durchmesser oder Seitenlänge des Nagels [mm]

Wenn eine Nagelverbindung auf Abscheren beansprucht wird, dann treten ab einer gewissen Relativverschiebung der Bauteile Zugkräfte im Nagel und erhöhte Reibungskräfte im Bereich der anliegenden Lochleibung auf. Abbildung 3.25 veranschaulicht diese Situation. Die Tragfähigkeit wird durch diesen sogenannten Seileffekt erhöht.

Die zur Aktivierung der Seilwirkung erforderlichen plastischen Verformungen können sich bei den Versagensmechanismen c, d, e und f bei einschnittigen Verbindungen sowie j und k bei zweischnittigen Verbindungen einstellen (vgl. Abschn. 3.3.4).

Der charakteristische Wert der Tragfähigkeit auf Abscheren $F_{v,Rk}$ darf um einen Anteil $\Delta F_{v,Rk}$ erhöht werden. Mit diesem Anteil wird der Beitrag des Seileffekts zur Tragfähigkeit auf Abscheren abgeschätzt. Er ist definiert

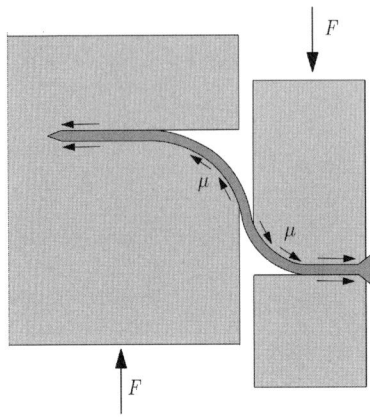

Abb. 3.25 „Seileffekt" bei Nagelverbindungen.

- für glattschaftige Nägel

$$\Delta F_{v,Rk} = \min \begin{cases} 0{,}25 \cdot F_{ax,Rk} \\ 0{,}15 \cdot F_{v,Rk} \end{cases} \quad (3.53)$$

- für profilierte Nägel

$$\Delta F_{v,Rk} = \min \begin{cases} 0{,}25 \cdot F_{ax,Rk} \\ 0{,}5 \cdot F_{v,Rk} \end{cases} \quad (3.54)$$

Der Auszugswiderstand F_{ax} wird von den übertragbaren Reibungskräften im Schaftbereich oder vom Widerstand des Nagelkopfes bestimmt. Der kleinere der beiden Werte ist maßgebend.

Für glattschaftige Nägel gilt

$$F_{ax,Rk} = \min \begin{cases} f_{ax,k} \cdot d \cdot t_{pen} \\ f_{ax,k} \cdot d \cdot t + f_{head,k} \cdot d_h^2 \end{cases} \quad (3.55)$$

Für profilierte Nägel gilt

$$F_{ax,Rk} = \min \begin{cases} f_{ax,k} \cdot d \cdot t_{pen} \\ f_{head,k} \cdot d_h^2 \end{cases} \quad (3.56)$$

mit

d Nageldurchmesser [mm]
t Dicke des Bauteils auf der Seite des Nagelkopfes [mm]
t_{pen} Eindringtiefe oder profilierte Länge auf der Seite der Nagelspitze [mm]
$f_{ax,k}$ charakteristischer Wert der Auszugsfestigkeit nach Tab. 3.17
$f_{head,k}$ charakteristischer Wert der Kopfdurchziehfestigkeit nach Tab. 3.17
d_h Kopfdurchmesser des Nagels [mm]

Bei der Anwendung der Tab. 3.17 ist Folgendes zu beachten:
- Bei glattschaftigen Nägeln dürfen für die Ermittlung der Auszugsfestigkeit maximal $t_p = 20d$ angesetzt werden.
- Glattschaftige Nägel in vorgebohrten Nagellöchern dürfen nicht auf Herausziehen beansprucht werden.
- Bei profilierten Nägeln in vorgebohrten Nagellöchern darf der charakteristische Wert der Auszugsfestigkeit zu 70 % in Ansatz gebracht werden, wenn der Bohrlochdurchmesser nicht größer als der Kerndurchmesser des profilierten Nagels ist.
- Beim Anschluss von OSB-Platten, Spanplatten, Sperrholzplatten und Massivplatten gelten die Begrenzungen nach Tab. 3.18.

Beim Nachweis der Tragsicherheit wird die Interaktion der beiden Beanspruchungsarten „Herausziehen" und „Abscheren" mit folgenden Gleichungen berücksichtigt:

- für glattschaftige Nägel

$$\frac{F_{ax,Ed}}{F_{ax,Rd}} + \frac{F_{v,Ed}}{F_{v,Rd}} \leq 1 \qquad (3.57)$$

Tab. 3.17 Charakteristische Werte für Auszugs- und Kopfdurchziehfestigkeit für Nägel.

Profilierte Nägel der Tragfähigkeitsklasse	$f_{ax,k}$ [N/mm²]	Profilierte Nägel der Tragfähigkeitsklasse	$f_{head,k}$ [N/mm²]
1	$30 \cdot 10^{-6} \cdot \rho_k^2$	A	$60 \cdot 10^{-6} \cdot \rho_k^2$
		B	$80 \cdot 10^{-6} \cdot \rho_k^2$
2	$40 \cdot 10^{-6} \cdot \rho_k^2$	C	$100 \cdot 10^{-6} \cdot \rho_k^2$
		D	$120 \cdot 10^{-6} \cdot \rho_k^2$
3	$50 \cdot 10^{-6} \cdot \rho_k^2$	E	$140 \cdot 10^{-6} \cdot \rho_k^2$
		F	$160 \cdot 10^{-6} \cdot \rho_k^2$
Glattschaftige Nägel	$20 \cdot 10^{-6} \cdot \rho_k^2$	**Glattschaftige Nägel**	$70 \cdot 10^{-6} \cdot \rho_k^2$

$\rho_k \leq 500 \text{ kg/m}^3$.

Tab. 3.18 Regeln zum Kopfdurchziehen für Holzwerkstoffplatten.

Plattendicke	
$t \geq 20$ mm	Maximal Tragfähigkeitsklasse C, mit $\rho_k = 380 \frac{\text{kg}}{\text{m}^3}$
$12 \text{ mm} \leq t < 20 \text{ mm}$	$f_{head,k} = 8 \text{ N/mm}^2$
$t < 12$ mm	$F_{ax,Rk} = 400$ N

- für profilierte Nägel

$$\left(\frac{F_{ax,Ed}}{F_{ax,Rd}}\right)^2 + \left(\frac{F_{v,Ed}}{F_{v,Rd}}\right)^2 \leq 1 \qquad (3.58)$$

Für die Anschlüsse von Koppelpfetten bei Dächern mit einer Dachneigung von höchstens 30° gilt für glattschaftige Nägel

$$\left(\frac{F_{ax,Ed}}{F_{ax,Rd}}\right)^{1,5} + \left(\frac{F_{v,Ed}}{F_{v,Rd}}\right)^{1,5} \leq 1 \qquad (3.59)$$

Bei Koppelpfetten dürfen auch glattschaftige Nägel durch ständige Einwirkungen auf Zug beansprucht werden. Die Auszugsfestigkeit ist dann aber auf 60 % des Wertes nach Tab. 3.17 zu reduzieren.

Folgt man der Argumentation von Blaß & Sandhaas [4] wonach die Tragfähigkeitserhöhung infolge Seileffekt ausschließlich auf Reibung zwischen den angeschlossenen Bauteilen zurückzuführen ist, dann darf dieser Anteil bei kombinierter Beanspruchung nicht angesetzt werden.

Bei einer Beanspruchung senkrecht zur Achse können Klammern wie Nägel behandelt werden, dabei gilt jeder der beiden Schäfte der Klammern als ein Nagel. Das Fließmoment eines Klammerschaftes ist allerdings mit

$$M_{y,Rk} = 150 \cdot d^3 \qquad (3.60)$$

zu ermitteln. Eine erhöhte Tragfähigkeit aus der „Seilwirkung" wird bei Klammern nicht angesetzt. Klammern können auch auf Herausziehen beansprucht werden. Allerdings ist dies für die Anwendungspraxis von geringer Relevanz.

Für Nägel und Klammern gilt die Grundregel: „Ein Nagel ist kein Nagel." D. h., tragende Verbindungen mit Nägeln oder Klammern müssen immer mit mindestens zwei Verbindungsmitteln hergestellt werden.

3.6 Dübel besonderer Bauart

3.6.1 Tragwirkung

Die Wirkungsweise einer Dübelverbindung lässt sich sehr anschaulich für einfache rechteckige Massivholzdübel erklären (siehe Abb. 3.26). Zwischen zwei anliegenden Bauteilen können in der Kontaktfuge Kräfte in Längs- und Querrichtung

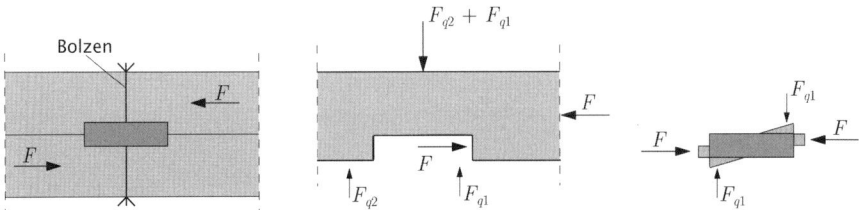

Abb. 3.26 Wirkungsweise einer Dübelverbindung am Beispiel des Rechteckdübels.

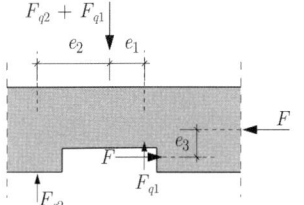 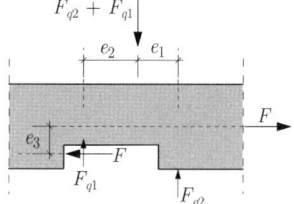

Abb. 3.27 Kräftegleichgewicht an einer Dübelverbindung unter Zug- und Druckbeanspruchung.

übertragen werden, wenn in rechteckig ausgestemmten Nuten Dübel aus Hartholz (Eiche oder Buche) eingelegt werden. Die Kräfte werden in Längsrichtung über Kontakt übertragen.

Dabei entsteht durch die versetzt am Dübel angreifenden Kräfte eine Momentenbeanspruchung, die von den beiden angeschlossenen Hölzern aufgenommen werden muss. Dübelverbindungen müssen deshalb durch Bolzen gesichert werden. In den angeschlossenen Bauteilen entsteht ebenfalls eine entsprechende Momentenbeanspruchung durch den Versatz zwischen der Wirkungslinie der Normalkraft im Stab und dem Anschluss.

Abbildung 3.27 zeigt, wie das Kräftegleichgewicht durch eine zusätzliche Beanspruchung des Bolzens und eine weitere Druckkomponente F_{q2} sichergestellt werden kann. Hinweise zum konstruktiven Umgang mit der Momentenbeanspruchung der angeschlossenen Stäbe finden sich in Abschn. 2.6.

Die Qualität einer Verbindung mit Hartholzdübeln hängt ganz entscheidend von der Passgenauigkeit der Ausführung ab. Darüber hinaus ergibt sich immer eine Querschnittsschwächung der angeschlossenen Bauteile. Die Suche nach einfachen, leichter herzustellenden Dübelverbindungen mit geringem Querschnittsverlust der angeschlossenen Hölzer führte zu den heute noch gebräuchlichen Geometrien von Dübeln besonderer Bauart. Diese Entwicklung war in den 1920er-Jahren weitestgehend abgeschlossen.

3.6.2 Konstruktive Regeln

Heute werden unter dem Begriff „Dübel besonderer Bauart" Ringdübel und Scheibendübel (Typ A1/B1 früher Appel), Scheibendübel mit Zähnen (Typ C1/C2 früher Bulldog) und Scheibendübel mit Dornen (Typ C10/C11 früher Geka) zusammengefasst (siehe Abb. 3.29–3.32). Die Tragwirkung moderner Dübel folgt den grundsätzlichen Prinzipien, die für den Hartholzdübel erläutert wurden. Deshalb werden auch diese Dübel immer zusammen mit einem Bolzen verwendet. Ringdübel werden als Einlassdübel in Ringnuten eingebaut (siehe Abb. 3.33), die in das Holz eingefräst wurden. Scheibendübel werden in die angeschlossenen Hölzer eingepresst. Einpressdübel können nur bis zu einer Rohdichte des Holzes von maximal $500\,\text{kg/m}^3$ verwendet werden. D. h., für Laubholz können ausschließlich Einlassdübel verwendet werden. Die unterschiedlichen Dübelarten werden zweiseitig zur Verbindung von zwei Holzbauteilen oder einseitig zum Anschluss eines Holzquerschnitts an ein Stahlbauteil vorgesehen (siehe Abb. 3.28). Ringdübel werden meist aus Aluminiumlegierun-

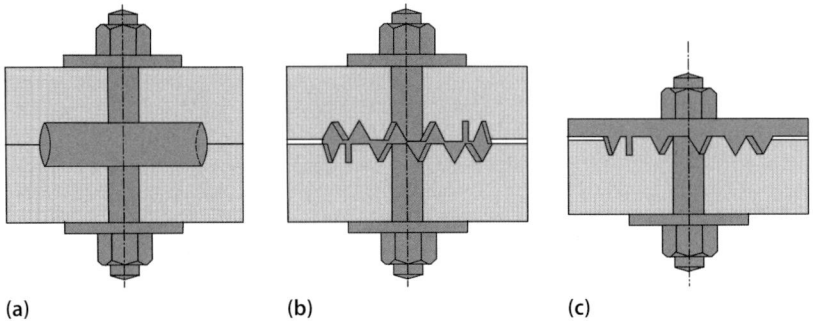

(a) (b) (c)

Abb. 3.28 Typische Anschlüsse mit Ring- und Scheibendübel: (a) Holz-Holz-Verbindung mit zweiseitigem Einlassdübel; (b) Holz-Holz-Verbindung mit zweiseitigem Einpressübel; (c) Holz-Stahl-Verbindung mit Einpressdübel.

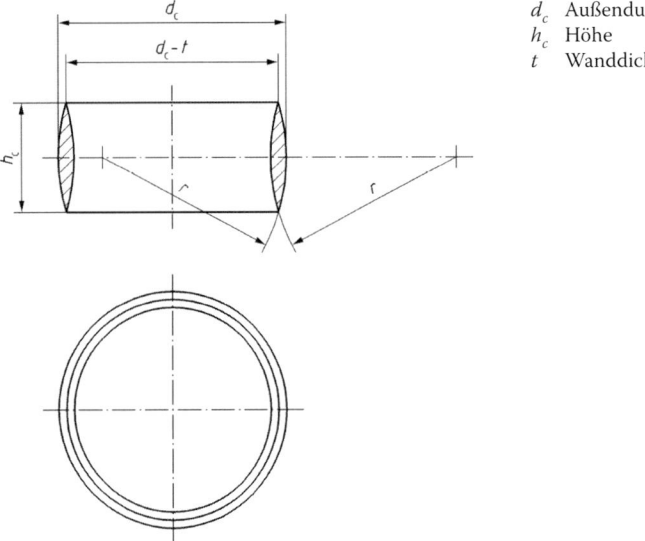

d_c Außendurchmesser
h_c Höhe
t Wanddicke

Abb. 3.29 Ringdübel Typ A1.

gen gegossen und dürfen deshalb nur in NKL 1 und 2 eingesetzt werden (siehe auch Tab. 3.20).

Tabelle 3.19 dokumentiert eine Übersicht zu den gängigen Dübeltypen mit unterschiedlichen Abmessungen und den zugehörigen Bolzen. Bei den Mindestabständen wird neben dem Durchmesser des Dübels d_c auch die unterschiedliche Spaltwirkung der jeweiligen Dübeltypen berücksichtigt. In Tab. 3.21 sind die entsprechenden Werte zusammengestellt.

3.6.3 Tragfähigkeit

Verbindungen mit Einlassdübeln (Typ A1, B1) auf der einen und mit Einpressdübeln (C1, C2, C10, C11) auf der anderen Seite zeigen ein unterschiedliches Verformungsverhalten bei einer Beanspruchung auf Abscheren. Verbindungen

3.6 Dübel besonderer Bauart

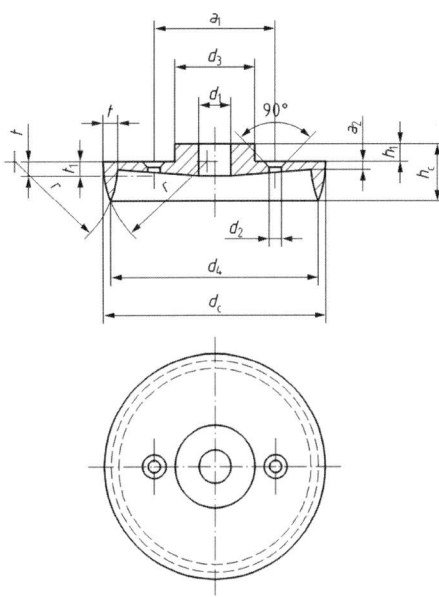

- d_c Durchmesser
- h_c Höhe
- T Größte Dicke von Scheibe und Flansch
- t_1 Kleinste Scheibendicke
- d_1 Durchmesser des Mittelloches
- d_2 Schraubenlochdurchmesser
- d_3 Außendurchmesser der Nabe
- d_4 Flanschdurchmesser
- r Radius
- h_1 Höhe der Nabe oberhalb der Scheibe
- a_1 Schraubenlochabstand
- a_2 Versenkmaß

Abb. 3.30 Scheibendübel Typ B1.

mit Einlassdübeln sind steifer und versagen nach Erreichen der Höchstlast vergleichsweise spröde. Dagegen weisen Einpressdübel ein ausgesprochen duktiles Verhalten auf. Die Charakteristik dieses duktilen Verhaltens ist vergleichbar mit dem Lastverformungsverhalten von Verbindungen mit Stabdübeln oder Bolzen (vgl. Abb. 3.11). In der Konsequenz wirken der Dübel und der Bolzen gemeinsam. Darüber hinaus ist die Tragfähigkeit aufgrund der vergleichsweise kleinen Leibungsfläche der Dornen und Zähne unabhängig vom Winkel α zwischen Kraft und Faserrichtung. Allerdings ist bei der Ermittlung der Tragfähigkeit des Bolzens der Kraft-Faser-Winkel zu berücksichtigen (siehe Abschn. 3.4).

Für Ring- und Scheibendübel (A1, B1) gilt somit

$$F_{v,\alpha,Rd} = k_{\alpha,c} \cdot F^c_{v,0,Rd} \tag{3.61}$$

und für Scheibendübel mit Zähnen (C1, C2, C10, C11)

$$F_{v,\alpha,Rd} = F^c_{v,0,Rd} + F^b_{v,\alpha,Rd} \tag{3.62}$$

Die Indizes „c" und „b" stehen für „connector" (Dübel) und „bolt" (Bolzen). Der Beiwert $k_{\alpha,c}$ zur Berücksichtigung des Kraft-Faser-Winkels beim Dübel ist abhängig vom Durchmesser des Dübels.

$$k_{\alpha,c} = \frac{1}{(1{,}3 + 0{,}001 \cdot d_c) \cdot \sin^2 \alpha + \cos^2 \alpha} \tag{3.63}$$

mit

d_c Dübeldurchmesser [mm]

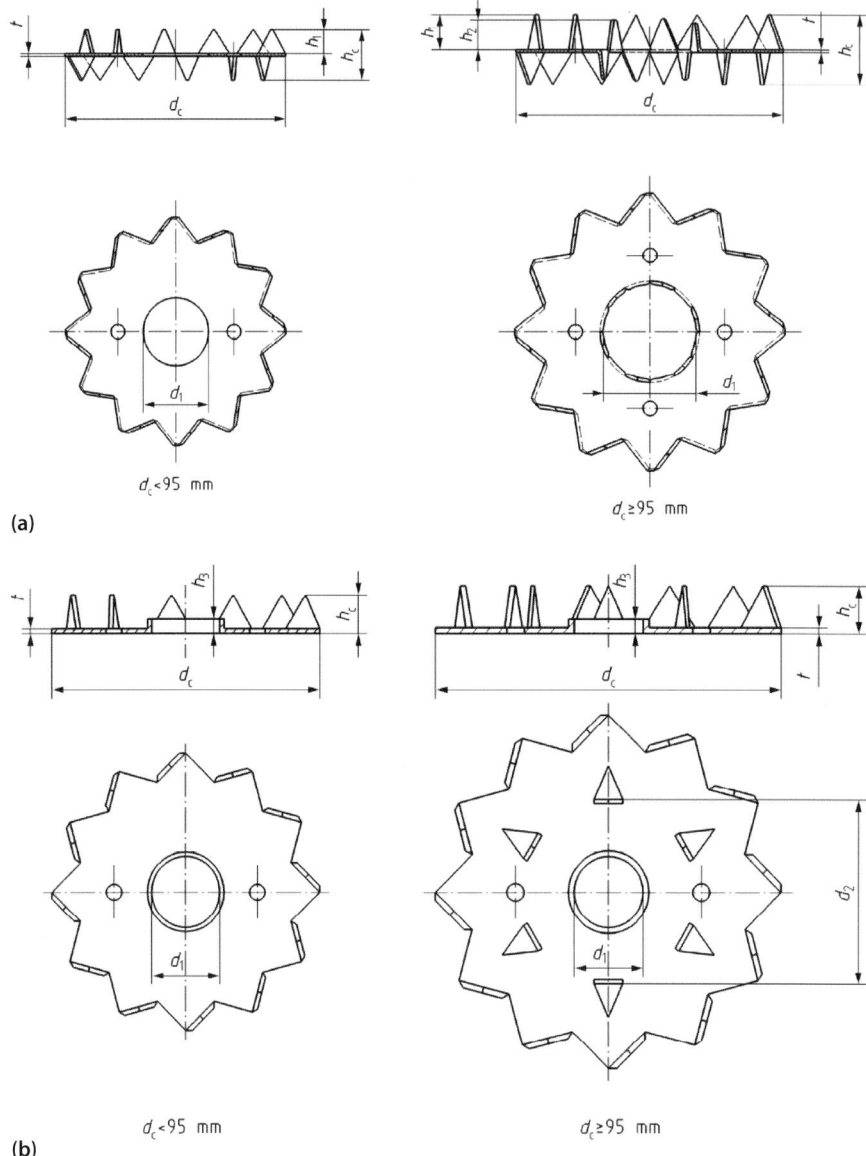

d_c – Durchmesser, h_c – Höhe, t – Dicke, d_1 – Durchmesser des Mittelloches, h_1 – Höhe der inneren Zähne, h_3 – Flanschhöhe

Abb. 3.31 Scheibendübel mit Zähnen: (a) Typ C1; (b) Typ C2.

Für Dübelverbindungen mit Nadelholz C24 ($\rho_k = 350\,\text{kg/m}^3$), bei denen die Anforderungen an die Mindestholzdicken und die Mindestabstände, wie sie in Tab. 3.19 und Tab. 3.21 festgelegt sind, eingehalten werden, kann die charakteristische Tragfähigkeit eines Dübels mit folgenden Gleichungen ermittelt werden:

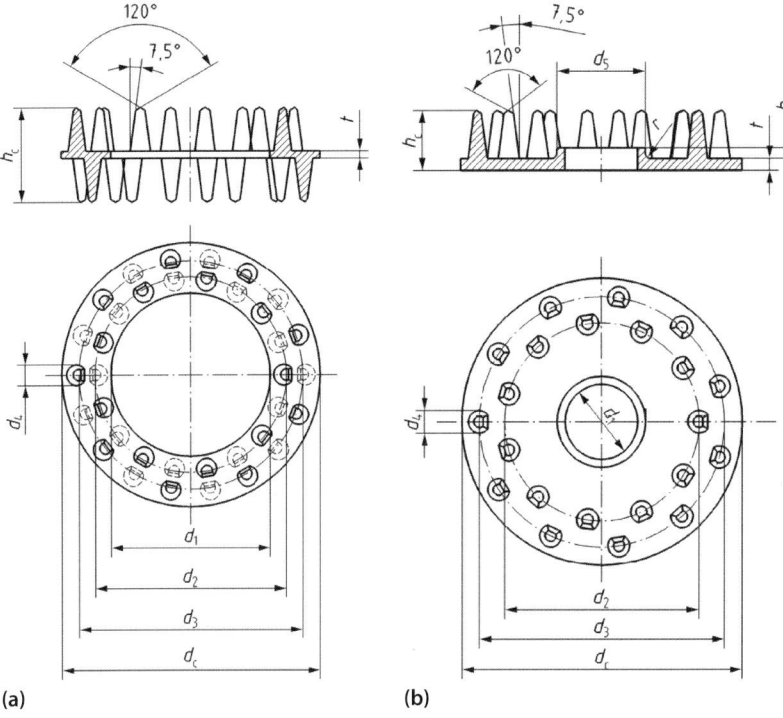

d_c – Durchmesser, h_c – Höhe, t – Dicke, d_1 – Innendurchmesser des Scheibenringes,
d_2 – Durchmesser des inneren Zahnkreises, d_3 – Durchmesser des äußeren Zahnkreises,
d_4 – Zahndurchmesser am Zahngrund, d_5 – Flanschdurchmesser, r – Radius,
h_1 – Flanschhöhe über Scheibenfläche

Abb. 3.32 Scheibendübel mit Dornen: (a) Typ C10; (b) Typ C11.

Ring- und Scheibendübel (A1, B1)

$$F^c_{v,0,Rk} = \min \begin{cases} 35 \cdot d_c^{1,5} \\ 31{,}5 \cdot d_c \cdot h_e \end{cases} \tag{3.64}$$

mit

h_e Einbindetiefe des Dübels

Scheibendübel mit Zähnen (C1, C2)

$$F^c_{v,0,Rk} = 18 \cdot d_c^{1,5} \tag{3.65}$$

Scheibendübel mit Dornen (C11, C12)

$$F^c_{v,0,Rk} = 25 \cdot d_c^{1,5} \tag{3.66}$$

Die Gleichungen sind dimensionsgebunden, d. h., es ist der Dübeldurchmesser in [mm] zu verwenden und man erhält die Tragfähigkeit in [N]. Abweichende Randbedingungen, im Sinne höherer Rohdichten oder geringerer Abmessungen

Abb. 3.33 Herstellung einer Verbindung mit zweiseitigen Einlassdübeln.

bei den Abständen und den Mindestholzdicken, sind in gewissen Grenzen zulässig. Um den Einfluss dieser Abweichungen auf die Tragfähigkeit des Dübels zu quantifizieren, werden die Beiwerte k_1 bis k_3 eingeführt.

Die in Tab. 3.19 festgelegten *Mindestholzdicken* dürfen um bis zu 25 % unterschritten werden. Der entsprechende Beiwert k_1 ergibt sich für alle Dübeltypen mit

$$k_1 = \min\left\{1{,}0; \frac{t_1}{3 \cdot h_e}; \frac{t_2}{5 \cdot h_e}\right\} \tag{3.67}$$

und es gilt

$$t_1 \geq 2{,}25 \cdot h_e \tag{3.68}$$
$$t_2 \geq 3{,}75 \cdot h_e \tag{3.69}$$

Gleiches gilt für den *Abstand zum beanspruchten Hirnholz* $a_{3,t}$. Der Beiwert k_2 ist für Ringdübel und Scheibendübel mit Dornen sowie für Scheibendübel mit Zähnen unterschiedlich definiert:

$$k_2 = \min\left\{1{,}0; \underbrace{\frac{a_{3,t}}{2 \cdot d_c}}_{(A1,B1,C10,C11)}; \underbrace{\frac{a_{3,t}}{1{,}5 \cdot d_c}}_{(C1,C2)}\right\} \tag{3.70}$$

und es gilt

$$\text{für C10, C11} \quad a_{3,t} \geq 1{,}5 \cdot d_{c,w} \tag{3.71}$$
$$\text{für C1, C2} \quad a_{3,t} \geq 1{,}1 \cdot d_c \tag{3.72}$$

Höhere Werte der *Rohdichte* werden berücksichtigt mit

$$k_3 = \min\begin{cases} 1{,}75 & \text{für A1, B1} \\ 1{,}5 & \text{für C1, C2, C10, C11} \\ \rho_k/350 & \end{cases} \tag{3.73}$$

Tab. 3.19 Dübel besonderer Bauart, geometrische Kenngrößen.

Dübeltyp	Durchmesser d_c [mm]	Höhe h_c [mm]	Einlass-/Einpresstiefe h_e [mm]	Dübel-Fehlfläche ΔA [mm²]	Typischer Bolzen	Mindestholzdicken t_1 [mm]	t_2 [mm]
A1/B1 (Appel)	65	30	15	980	M12	45	75
	80	30	15	1200	M12	45	75
	95	30	15	1430	M12	45	75
	126[a]	30	15	1890	M12	45	75
	128	45	22,5	2880	M12	68	113
	160	45	22,5	3600	M16	68	113
	190	45	22,5	4280	M20	68	113
C1/C2 (Bulldog)	50/50	13/6,6[d]	6	170	M12	24	30
	62/62	16/8,7[d]	7,4	300	M12	24	37
	75/75	19,5/10,4[d]	9,1	420	M16	28	46
	95/95	24/12,7[d]	11,3	670	M16	34	57
	117/117	30/16[d]	14,3	1000	M20	43	72
	140[b]	31	14,7	1240	M24	45	74
	165[b]	33	15,6	1490	M24	47	78
C10/C11 (Geka)	50	27/15[c]	12	460/540[c]	M12	36	60
	65	27/15[c]	12	590/710[c]	M16	36	60
	80	27/15[c]	12	750/870[c]	M20	36	60
	95	27/15[c]	12	900/1070[c]	M24	36	60
	115	27/15[c]	12	1040/1240[c]	M24	36	60

t_1 – Seitenholzdicke, t_2 – Mittelholzdicke.

a) Nur Typ A1.
b) Nur Typ C1.
c) Werte für C10/C11.
d) Werte für C1/C2.

Ergänzt um diese Beiwerte lauten die Bemessungsgleichungen (3.64)–(3.66) somit für

- Ring- und Scheibendübel (A1, B1)

$$F_{v,0,Rk}^c = \min \begin{cases} k_1 \cdot k_2 \cdot k_3 \cdot 35 \cdot d_c^{1,5} \\ k_1 \cdot k_2 \cdot k_3 \cdot 31{,}5 \cdot d_c \cdot h_c \end{cases} \quad (3.74)$$

- Scheibendübel mit Zähnen (C1, C2)

$$F_{v,0,Rk}^c = k_1 \cdot k_2 \cdot k_3 \cdot 18 \cdot d_c^{1,5} \quad (3.75)$$

- Scheibendübel mit Dornen (C11, C12)

$$F_{v,0,Rk}^c = k_1 \cdot k_2 \cdot k_3 \cdot 25 \cdot d_c^{1,5} \quad (3.76)$$

Tab. 3.20 Werkstoffe für Dübel besonderer Bauart.

Dübel	Werkstoff	Bemerkung
Ringdübel A1 und B1	Aluminium Gusslegierung	Verwendbar nur in NKL 1 und 2
Scheibendübel mit Zähnen C1 und C2	Kalt gewalzter Stahl	In der Regel verzinkt
Scheibendübel mit Dornen C10 und C11	Temperguss	—

Darüber hinaus gibt es zusätzliche Festlegungen für Ring- und Scheibendübel (A1, B1):

- Bei Verbindungen mit einem Dübel pro Scherfuge darf
  - k_2 maximal 1,25 statt 1,0 angesetzt werden,
  - die obere der beiden Bedingungen in Gln. (3.64) und (3.74) unbeachtet bleiben, wenn das Hirnholzende unbeansprucht ist.
- Für Stahlblech-Holz-Verbindungen darf die Tragfähigkeit um 10 % erhöht werden.

Wenn mehr als zwei Dübel in Faserrichtung des Holzes hintereinander angeordnet sind, dann ist die Tragfähigkeit der Dübelgruppe mit der wirksamen Anzahl

$$n_{ef} = 2 + \left(1 - \frac{n}{20}\right) \cdot (n - 2) \tag{3.77}$$

zu berechnen.

DIN EN 1995-1-1 enthält weitere Regelungen für Sonderfälle. Dazu zählen u. a. versetzt angeordnete Dübel, die Verwendung von Schrauben und profilierten Nägeln anstelle von Bolzen sowie Anschlüsse in Hirnholzflächen.

3.7 Geschraubte Verbindungen

3.7.1 Begriffe und Definitionen

Geschraubte Verbindungen im konstruktiven Holzbau wurden lange Zeit wenig genutzt. Das lag zum einen an der vergleichsweise aufwendigen Herstellung – Schrauben ab 8 mm Durchmesser mussten immer vorgebohrt und dann mit großem Kraft- bzw. Energieaufwand eingeschraubt werden – zum anderen an der beschränkten Verfügbarkeit unterschiedlicher Schraubenlängen. Diese Situation änderte sich schlagartig, als Ende der 1990er-Jahre die ersten selbstbohrenden Schrauben mit den entsprechenden Produktzulassungen als Holzverbindungsmittel zur Verfügung standen. Selbstbohrende Holzschrauben verfügen über eine Bohrspitze und über einen Schraubenkopf, der für die kraftschlüssige Verbindung mit dem Werkzeug optimiert ist (siehe Abb. 3.35). Zusätzlich kann das Gewinde als Schneidegewinde und der Schaft als Reibschaft ausgeführt sein, um

Tab. 3.21 Mindestabstände für Verbindungen mit Dübeln besonderer Bauart.

	Winkel	Mindestabstände A1, B1, C10, C11	C1, C2
a_1	$0° \leq \alpha \leq 360°$	$(1{,}2 + 0{,}8 \cdot |\cos \alpha|) \cdot d_c$	$(1{,}2 + 0{,}3 \cdot |\cos \alpha|) \cdot d_c$
a_2	$0° \leq \alpha \leq 360°$	$1{,}2 \cdot d_c$	$1{,}2 \cdot d_c$
$a_{3,c}$	$90° \leq \alpha < 150°$	$(0{,}4 + 1{,}6 \cdot |\sin \alpha|) \cdot d_c$	$(0{,}9 + 0{,}6 \cdot |\sin \alpha|) \cdot d_c$
	$150° \leq \alpha < 210°$	$1{,}2 \cdot d_c$	$1{,}2 \cdot d_c$
	$210° \leq \alpha < 270°$	$(0{,}4 + 1{,}6 \cdot |\sin \alpha|) \cdot d_c$	$(0{,}9 + 0{,}6 \cdot |\sin \alpha|) \cdot d_c$
$a_{3,t}$	$-90° \leq \alpha \leq 90°$	$2{,}0 \cdot d_c$	$1{,}5 \cdot d_c$
$a_{4,c}$	$180° \leq \alpha \leq 360°$	$0{,}6 \cdot d_c$	$0{,}6 \cdot d_c$
$a_{4,t}$	$0° \leq \alpha \leq 180°$	$(0{,}6 + 0{,}2 \cdot |\sin \alpha|) \cdot d_c$	$(0{,}6 + 0{,}2 \cdot |\sin \alpha|) \cdot d_c$

das Eindrehen der Schraube zu erleichtern. Selbstbohrende Holzschrauben werden als Vollgewindeschrauben und als Schrauben mit teilweise glattem Schaft hergestellt und dürfen bis zu einem Durchmesser von 12 mm ohne Vorbohren eingedreht werden. Aufgrund der ständig voranschreitenden innovativen Entwicklungen sind selbstbohrende Holzschrauben derzeit nicht genormt. Für ca. 30 unterschiedliche Produkte sind die Anwendung und die Bemessung für tragende Holzverbindungen in allgemeinen bauaufsichtlichen Zulassungen geregelt.

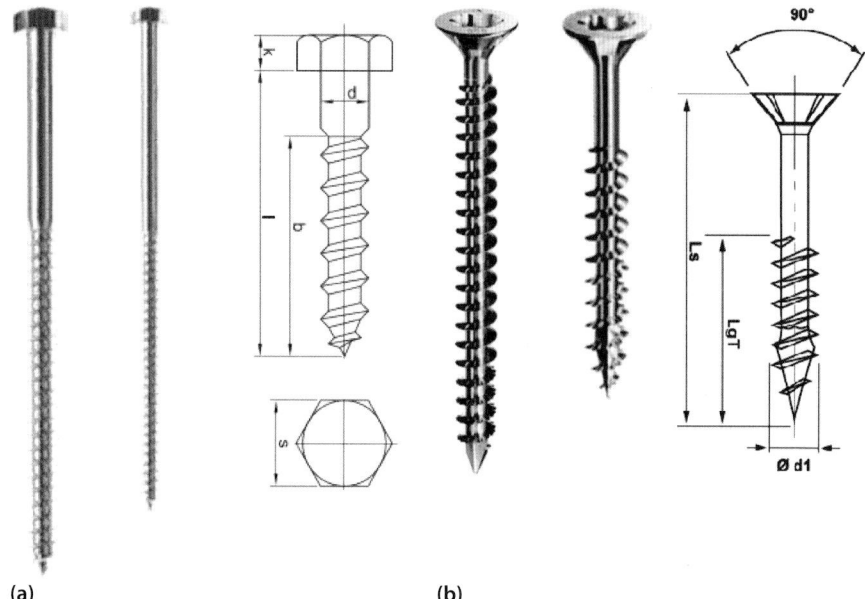

Abb. 3.34 (a) Sechskant-Holzschrauben nach DIN 571 („Schlüsselschraube") mit Gewinde nach DIN 7998; (b) selbstbohrende Holzschrauben mit Voll- und Teilgewinde nach bauaufsichtlicher Zulassung.

Die jeweilige Zulassung enthält u. a. folgende Festlegungen:

- geometrische Kenngrößen
- Tragfähigkeitskennwerte
- Mindestabstände und Mindestdicken
- zulässige Einschraubwinkel
- Verwendbarkeit für Holzarten und Holzwerkstoffe

Als Nenndurchmesser d einer Schraube ist meist der Gewindeaußendurchmesser d_1 definiert (siehe Abb. 3.34).

Üblicherweise sind Schrauben für das Einschrauben in Bauteile aus Vollholz, BSH und Brettsperrholz zugelassen.

3.7.2 Entwurf geschraubter Verbindungen

Schrauben können – wie andere stiftförmige Verbindungsmittel auch – Kräfte übertragen, indem sie auf Abscheren beansprucht werden. Dabei ist bei Schrauben mit teilweise glattem Schaft zu beachten, dass im Bereich des Gewindes ein geringeres Fließmoment erreicht wird als im Bereich des Schaftes. Wesentlich effektiver sind geschraubte Verbindungen allerdings, wenn die Kräfte nicht über Abscheren, sondern über Zug und Druck in Richtung der Schraubenachse übertragen werden. Abbildung 3.36 zeigt dies anschaulich am Beispiel einer einschnittigen Verbindung. Der Winkel zwischen geneigter Schraube und Faserrichtung des Holzes sollte mindestens 30° betragen.

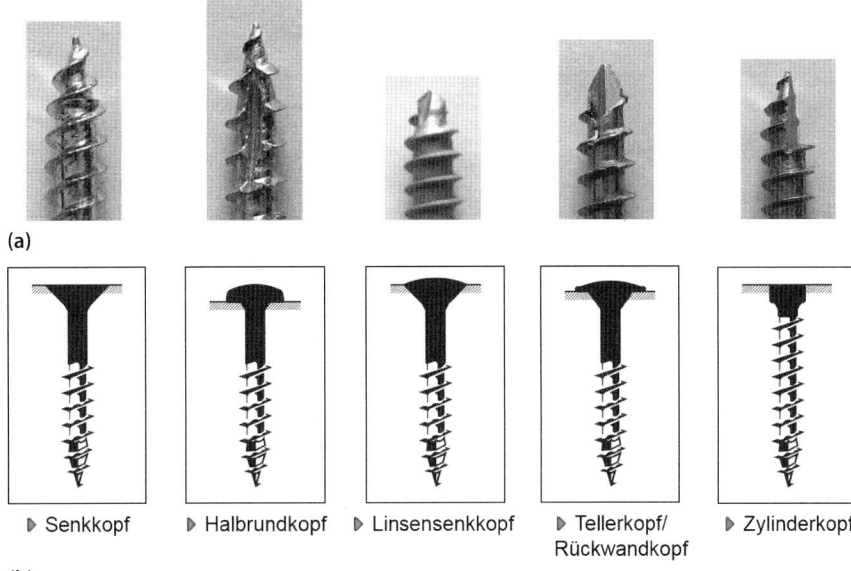

Abb. 3.35 Selbstbohrende Holzschrauben mit Voll- und Teilgewinde nach bauaufsichtlicher Zulassung: (a) Bohrspitzen; (b) Schraubenköpfe.

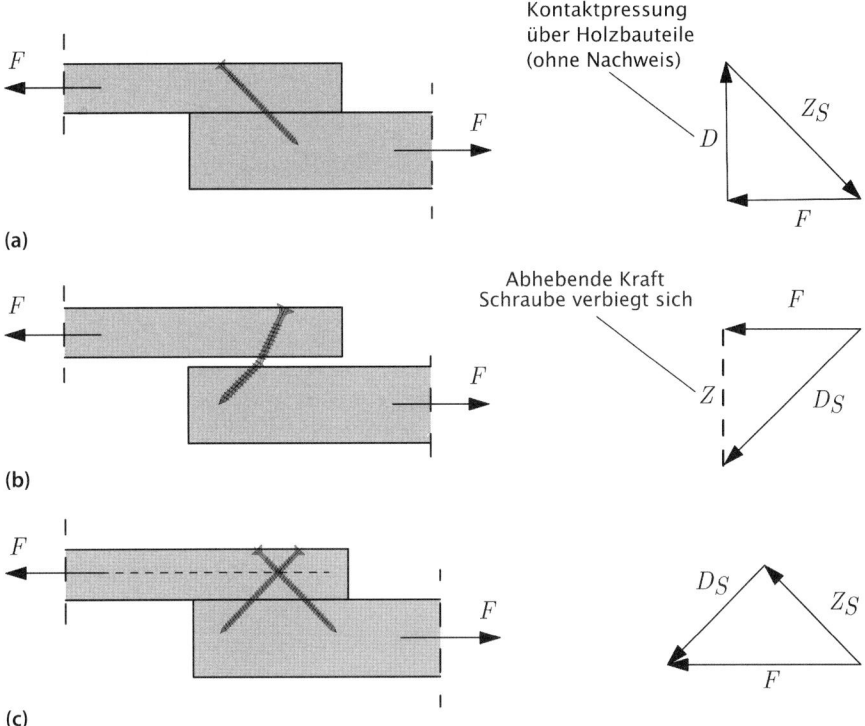

Abb. 3.36 Einschnittige geschraubte Verbindungen: (a) richtige Anordnung; (b) falsche Anordnung; (c) gekreuzte Schrauben für wechselnde Beanspruchungsrichtung.

Tab. 3.22 Mindestholzdicken und Mindesteinschraublängen für geschraubte Anschlüsse mit Vollholz und BSH (Nadelholz), beispielhaft für zwei Produkte.

	HECO-TOPIX-CC TOPIX-T (ETA 12/0132)	SPAX CUT-Spitze (ETA 12/0114)
Mindestdicke der Holzbauteile	$12d$	$12d$
Mindestbreite der Holzbauteile	$\max\{8d; 60\,\text{mm}\}$	—
Mindesteinschraublänge	$4d$	$4d$
Kleinster Winkel zwischen Schraubenachse und Faserrichtung γ	30°	15°

Tab. 3.23 Mindestabstände für geschraubte Anschlüsse mit Vollholz und BSH aus Nadelholz – planmäßige Belastung der Schraube ausschließlich axial, beispielhaft für zwei Produkte.

Definition der Abstände nach Abb. 3.37	HECO-TOPIX-CC TOPIX-T (ETA 12/0132)	SPAX CUT-Spitze (ETA 12/0114)
a_1	$5d$	$5d$
a_2	$2,5d$	$2,5d$
$a_1 \cdot a_2$	$25d^2$	$25d^{2\,\text{a)}}$
$a_{1,CG}$	$5d$	$5d$
$a_{2,CG}$	$4d$	$3d$

a) Wenn diese Bedingung nicht eingehalten ist, dann gilt $a_2 \geq 5d$.

In diesem Fall hängt die Tragfähigkeit der Verbindung vom Ausziehparameter f_{ax} und der Verankerungslänge l_{ef} ab. Die Verankerungslänge auf der Seite der Schraubenspitze soll $6 \cdot d$ nicht unterschreiten. Der Ausziehwiderstand kann nicht größer sein als die Zugtragfähigkeit der Schraube F_{tens}. Bei Schrauben mit teilweise glattem Schaft muss die Kraft in das anliegende Bauteil über den Schraubenkopf eingeleitet werden. Die entsprechende Tragfähigkeit ist über den Kopfdurchziehparameter definiert.

Beim Eindrehen von Schrauben entstehen Spaltkräfte im Holz. Die Größe dieser Spaltkräfte hängt von der Geometrie der Bohrspitze und vom Gewinde ab. Mindestabstände und Mindestholzdicken sind deshalb produktspezifische Größen (siehe Tab. 3.22 und 3.23). Für Schrauben, die auf Abscheren beansprucht werden, gelten im Allgemeinen die Mindestabstände, die für Nägel ohne Vorbohrung festgelegt sind (siehe Tab. 3.15). Allerdings gibt es auch hier für unterschiedliche Produkte zusätzliche Regelungen, mit abweichenden Werten. Abbildung 3.37 zeigt, wie die Mindestabstände bei schräg eingedrehten Schrauben definiert sind. Bei schräg eingedrehten Schrauben beziehen sich die Maße auf die Mitte der Einschraublänge. Bei gekreuzt angeordneten Schrauben ist ein Mindestabstand von $1,5d$ einzuhalten. Für geschraubte Verbindungen mit Brettsperrholz, Furnierschichtholz oder mit Holzwerkstoffplatten gelten andere Werte, ebenso für vorgebohrte Verbindungen.

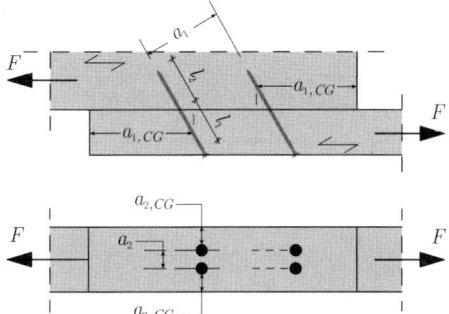

Abb. 3.37 Definition der Mindestabstände und der Einschraublänge bei schräg eingedrehten Schrauben.

3.7.3 Tragfähigkeit

Schrauben werden dann am effektivsten eingesetzt, wenn sie planmäßig ausschließlich durch Zugkräfte (oder Druckkräfte) beansprucht werden. Abbildung 3.38 zeigt in diesem Zusammenhang die unterschiedliche Beanspruchung einer Verbindung mit Vollgewindeschrauben und einer Verbindung mit Schrauben mit teilweise glattem Schaft.

In beiden Fällen ergibt sich die Ausziehtragfähigkeit für das Bauteil, in das eingeschraubt wird, in einer allgemein üblichen Formulierung zu

$$F_{ax,\alpha,Rk} = \frac{n_{ef} \cdot f_{ax,k} \cdot d \cdot l_{ef}}{1{,}2 \cdot \cos^2 \alpha + \sin^2 \alpha} \cdot \left(\frac{\rho_k}{350}\right)^2 \tag{3.78}$$

mit

$f_{ax,k}$ charakteristischer Wert des Ausziehparameters nach Tab. 3.24 [N/mm^2]
l_{ef} Einschraubtiefe der Schraube im Holzbauteil [mm]
d Gewindeaußendurchmesser der Schraube [mm]
$n_{ef} = n^{0,9}$ wirksame Anzahl der Schrauben
α Winkel zwischen Faserrichtung und Schraubenachsen (begrenzt nach Tab. 3.22)
ρ_k charakteristische Rohdichte des Holzes [kg/m^3]

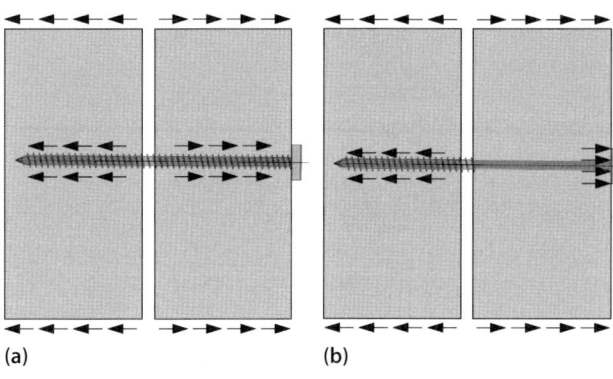

Abb. 3.38 Tragwirkung zugbeanspruchter Schrauben: (a) mit Vollgewinde; (b) mit teilweise glattem Schaft.

Tab. 3.24 Kennwerte für Schrauben (Senkkopf) aus Kohlenstoffstahl für Anschlüsse mit Vollholz und BSH aus Nadelholz, beispielhaft für zwei Produkte.

	HECO Topix				SPAX mit Cut-Spitze			
	CC		T					
Nenndurchmesser, Gewindeaußendurchmesser d [mm]	6,5	8,5	8,0	10,0	6,0	8,0	10,0	12,0
Kerndurchmesser d_1 [mm]	3,65	5,15	5,35	6,3	4,0	5,0	6,1	7,5
Kopfdurchmesser d_h [mm]	11,8	14,8	14,8	18,5	9,7 / 11,9	12,0 / 15,1	15,1 / 18,6	18,6 / 22,6
Zugtragfähigkeit der Schraube $F_{tens,k}$ [kN]	10,0	18,0	20,0	25,0	11,0	17,0	28,0	38,0
Streckgrenze $f_{y,k}$ [N/mm²]	900				1000			
Ausziehparameter $f_{ax,k}$ [N/mm²]	12,5		10,5		12,0	11,5		11,0
Kopfdurchziehparameter $f_{head,k}$ [N/mm²]	—		13,0	9,4	$d_h \leq 16$ mm: $27,0 - d_h$ 16 mm $< d_h \leq 32$ mm: $11,0 - 0,2 \cdot (d_h - 16)$			

Beim zweiten unmittelbar unter dem Schraubenkopf liegenden Bauteil kann die Kopfdurchziehtragfähigkeit maßgebend werden, je nachdem ob und auf welcher Länge ein Gewinde in diesem Bauteil vorhanden ist. Die Kopfdurchziehtragfähigkeit ergibt sich zu

$$F_{ax,Rk} = n_{ef} \cdot f_{head} \cdot d_h^2 \cdot \left(\frac{\rho_k}{350}\right)^{0,8} \tag{3.79}$$

mit

d_h Durchmesser des Schraubenkopfes oder Durchmesser der Unterlegscheibe, der wirksame Durchmesser von Unterlegscheiben ist auf 32 mm beschränkt

f_{head} Kopfdurchziehparameter [N/mm²]

ρ_k charakteristischer Wert der Rohdichte des Holzes [kg/m³]

$n_{ef} = n^{0,9}$ wirksame Anzahl der Schrauben

Bei einer axialen Druckbeanspruchung ist neben der Auszug- oder besser Eindrückfestigkeit des Schaftes auch der Widerstand gegenüber seitlichem Ausknicken zu ermitteln:

$$F_{ax,Rk} = \min \begin{cases} f_{ax,d} \cdot d \cdot l_{ef} \\ k_c \cdot N_{pl,k} \end{cases} \tag{3.80}$$

mit

k_c Knickbeiwert
$N_{pl,k}$ plastische Normalkrafttragfähigkeit bezogen auf den Kenndurchmesser

$$N_{pl,d} = \pi \cdot \frac{d_1^2}{4} f_{y,k} \tag{3.81}$$

Ein Ausknicken der Schraube kann ausgeschlossen werden, d. h., $k_c = 1{,}0$, wenn der Schlankheitsgrad begrenzt wird:

$$\overline{\lambda}_k \leq 0{,}2 \tag{3.82}$$

mit

$$\overline{\lambda}_k = \sqrt{\frac{N_{pl,k}}{N_{ki,k}}} \tag{3.83}$$

$$N_{ki,k} = \sqrt{c_h \cdot E_s \cdot I_s} \quad [\text{N}] \tag{3.84}$$

$$c_h = (0{,}19 + 0{,}012 \cdot d)\rho_k \cdot \left(\frac{90° + \alpha}{180}\right) \quad [\text{N/mm}^2] \tag{3.85}$$

$$E_s = 210\,000 \quad [\text{N/mm}^2] \tag{3.86}$$

$$I_s = \frac{\pi \cdot d_1^4}{64} \quad [\text{mm}^4] \tag{3.87}$$

Bei einem Schlankheitsgrad $\overline{\lambda}_k > 0{,}2$ wird der Knickbeiwert mit Gl. (3.88) bestimmt.

$$k_c = \frac{1}{k + \sqrt{k^2 - \overline{\lambda}_k^2}} \tag{3.88}$$

mit

$$k = 0{,}5 \cdot \left[1 + 0{,}49 \cdot (\overline{\lambda}_k - 0{,}2) + \overline{\lambda}_k^2\right] \tag{3.89}$$

Der axiale Verschiebungsmodul beträgt unabhängig vom Winkel α zwischen Faser und Schraubenachse für Schrauben in Nadelholz

$$k_{ser} = 780 \cdot d^{0{,}2} \cdot l_{ef}^{0{,}4} \quad [\text{N/mm}] \tag{3.90}$$

Der Widerstand bei einer Beanspruchung rechtwinklig zur Schraubenachse kann für

- Schrauben $d \leq 6$ mm wie für Nagelverbindungen (siehe Abschn. 3.5),
- Schrauben $d > 6$ mm wie für Stabdübelverbindungen (siehe Abschn. 3.4)

ermittelt werden. Dabei kann der Gewindeaußendurchmesser d_1 als wirksamer Durchmesser eingesetzt werden. Beispielhafte Werte für das charakteristische Fließmoment von Schrauben enthält Tab. 3.25.

Tab. 3.25 Fließmoment für Schrauben aus Kohlenstoffstahl, beispielhaft für zwei Produkte.

	HECO TOPIX			SPAX			
	6	8	10	6	8	10	12
Fließmoment $M_{y,k}$ [Nmm]	9500	20 000	36 000	$0{,}15 \cdot 600 \cdot d^{2,6}$			

Bei einer kombinierten Beanspruchung aus Zug und Abscheren muss folgende Bedingung erfüllt sein:

$$\left(\frac{F_{ax,Ed}}{F_{ax,Rd}}\right)^2 + \left(\frac{F_{v,Ed}}{F_{v,Rd}}\right)^2 \leq 1 \tag{3.91}$$

3.7.4 Anwendungsbeispiele und Ausführung

Mit den in Abschn. 3.7.3 vorgestellten Bemessungsregeln kann die Tragfähigkeit der in Abb. 3.39 dargestellten typischen Verbindungen ermittelt werden.

Weitere Anwendungen für Schrauben sind:

- Querzugverstärkung: z. B. bei Ausklinkungen, bei Trägerdurchbrüchen und bei gekrümmten BSH-Trägern
- Schubverbindung bei Verbundbauteilen: z. B. Holz-Beton-Verbund
- Distanz-Montage: z. B. Aufsparrendämmung
- Querdruckverstärkung bei hoch belasteten Auflagern

Für diese Anwendungen werden zusätzliche Regeln definiert, Querzugverstärkungen und Schubverbindungen werden ausführlich im zweiten Band *Ingenieurholzbau – Vertiefung* behandelt.

Die präzise Montage von Schrauben, die räumlich schräg eingebaut werden, erfolgt mithilfe von Lehren und Schablonen. Oft wird auch auf eine kurze Länge eine sogenannte Pilotbohrung vorgebohrt, mit der dann die Einschraubrichtung definiert ist. Dazu stehen geeignete Montagehilfen zur Verfügung (siehe Abb. 3.40).

3.8 Blockscheren

Bei Verbindungen mit Stahlblechen, die in Richtung des Hirnholzendes beansprucht werden, kann es zu einem spröden Versagen der Verbindungsmittelgruppe im unmittelbaren Bereich des Anschlusses kommen. Beim sogenannten Blockscheren werden die Schubfestigkeit und die Zugfestigkeit des Holzes überschritten.

Der rechnerische Nachweis gegenüber Blockscheren geht auf Untersuchungen von Foschi und Longworth [5] zurück. Der Versagensmechanismus wird durch ein kombiniertes Zug- und Schubversagen beschrieben, wobei vorausgesetzt wird, dass der größere der beiden Widerstände maßgebend wird:

$$F_{bs,Rk} = \max \begin{cases} A_{net,t} \cdot 1{,}5 \cdot f_{t,0,k} \\ A_{net,v} \cdot 0{,}7 \cdot f_{v,k} \end{cases}$$

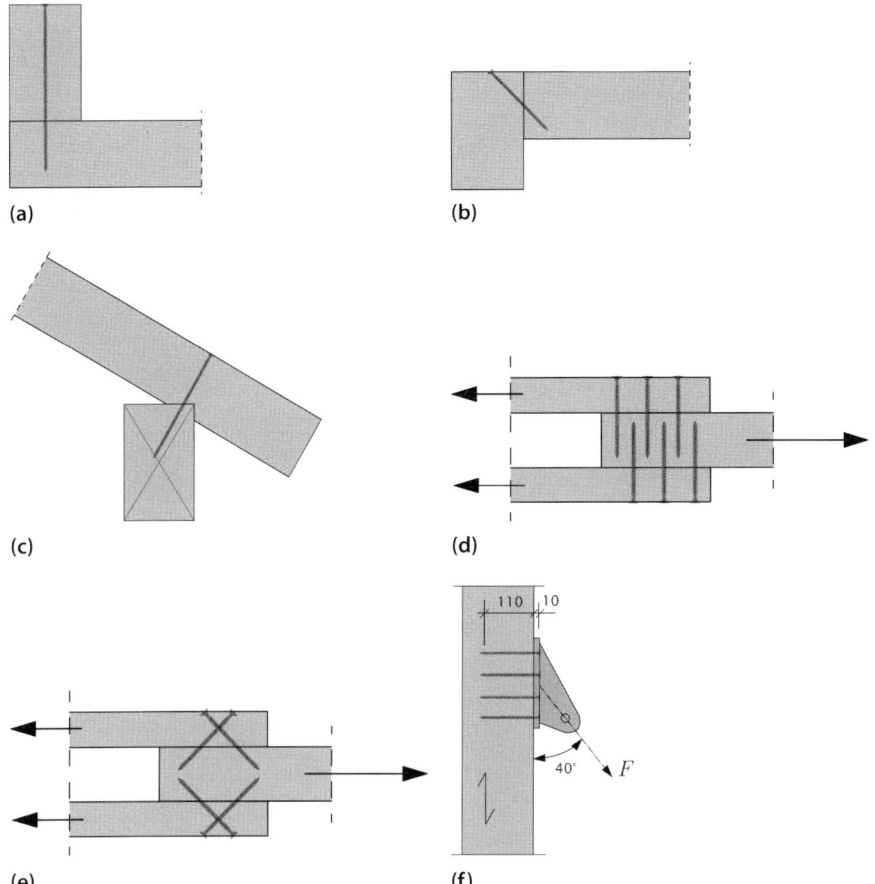

Abb. 3.39 (a) Anschluss Hauptträger/Nebenträger angehängt; (b) Anschluss Hauptträger/Nebenträger in einer Ebene; (c) Verankerung eines Sparrens auf der Pfette; (d) Laschen mit Scher-Lochleibungs-Verbindung; (e) Laschen mit diagonalen Schrauben; (f) Anschluss einer Zugdiagonalen.

Die Zugfestigkeit wird um 50 % erhöht, da die Wahrscheinlichkeit einer Schwächung durch Äste im maßgebenden Schnitt geringer ist als bei einem zugbeanspruchten Stab. Die Schubfestigkeit wird um 30 % reduziert aufgrund der ungleichmäßigen Schubspannungsverteilung.

Ob beim Blockscheren ausschließlich die Seitenflächen des Holzes zwischen den äußeren Reihen der Verbindungsmittel oder zusätzlich auch eine Grundfläche aktiviert wird und wo die Ebene der Grundfläche liegt, hängt vom Versagensmechanismus der Verbindungsmittel ab.

Für die Mechanismen c, f, j, k, l und m (siehe Abschn. 3.3.6) werden ausschließlich die Seitenflächen auf Abscheren beansprucht:

$$A_{net,v} = \sum l_{v,i} \cdot t_1 \tag{3.92}$$

$$A_{net,t} = \sum l_{t,i} \cdot t_1 \tag{3.93}$$

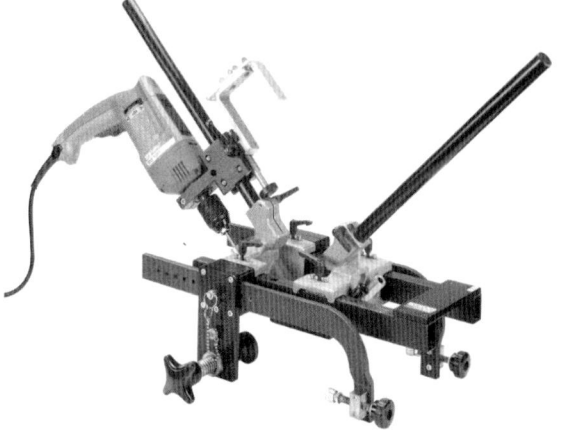

Abb. 3.40 Montagehilfe zum Einbau geneigter Holzschrauben.

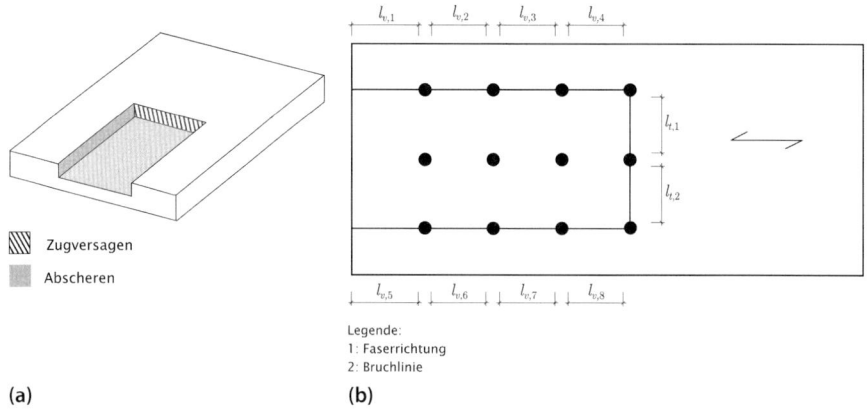

(a)   (b)

Abb. 3.41 Blockscherversagen: (a) Definition der Flächen; (b) Bruchlinie.

mit

$l_{v,i}, l_{t,i}$ lichter Abstand zwischen den Verbindungsmitteln entlang der Bruchfläche (siehe Abb. 3.41)

t_1 Dicke des Holzbauteils oder Eindringtiefe des Verbindungsmittels

Bei den Mechanismen a, b, d, e, g und h (siehe Abschn. 3.3.6) darf in Höhe des Fließgelenks der Verbindungsmittel die Grundfläche als weitere Scherfläche zu den Seitenflächen addiert werden:

$$A_{net,v} = \sum l_{v,i} \cdot t_{ef} + \frac{1}{2} \cdot \sum l_{v,i} \cdot \sum l_{t,i} \tag{3.94}$$

$$A_{net,t} = \sum l_{t,i} \cdot t_{ef} \tag{3.95}$$

Die Bruchflächen sind in Abb. 3.41 dargestellt. Die wirksame Höhe ist in Tab. 3.26 in Abhängigkeit vom Versagensmechanismus des Verbindungsmittels angegeben.

Tab. 3.26 Wirksame Höhe t_{ef} für unterschiedliche Versagensmechanismen der Verbindungsmittel.

	Dünne Stahlbleche		Dicke Stahlbleche	
Versagensmechanismus	a	b	e, h	d, g
Wirksame Höhe t_{ef}	$0{,}4 \cdot t_1$	$1{,}4 \cdot \sqrt{\dfrac{M_{y,Rk}}{f_{h,k} \cdot d}}$	$2 \cdot \sqrt{\dfrac{M_{y,Rk}}{f_{h,k} \cdot d}}$	$t_1 \left[\sqrt{2 + \dfrac{4 \cdot M_{y,Rk}}{f_{h,k} \cdot d \cdot t_1^2}} - 1 \right]$

Literatur

1 Norris, C.B. (1962). Strength of orthotropic materials subjected to combined stresses. Report No. 1816, Forest Product Laboratory, Madison WI.
2 Johansen, K.W. (1949). Theory of timber connections. *International Association of Bridge and Structural Engineering, Bern* 9: 249–262.
3 Blaß, H.J. und Laskewitz, B. (2003). Tragfähigkeit von Verbindungen mit stiftförmigen Verbindungsmitteln und Zwischenschichten. *Bauen mit Holz* 105: 26–35.
4 Blaß, H.J. und Sandhaas, C. (2016). *Ingenieurholzbau – Grundlagen der Bemessung*. KIT Scientific Publishing.
5 Foschi, R.O. und Longworth, J. (1975). Analysis and design of Griplam nailed connections. *Journal of the Structural Division* 101 (12): 2537–2555.

4
Bauteile und Konstruktionsregeln

4.1 Dach-, Decken- und Wandkonstruktionen

Die Anforderungen aus der Funktion und der Nutzung an die einzelnen Elemente eines Gebäudes sind vielfältig und stehen gelegentlich im Konflikt miteinander: Eine sehr leichte Deckenkonstruktion ist einfach zu montieren und hat eine hohe Tragfähigkeit, verfügt aber – wenn keine zusätzlichen Maßnahmen ergriffen werden – nur über ein eingeschränktes Potenzial hinsichtlich des Schallschutzes. In den folgenden Abschnitten werden unterschiedliche konstruktive Aufbauten und Details für die Bauteile typischer Gebäude in Holzbauweise vorgestellt. Dabei werden folgende funktionale Anforderungen berücksichtigt:

- Tragfähigkeit (horizontale und vertikale Einwirkungen)
- Gebrauchstauglichkeit (Verformungen und Schwingungen)
- Wärmedämmung
- Schallschutz
- Sekundärnutzung (Installationen, Reflexionsflächen etc.)
- Brandschutz
- Dauerhaftigkeit

Während bei Innenwänden und Decken sehr häufig die Anforderungen des Schallschutzes bestimmend für die Konstruktion sind, stehen bei Außenwänden und Dächern die Themen Wärmedämmung und Dauerhaftigkeit im Vordergrund. Kriterien und Konzepte zur Dauerhaftigkeit von Holzkonstruktionen werden in Kapitel 5 behandelt. In den folgenden Abschnitten sind konstruktive Aufbauten dargestellt, bei denen eine Gefährdung des Holzes durch Feuchteeintrag von außen (Regen) oder innen (Diffusion und Konvektion) ausgeschlossen werden kann.

4.1.1 Geneigte Dächer

Geneigte Dächer (siehe Abb. 4.1) sind eine über Jahrhunderte bewährte Konstruktionsform, um ein Gebäude vor Witterungseinflüssen von oben zu schützen. Regen- und Schmelzwasser läuft – der Schwerkraft folgend – über die Dachfläche zur Traufe hin ab. Die Anschlussbereiche zu den Wänden sind durch Dachüberstände im Trauf- und Giebelbereich geschützt.

Ingenieurholzbau – Basiswissen: Tragelemente und Verbindungen, Erste Auflage.
Werner Seim und Johannes Hummel.
© 2019 Wilhelm Ernst & Sohn. Published 2019 by Wilhelm Ernst & Sohn.

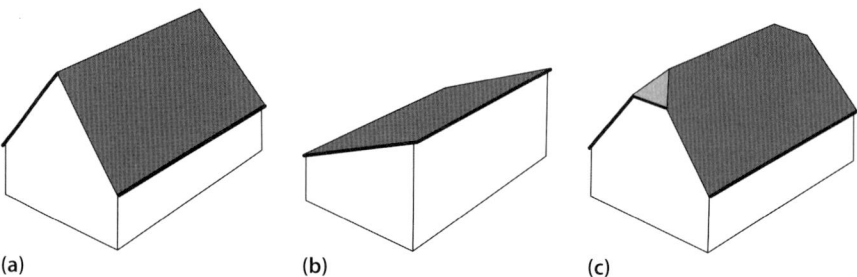

Abb. 4.1 Geneigte Dächer: (a) Satteldach; (b) Pultdach; (c) Satteldach mit Krüppelwalm.

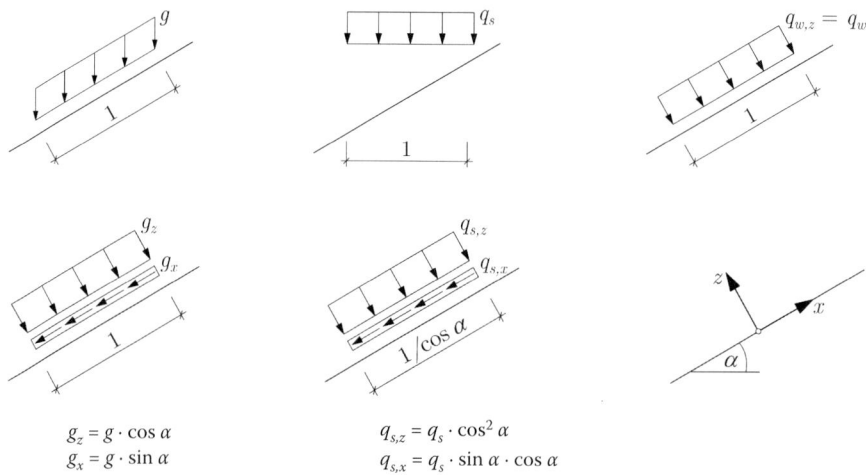

$g_z = g \cdot \cos \alpha$
$g_x = g \cdot \sin \alpha$

$q_{s,z} = q_s \cdot \cos^2 \alpha$
$q_{s,x} = q_s \cdot \sin \alpha \cdot \cos \alpha$

Abb. 4.2 Einwirkungen auf Dächer mit unterschiedlichem Achsbezug.

Bei der Ermittlung von Schnittgrößen und von Verformungen der Tragelemente eines Daches ist zu berücksichtigen, dass die Einwirkungen aus Eigengewicht, Schnee und Wind auf unterschiedliche Längen bezogen sind. Für eine einheitliche Betrachtung im Rahmen einer statistischen Berechnung empfiehlt es sich, alle Einwirkungen in ein Bezugssystem senkrecht und parallel zur Stabachse zu transformieren, wie dies in Abb. 4.2 dargestellt ist.

In den Rand- und Eckbereichen von Dächern treten erhöhte Windlasten auf (siehe Abb. 4.3). Hier ist insbesondere auf eine ausreichende Verankerung der Dachdeckung und der Lattung zu achten.

Hinsichtlich des konstruktiven Aufbaus geneigter Dächer besteht der wesentliche Unterschied darin, ob die Dämmung zwischen den Sparren oder auf den Sparren aufliegend angeordnet wird. In beiden Fällen müssen durch die raumseitige Bekleidung ein ausreichender Diffusionswiderstand und die Luftdichtigkeit sichergestellt werden. Möglicherweise ist eine Dampfbremse erforderlich. Anschlüsse und Durchdringungen müssen abgedichtet werden, z. B. mit Klebebändern.

Bei einer Aufsparrendämmung muss zusätzlich dafür gesorgt werden, dass das auf den Sparren angeordnete Paket aus Dämmung, Lattung und Deckung nicht

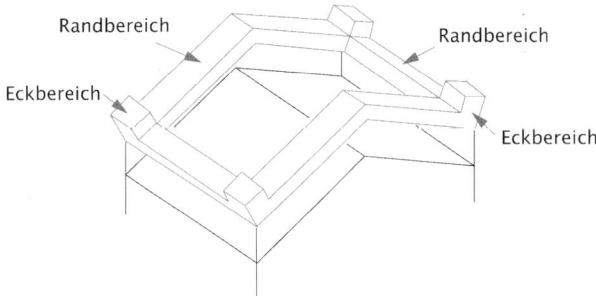

Abb. 4.3 Erhöhte Windlasten in Rand- und Eckbereichen eines Daches.

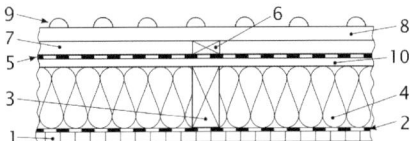

1. Ein- oder mehrlagige raumseitige Bekleidung oder Beplankung
2. Dampfbremsschicht $s_d \geq 2$ m in Verbindung mit Schicht 1
3. Trockenes Holzprodukt
4. Mineralischer Faserdämmstoff nach DIN EN 13162, Holzfaserdämmplatten nach DIN EN 13171 oder Dämmstoff, dessen Verwendbarkeit für diesen Anwendungsfall durch einen bauaufsichtlichen Verwendbarkeitsnachweis nachgewiesen ist
5. Unterdeckung bestehend aus:
   - obere Abdeckung mit diffusionsäquivalenter Luftschichtdicke $s_d \leq 0{,}3$ m; oder
   - trockene Brettschalung max. Breite 160 mm abgedeckt mit Unterdeckbahn mit $s_d \leq 0{,}3$ m; oder
   - Holzfaserdämmplatte nach DIN EN 13171 beliebiger Dicke für das Anwendungsgebiet DADdm nach DIN 4108-10 ausgeführt als Unterdeckplatte Typ IL nach DIN EN 14964
6. Konterlattung
7. Hinterlüfteter Hohlraum
8. Traglattung
9. Dachdeckung
10. Bretterschalung, Brettbreite ≤ 160 mm (als Option, siehe Punkt 5).

Abb. 4.4 Geneigtes Dach – Dämmung zwischen den Sparren nach DIN 68800-2.

abrutschen kann. Dazu können Sparrennägel oder auch Holzschrauben verwendet werden, mit denen die Lattung und die Sparren verbunden werden (siehe Abb. 4.5b). Alternativ kann an der Traufe auch eine Knagge angeordnet werden (siehe Abb. 4.5a). Die Dämmung muss in beiden Fällen ausreichend druckfest sein.

Für die in Abb. 4.4 und 4.6 dargestellten konstruktiven Aufbauten sind die Voraussetzungen erfüllt, dass alle Bauteile einschließlich der Lattung der Gebrauchsklasse 0 (vgl. Kap. 5) zugeordnet werden können.

4.1.2 Flachdächer

Flachdächer weisen ein Gefälle von 2 bis 3° auf. Mit einem Mindestgefälle von 2° soll sichergestellt werden, dass eine „natürliche", der Schwerkraft folgende Entwässerung möglich ist. Gefälle von Flachdächern mit $\alpha = 0°$ sind Sonderkon-

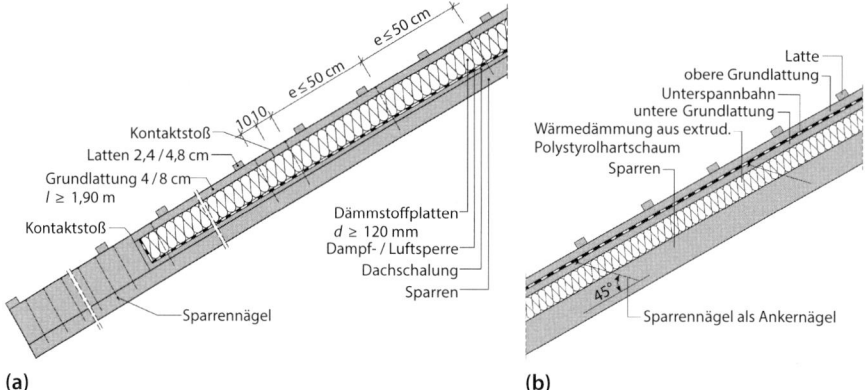

Abb. 4.5 Lagesicherung von Dämmung und Deckung bei Aufsparrendämmung: (a) mit Knagge im Traufbereich; (b) mit Ankernägeln.

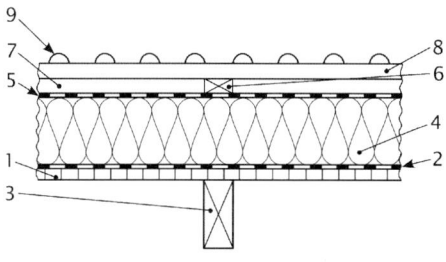

1 Bekleidung ohne oder mit Lattung oder Beplankung
2 Dampfbremse, wenn erforderlich
3 Technisch getrocknetes Holzprodukt
4 Wärmedämmstoff nach DIN EN 13162 bis DIN EN 13171 oder mit einem bauaufsichtlichen Verwendbarkeitsnachweis
5 Obere Abdeckung (z. B. Unterdeckplatten, Unterdeckbahn)
6 Konterlattung
7 Belüfteter Hohlraum
8 Traglattung
9 Dachdeckung

Abb. 4.6 Geneigtes Dach – Dämmung auf den Sparren nach DIN 68800-2.

struktionen, die hier nicht weiter behandelt werden. Insbesondere bei Dächern mit einer Bekiesung oder einer Begrünung ist darauf zu achten, dass das minimale Gefälle zwischen dem vom Ablauf am weitesten entfernten Punkt und dem Ablauf auch unter Berücksichtigung von Kriechverformung und Schneelasten immer eingehalten wird.

Flachdächer können mit oder ohne Dachüberstand konzipiert werden (siehe Abb. 4.7). Ein umlaufender Dachüberstand mit außenliegender Entwässerung bietet konstruktive Vorteile. Dazu zählen insbesondere die vergleichsweise einfachen Anschlussdetails und der Witterungsschutz im Bereich des Übergangs vom Dach zur Wand. Für eine Lösung mit Attika und innenliegender Entwässerung werden häufig gestalterische Argumente vorgebracht.

Die dauerhafte Dichtigkeit der Dachabdeckung wird durch die Materialwahl in Verbindung mit den entsprechenden Anschluss- und Verbindungsdetails sichergestellt. Ein wichtiges Regelwerk sind die „Fachregeln für Abdichtungen" – die sogenannte Flachdachrichtlinie des Deutschen Dachdeckerhandwerks [1]. Die Tragkonstruktionen von Flachdächern werden üblicherweise wie diejenigen der Decken ausgeführt (siehe Abschn. 4.1.3).

4.1 Dach-, Decken- und Wandkonstruktionen

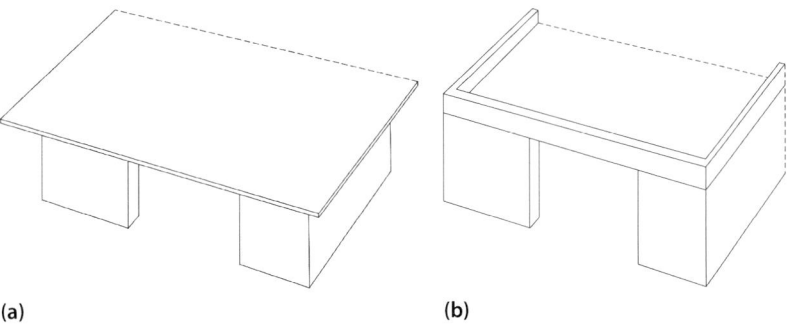

Abb. 4.7 Flachdach – mit umlaufendem Dachüberstand (a) und mit Attika-Aufkantung (b).

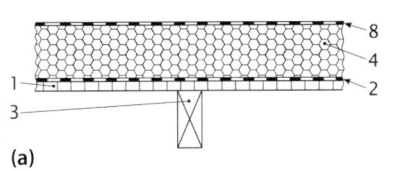

1 Ein- oder mehrlagige raumseitige Bekleidung oder Beplankung
2 Dampfbremsschicht nach DIN 4108-3
3 technisch getrocknetes Holzprodukt ($u \leq 15\,\%$)
4 Dämmstoff, dessen Verwendung nach DIN 4108-10 für diesen Anwendungsfall zulässig ist
8 Dachabdichtung ggf. mit Kiesschüttung oder Begrünung

1 Ein- oder mehrlagige raumseitige Bekleidung oder Beplankung
2 Mineralischer Faserdämmstoff nach DIN EN 13162, Holzfaserdämmstoff nach DIN EN 13171 oder Dämmstoff, dessen Verwendbarkeit für diesen Anwendungsfall durch einen bauaufsichtlichen Verwendbarkeitsnachweis nachgewiesen ist, maximal 20 % des Wärmedurchlasswiderstandes der gesamten Wärmedämmung.
3 Trockenes Holzprodukt ($u \leq 20\,\%$)
4 Hohlraum
5 Schalung aus technisch getrocknetem Holz oder Holzwerkstoffen
6 Dampfbremsschicht nach DIN 4108-3
7 Dämmstoff, dessen Verwendung nach DIN 4108-10 für diesen Anwendungsfall zulässig ist
8 Dachabdichtung ggf. mit Kiesschüttung oder Begrünung

Abb. 4.8 Flachdachkonstruktionen nach DIN 68800-2: (a) ohne raumseitige Bekleidung; (b) mit raumseitiger Bekleidung.

Hinsichtlich des baukonstruktiven und bauphysikalischen Aufbaus können drei Konstruktionsarten unterschieden werden.

Beim *Flachdach ohne raumseitige Bekleidung* (Abb. 4.8a) liegt die Dämmung vollständig oberhalb der Tragkonstruktion. Dies ist die sicherste Lösung. Das Holztragwerk befindet sich vollständig im Innenklima, ist belüftet und kontrollierbar.

Wenn das *Flachdach mit raumseitiger Bekleidung* (Abb. 4.8b) ausgeführt wird, dann darf die zwischen den Balken angeordnete Wärmedämmung mit maximal 20 % zum gesamten Wärmedurchgangswiderstand des Daches beitragen. Als

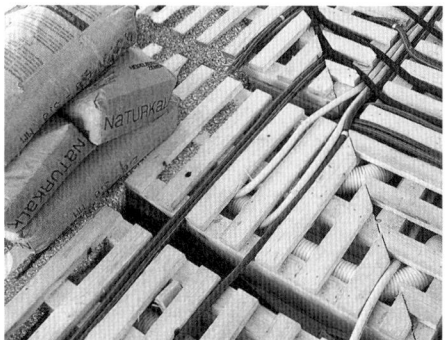

Abb. 4.9 Installationsführung in der Decke.

Dämmstoffe zwischen den Sparren dürfen nur diffusionsoffene mineralische Faserdämmstoffe und Holzfaserdämmstoffe verwendet werden.

Dies gilt auch dann, wenn ein *voll gedämmtes, nicht belüftetes Flachdach* ausgeführt werden soll. Dies ist die Variante mit der geringsten Konstruktionshöhe. Um bei dieser Konstruktion auszuschließen, dass sich zwischen Dampfbremse und Abdichtung Feuchte sammelt, die zu einer von außen nicht erkennbaren Schädigung des Holzes führen könnte, sind einige zusätzliche Regeln zu beachten: Die Dampfbremse ist als feuchtvariable diffusionshemmende Schicht auszuführen, die ein Rücktrocknen der Konstruktion zum Innenraum hin zulässt. Für die Tragkonstruktion sind technisch getrocknete Holzprodukte ($u \leq 15\,\%$) zu verwenden. Auf die Oberseite des Daches muss eine dunkle Abdichtung oder eine Metallbekleidung aufgebracht werden und die Dachfläche muss dauerhaft verschattungsfrei sein. Damit soll sichergestellt werden, dass das Dach im Sommerhalbjahr genügend aufgeheizt wird und die im Winter möglicherweise in die Konstruktionen diffundierte Feuchtigkeit wieder austrocknet. Ob es in der Baupraxis immer gelingt, diese Anforderung sicher zu erfüllen, wird in der Fachwelt kontrovers diskutiert.

4.1.3 Decken

Grundlegende Anforderungen für Decken ergeben sich aus dem Abtrag der vertikalen Lasten und der aussteifenden Funktion der Deckenscheibe. In diesem Zusammenhang sind sehr oft die Gebrauchstauglichkeit und hier insbesondere das Schwingungsverhalten maßgebend. Darüber hinaus hat die Decke als trennendes Bauteil zwischen unterschiedlichen Nutzungseinheiten Schallschutzanforderungen zu erfüllen. Sehr häufig werden innerhalb der Deckenkonstruktion Installationsleitungen eingebaut (siehe Abb. 4.9). Die Unterseite der Decke kann Schall und Licht reflektieren oder absorbieren (siehe Abb. 4.10). Massive Teile einer Deckenkonstruktion können mit ihrem Speicherpotenzial zur Klimatisierung von Räumen beitragen. Alles in allem ergibt sich ein breites Spektrum unterschiedlicher Entwurfskriterien.

Sowohl für den Schutz gegenüber Luftschall als auch gegenüber Trittschall sind Mindestanforderungen zu erfüllen. Diese richten sich im Wesentlichen danach,

4.1 Dach-, Decken- und Wandkonstruktionen | 103

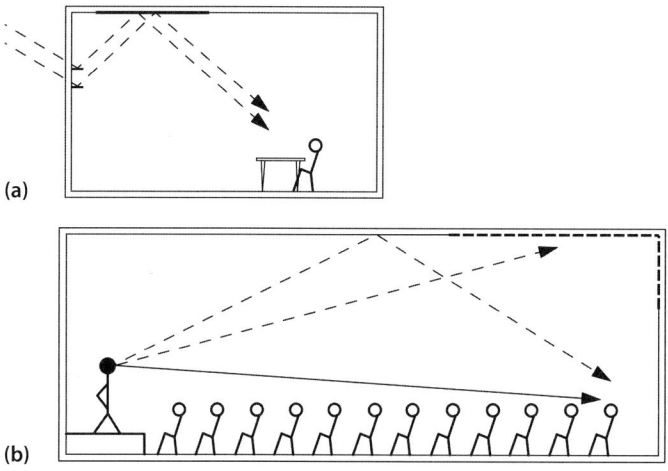

Abb. 4.10 Unterdecke als Reflexionsebene – Tageslicht (a) und Schall (b).

ob die Decke zwei Räume einer Nutzungseinheit (Geschossdecke im Einfamilienhaus) oder zwei Räumen unterschiedlicher Nutzungseinheiten (zwei Wohnungen eines Mehrfamilienhauses) trennt.

Bei leichten Bauteilen kann ein ausreichender Schallschutz nur dann errichtet werden, wenn zusätzlich ausreichend Masse aufgebracht wird und mehrere akustisch entkoppelte Ebenen vorhanden sind. Bei leichten Holzdecken kann die Masse durch Betonplatten, eine Sandschüttung, einen mineralischen Estrich oder eine statisch mitwirkende Betonschicht erhöht werden. Zusätzlich zum schwimmenden Estrich und zur Tragkonstruktion kann eine über Federbügel entkoppelt abgehängte Unterdecke aus Gipskartonplatten als eine dritte Konstruktionsebene eingebaut werden. Abbildung 4.11 zeigt einige Konstruktionsbeispiele, mit denen Schallschutzwerte erreicht werden können, wie sie bei einem Mehrfamilienhaus erforderlich sind.

Die ursprüngliche Form einer Deckenkonstruktion im Holzbau ist die klassische *Holzbalkendecke*. Die vertikalen Lasten werden von Holzwerkstoffplatten oder einem einfachen Bohlenbelag aufgenommen und zu den Deckenbalken weitergeleitet (siehe Abb. 4.12).

Aufgrund der geringen Quersteifigkeit gibt es im Gegensatz zu Stahlbetonplatten keine „mitwirkende Breite". Örtlich erhöhte Einwirkungen sind von den unmittelbar unter dieser Last angeordneten Deckenbalken aufzunehmen. Diese Fälle werden bei Wohn- und Bürogebäuden mit einer auf $q = 2{,}0\,\mathrm{kN/m^2}$ erhöhten Verkehrslast abgedeckt. Wenn die Verbindung zwischen Holzwerkstoffplatte und Balken für die entsprechende Schubbeanspruchung ausgelegt ist, dann kann die günstige Tragwirkung eines Verbundquerschnitts erreicht werden. Dazu ist eine Verklebung oder eine Vernagelung bzw. Verklammerung mit sehr engem Verbindungsmittelabstand erforderlich (Abb. 4.13). Die Bemessung solcher Verbundträger wird im zweiten Band *Ingenieurholzbau – Vertiefung* erläutert.

Brettstapelelemente werden aus stehend nebeneinander angeordneten Brettern oder Bohlen hergestellt. Die einzelnen Lamellen werden miteinander vernagelt

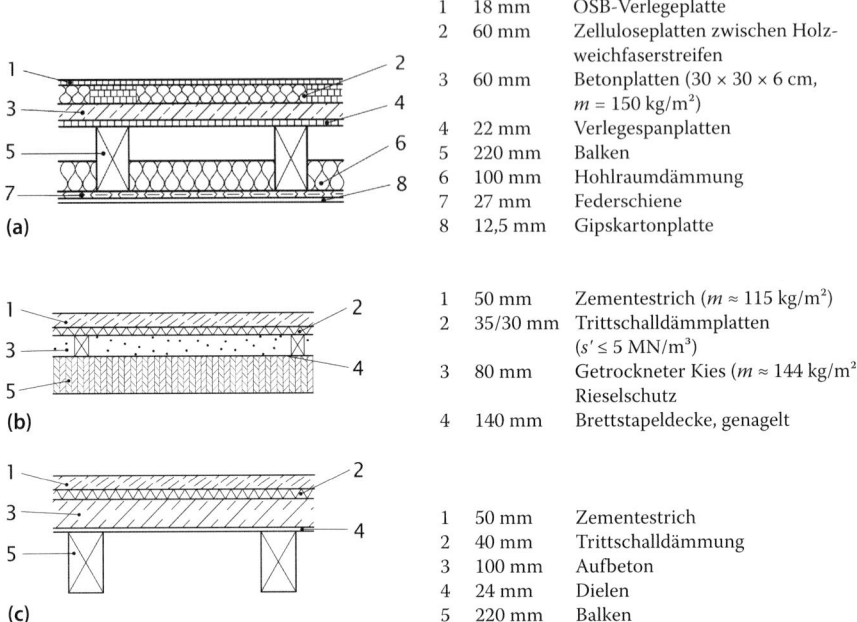

Abb. 4.11 Beispiel für Deckenaufbauten mit vergleichbarem Schallschutz: (a) Holzbalkendecke; (b) Brettstapeldecke; (c) Holz-Beton-Verbund.

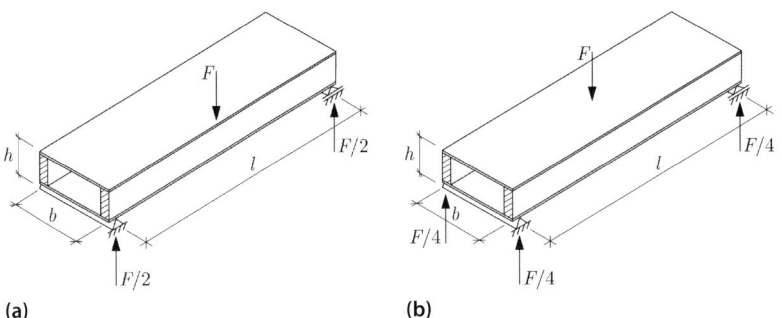

Abb. 4.12 Holzbalkendecke mit eingeschränkter Querverteilung von Lasten.

oder durch Hartholzdübel gefügt. Die einzelnen Balken oder Bohlen können kürzer sein als die Deckenspannweite. In diesem Fall ist die Übertragung der Schnittkräfte im Stoßbereich über die Verbindungsmittel nachzuweisen. Aufgrund der Vernagelung oder Verdübelung der Lamellen untereinander kann von einer ausreichenden Querverteilung von Einzellasten ausgegangen werden. Mit einer Beplankung kann auch eine Scheibentragwirkung erreicht werden. Abbildung 4.14 zeigt den typischen Aufbau von Brettstapelelementen. Brettstapelelemente werden in Dicken von 100 bis 240 mm und mit Längen von bis zu 17 m hergestellt.

Eine gefaste Ausführung der Lamellen lässt in der Deckenuntersicht die unvermeidlichen Fugenöffnungen infolge des Schwindens weniger störend erscheinen. Mit verschwenkten oder profilierten Lamellen kann eine gewisse akustisch wirk-

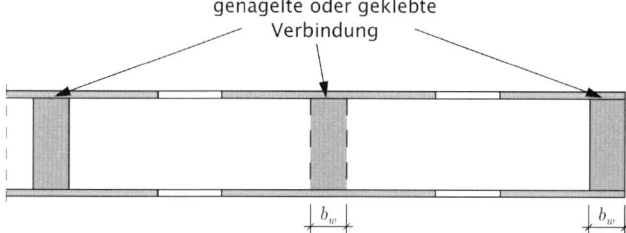

Abb. 4.13 Holzbalkendecke mit schubfest angeschlossener Beplankung.

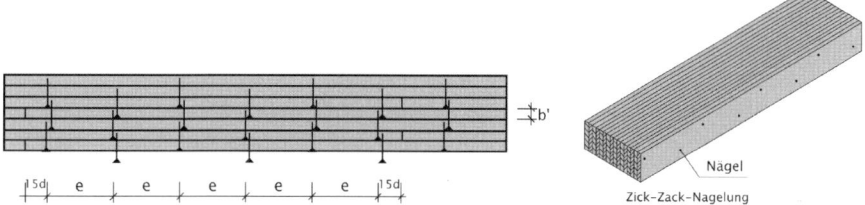

Abb. 4.14 Brettstapelelement.

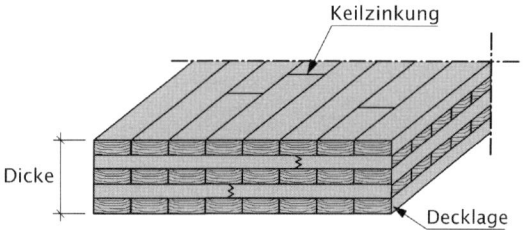

Abb. 4.15 Aufbau von Brettsperrholzelementen.

same Absorption erreicht werden. Stoßbereiche der einzelnen Elemente sind so auszuführen, dass Kräfte aus der Scheibenwirkung der Decke übertragen werden und unterschiedliche Durchbiegungen benachbarter Elemente vermieden werden.

Brettsperrholzelemente, die für Decken eingesetzt werden, sind in der Lage, die Einwirkungen zweiachsig abzutragen. Damit ist auch eine „Punktstützung" möglich. Bei den üblichen symmetrischen Aufbauten gibt es eine starke Achse – in Faserrichtung der Decklagen – und eine schwache Achse senkrecht zur starken (vgl. Abb. 4.15).

Brettsperrholzelemente wirken als Verbundquerschnitt, bei dem die einzelnen in eine Richtung angeordneten Ebenen über Zwischenschichten verbunden sind. Die Zwischenschichten werden durch Rollschub beansprucht. Diese Verbundwirkung ist sowohl beim Nachweis der Tragsicherheit als auch bei der Ermittlung der Durchbiegungen zu berücksichtigen. Diese Zusammenhänge werden im zweiten Band *Ingenieurholzbau – Vertiefung* umfassend behandelt. Für eine überschlägige Ermittlung erforderliche Querschnittsabmessungen werden von den Herstellern vereinfachte Bemessungstabellen angeboten.

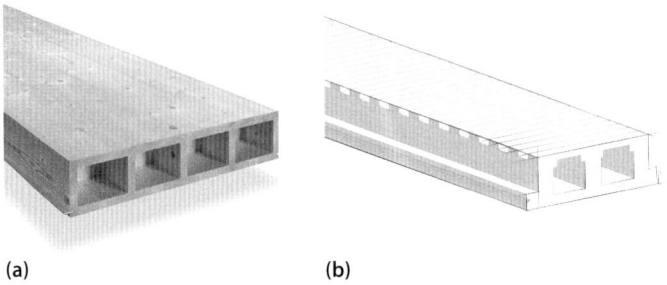

(a)   (b)

Abb. 4.16 Hohlkastenelement-Typ: (a) Lignatur; (b) Lignotrend.

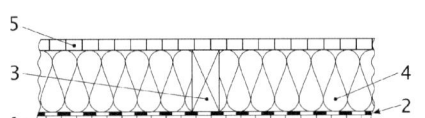

1. Unterseitige Bekleidung ohne oder mit Lattung oder Beplankung
2. Dampfbremsschicht, wenn erforderlich
3. Trockenes Holzprodukt
4. Mineralischer Faserdämmstoff nach DIN EN 13162, Holzfaserdämmstoff nach DIN EN 13171 oder Dämmstoff, dessen Verwendbarkeit für diesen Anwendungsfall durch einen bauaufsichtlichen Verwendbarkeitsnachweis nachgewiesen ist
5. Obere Schalung oder Beplankung

Abb. 4.17 Decke unter nicht ausgebauten Dachräumen nach DIN 68800-2.

Auf entsprechende Tabellen kann man auch zurückgreifen, wenn man bei großen Deckenspannweiten Kastenelemente verwenden möchte (siehe Abb. 4.16). Bei diesen Elementen werden die Stege mit den Gurten verklebt. Dadurch wird ein sehr effektiver Hohlkastenquerschnitt hergestellt. Der Hohlraum innerhalb des Kastens kann für Installationen genutzt oder mit Dämmung oder akustisch wirksamen Materialien gefüllt werden.

Einen Sonderfall in bauphysikalischer und baukonstruktiver Hinsicht stellt die Decke unter einem nicht ausgebauten Dachraum dar. Hier ist der konstruktive Aufbau so zu konzipieren, dass eine ausreichende Dämmwirkung erreicht und ein zu großer Feuchteeintrag vermieden wird. Abbildung 4.17 zeigt ein entsprechendes Ausführungsbeispiel.

Die Feuerwiderstandsdauer von Deckenkonstruktionen wird in Kap. 6 behandelt.

4.1.4 Wände

Bei den konstruktiven Anforderungen an Wände ist grundsätzlich zwischen Innen- und Außenwänden zu unterscheiden.

Bei Außenwänden steht die Wärmedämmung sowie der Witterungs- und Feuchteschutz im Vordergrund. Bei besonders lauter Umgebung können zusätzliche Maßnahmen für den Schallschutz erforderlich werden. Bei Innenwänden spielen Schallschutz und Robustheit eine wichtige Rolle.

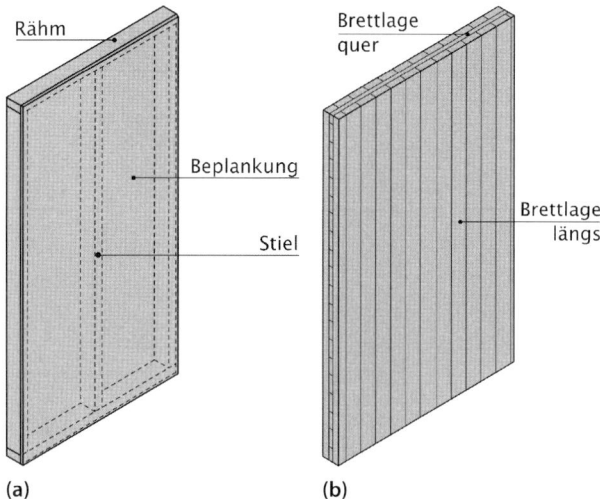

Abb. 4.18 Aufbau: (a) Holztafelelement; (b) Brettsperrholzelement.

Bei der Holztafelbauweise, die im 19. Jahrhundert in Nordamerika entwickelt wurde und die in Abschn. 4.4 näher erläutert wird, werden die vertikalen Lasten von vertikalen Stielen abgetragen. Diese haben üblicherweise einen Abstand untereinander, der der halben Breite der Holzwerkstoffplatte entspricht, die auf die Stiele und die horizontalen Rahmenhölzer genagelt oder geklammert wird (siehe Abb. 4.18). Dieses Zusammenwirken von Unterkonstruktion und Beplankung ermöglicht es, auch horizontale Lasten in der Wandebene abzutragen. Der Zwischenraum zwischen den Stielen steht für die Wärmedämmung zur Verfügung. Eine zusätzliche Dämmebene kann innen oder außen vorgesehen werden. Eine Anordnung der Dämmebene auf der Innenseite hat den Vorteil, dass dort die erforderlichen Installationen untergebracht werden können, ohne das bauphysikalisch und statisch-konstruktiv wirksame Holztafelelement anzugreifen.

Der Witterungsschutz auf der Außenseite kann durch eine hinterlüftete Konstruktion oder durch ein Wärmedämmverbundsystem erreicht werden (siehe Abb. 4.19). Auf der Innenseite der Wand ist eine ausreichend diffusionshemmende und vor allem luftdichte Schicht erforderlich, die verhindert, dass Feuchte aus dem Innenraum in einem unzuträglichen Maß in die Konstruktion gelangt. Dazu wird eine diffusionshemmende Folie aufgebracht, die an allen Stößen und Anschlüssen sorgfältig verklebt ist. Wenn ein entsprechender rechnerischer Nachweis geführt wird, so kann die Luftdichtigkeit auch durch die auf der Innenseite aufgebrachte Beplankung erreicht werden, sofern die Plattenstöße mit einem Klebeband abgedichtet werden. Beim weiteren Bauablauf ist sorgfältig darauf zu achten, dass die luftdichte Ebene nicht durch Installationen oder andere Montagearbeiten verletzt wird.

Außenwände aus Brettsperrholzelementen werden nach dem aus dem Massivbau bekannten Prinzip des mehrschaligen Aufbaus konzipiert. Die Wärmedämmung wird auf der Außenseite der massiven Holzelemente angeordnet. Als Wit-

1. Bekleidung oder Beplankung, luftdicht ausgebildet
2. Dampfbremsschicht $s_d \geq 2$ m in Verbindung mit Schicht 1
3. Trockenes Holzprodukt
4. Mineralischer Faserdämmstoff nach DIN EN 13162, Holzfaserdämmplatten nach DIN EN 13171 oder Dämmstoff, dessen Verwendbarkeit für diesen Anwendungsfall durch einen bauaufsichtlichen Verwendbarkeitsnachweis nachgewiesen ist
5. Äußere Bekleidung oder Beplankung $s_d \geq 0{,}3$ m oder Holzfaserdämmplatte nach DIN EN 13171
6. Belüfteter oder hinterlüfteter Hohlraum mit einer Dicke ≥ 2 cm
7. Dauerhaft wirksamer Wetterschutz, Bekleidung auf lotrechter Lattung (Lattung kann GK 0 zugeordnet werden)
8. Installationsebene mit oder ohne Dämmschicht
9. Ein- oder mehrlagige raumseitige Bekleidung

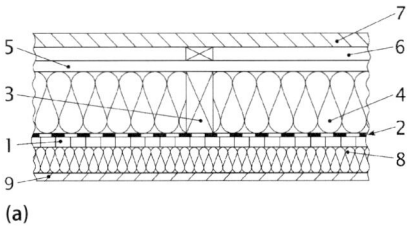

(a)

1. Ein- oder mehrlagige raumseitige Bekleidung oder Beplankung
2. Dampfbremsschicht $s_d \geq 2$ m in Verbindung mit Schicht 1
3. Trockenes Holzprodukt
4. Mineralischer Faserdämmstoff nach DIN EN 13162. Holzfaserdämmplatten nach DIN EN 13171 oder Dämmstoff, dessen Verwendbarkeit für diesen Anwendungsfall durch einen bauaufsichtliche Verwendbarkeitsnachweis nachgewiesen ist
7. Wärmedämmverbundsystem mit Holzfaserdämmplatten, bauaufsichtlicher Verwendbarkeitsnachweis erforderlich

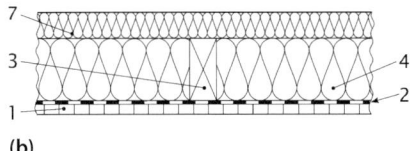

(b)

1. Wandkonstruktion variabel (Holztafelbau, Holzskelettbau, Massivholzbau etc.)
2. Vorgehängte belüftete oder hinterlüftete Fassade
3. Abdichtung nach DIN 18195-4
4. Perimeterdämmung mit Sockelputz
5. Untermörtelung
6. Holzschwelle (Gebrauchsklasse GK 0)
7. Fassade
8. Kleintierschutz
9. Luftraum
10. Fugenabdichtung, z. B. Fugendichtband
11. Unterkante Schwelle im Endzustand ≥ 15 cm über GOK
12. Gelände-Oberkante (GOK)
13. Kiesbett
14. Bodenplatte
15. Fundament
16. Luftdichter Anschluss Wand-Betonbauteil (Bodenplatte/Keller)
17. Oberkante fertiger Fußboden (OFF)

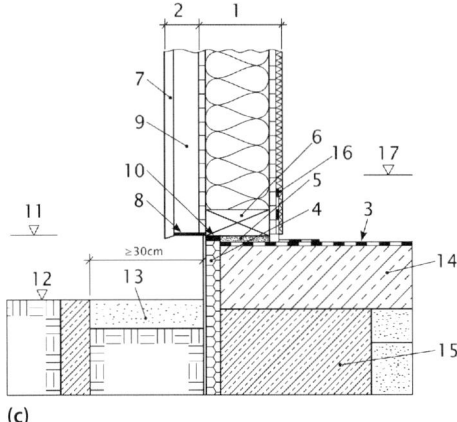

(c)

Abb. 4.19 Wandaufbau Holztafelelement: (a) hinterlüftete Fassade; (b) Wärmedämmverbundsystem nach DIN 68800; (c) Sockeldetail.

4.1 Dach-, Decken- und Wandkonstruktionen

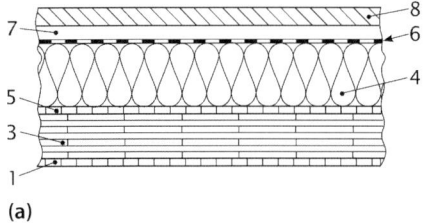

1 Ein- oder mehrlagige raumseitige Bekleidung oder Beplankung, soweit erforderlich
3 Trockenes Massivholzprodukt, z. B. Brettsperrholz
4 Mineralischer Faserdämmstoff nach DIN EN 13171 oder Dämmstoff, dessen Verwendbarkeit für diesen Anwendungsfall durch einen bauaufsichtlichen Verwendbarkeitsnachweiß nachgewiesen ist
5 Äußere Beplankung soweit aus statischen Gründen erforderlich
6 Wasserableitende Schicht mit $s_d \leq 0{,}3$ m
7 Nicht belüfteter Hohlraum
8 Dauerhaft wirksamer Wetterschutz durch kleinformatige Fassadenbauteile (z. B. Brettschalung, Schindeln, Schiefer) aus Lattung (Lattung kann GK 0 zugeordnet werden)

(a)

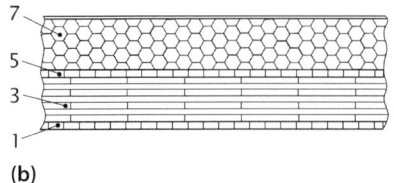

1 Ein- oder mehrlagige raumseitige Bekleidung oder Beplankung
3 Trockenes Massivholzprodukt, z. B. Brettsperrholz
5 Äußere Beplankung soweit aus statischen Gründen erforderlich
7 Wärmedämmverbundsystem mit Hartschaumplatten, Mineralfaserplatten oder Holzfaserdämmplatten, bauaufsichtlicher Verwendbarkeitsnachweiß erforderlich

(b)

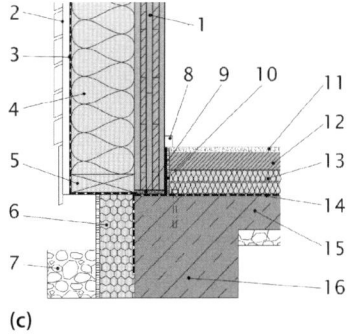

1 Brettsperrholzelement
2 Holzfassade
3 Dampfbremse
4 Außendämmung
5 Holzschwelle
6 Perimeterdämmung mit Sockelschutz
7 Kiesbett
8 Abschlussleiste
9 Untermörtelung
10 Trennlage
11 Fußbodenbelag
12 Zementestrich
13 Dämmung
14 Abdichtung nach DIN 18195-4
15 Bodenplatte
16 Fundament

(c)

Abb. 4.20 Wandaufbau Brettsperrholz: (a) mit vorgehängter Fassade; (b) mit Wärmedämmverbundsystem; (c) Sockeldetail nach DIN 68800.

terungsschutz kann eine vorgehängte Konstruktion oder eine verputzte Oberfläche gewählt werden (siehe Abb. 4.20).

Die einzelnen Hersteller garantieren die Luftdichtigkeit ihrer Elemente ab einer gewissen Anzahl der Brettlagen. Besondere Sorgfalt erfordern die Elementstöße und die Auflagenbereiche. Dort kann die Luftdichtigkeit mit angeklebten Folien oder mit eingelegten Dichtbändern erreicht werden.

Bei Innenwänden steht neben der Tragfunktion immer der Schallschutz im Vordergrund. Die konkreten Anforderungen an den Schallschutz hängen davon

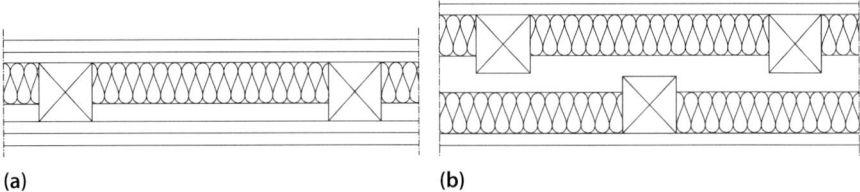

Abb. 4.21 Wandkonstruktion: (a) doppelt beplankt; (b) zweischalig.

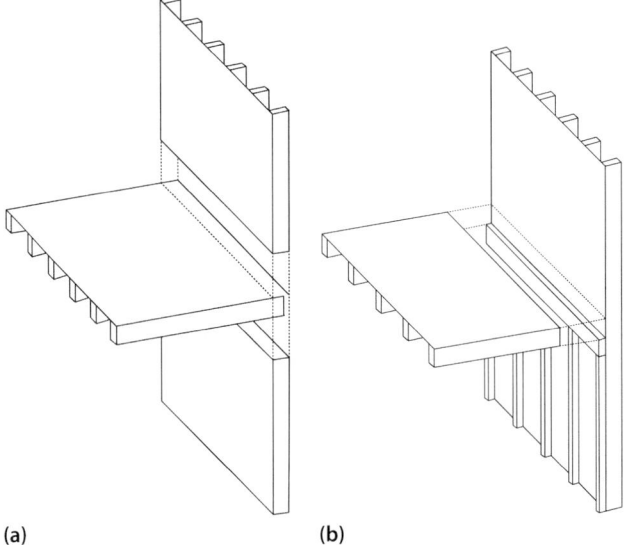

Abb. 4.22 Anschluss Wand – Decke: (a) „platform-framing"; (b) „balloon-framing".

ab, ob die benachbarten Räume zu einer oder zu unterschiedlichen Nutzungseinheiten gehören. Einen verbesserten Schallschutz im Holzbau erreicht man durch mehr Masse und mit dem Prinzip der Mehrschaligkeit (siehe Abb. 4.21).

Eine erhöhte Masse ergibt sich durch eine doppelte Beplankung mit Gipskarton oder Gipsfaserplatten. Das Prinzip der Mehrschaligkeit wendet man an, indem zwei getrennte Wandkonstruktionen vorgesehen werden. Diese Möglichkeiten werden sowohl bei der Holztafelbauweise als auch bei der Massivbauweise angewandt.

Bei der Bewertung unterschiedlicher Konstruktionsvarianten hinsichtlich des Schallschutz ist immer die Flankenübertragung über die Decken zu berücksichtigen und ggf. durch weitere konstruktive Maßnahmen zu begrenzen.

In Europa werden Wandelemente immer in möglichst großen Einheiten vorgefertigt, um die Montagezeiten vor Ort kurz zu halten. Die maximale Größe der Elemente wird durch den Transport vorgegeben. In der Regel werden die Wandelemente geschossweise hergestellt. Das entspricht dem sogenannten platform-framing. Eine Alternative ist das „balloon-framing", bei dem die Wandelemente über zwei oder drei Geschosse durchlaufen (siehe Abb. 4.22) mit entsprechenden Anschlussdetails für die Decken.

Der Vorfertigungsgrad im Holzbau kann nochmals erhöht werden, wenn – mit der Modulbauweise – ganze Raumzellen vorgefertigt und auf der Baustelle montiert werden.

4.2 Brettschichtholzträger

Brettschichtholz wird aus einzelnen Brettlamellen hergestellt, die in einem Pressbett miteinander verklebt werden. Dieses Verfahren ermöglicht es, auf vergleichsweise einfache Art und Weise Träger herzustellen, mit einer über die Länge des Trägers veränderlichen Querschnittform:

- Bei Pultdach- und Satteldachträgern (siehe Abb. 4.23a und b) werden ab einer gewissen Höhe immer kürzere Brettlamellen aufgeklebt. Anschließend wird durch Nachschneiden und Hobeln eine gerade Kante erzeugt.
- Da sich die einzelnen Brettlamellen vor dem Verkleben leicht biegen lassen, ist für die Herstellung gekrümmter Träger (siehe Abb. 4.23c) nur ein Pressbett erforderlich, das die Brettlamellen in der erforderlichen Form hält, bis der Klebstoff ausgehärtet ist. Wenn die Bedingung

$$t \leq \frac{r_{in}}{240} \tag{4.1}$$

mit
t Dicke des Einbauteils (Lamelle)
r_{in} innerster Radius des Trägers
eingehalten ist, dann kann davon ausgegangen werden, dass die Biegespannungen, die in den Brettlamellen durch die Vorkrümmung bei der Herstellung entstehen, durch das Kriechen wieder abgebaut werden und somit beim Nachweis des Trägers im GZT vernachlässigt werden können. Bauteile mit einer Überhöhung bis zu $l/100$ werden wie gerade Bauteile betrachtet.
- Eine Kombination der Herstellungsverfahren für gekrümmte Träger und Satteldachträger führt zum Satteldachträger mit gekrümmtem Untergurt (siehe Abb. 4.23d). Da bei dieser Trägerform hohe Querzugspannungen im First entstehen (siehe Abschn. 4.2.2), wird oft ein Firstdreieck auf einem gekrümmten Träger ohne schubsteife Verbindung aufgesetzt.

Bei allen vier Trägerformen entstehen durch nicht parallele bzw. gekrümmte Ränder Spannungen bzw. Spannungsverläufe, die von der Situation beim geraden Träger mit konstantem Querschnitt abweichen. Diese Besonderheiten werden für Pultdach- und Satteldachträger in den folgenden Abschnitten, für gekrümmte Träger im zweiten Band *Ingenieurholzbau – Vertiefung* behandelt.

4.2.1 Pultdachträger

Bei Trägern mit veränderlichem Querschnitt ist die Stelle des maximalen Biegemoments nicht identisch mit der Stelle der maximalen Spannung. Wenn sich Biegemoment $M(x)$ und Widerstandsmoment $W(x)$ über die Länge des Trägers durch eine Funktion in Abhängigkeit von x definieren lassen, dann erhält man

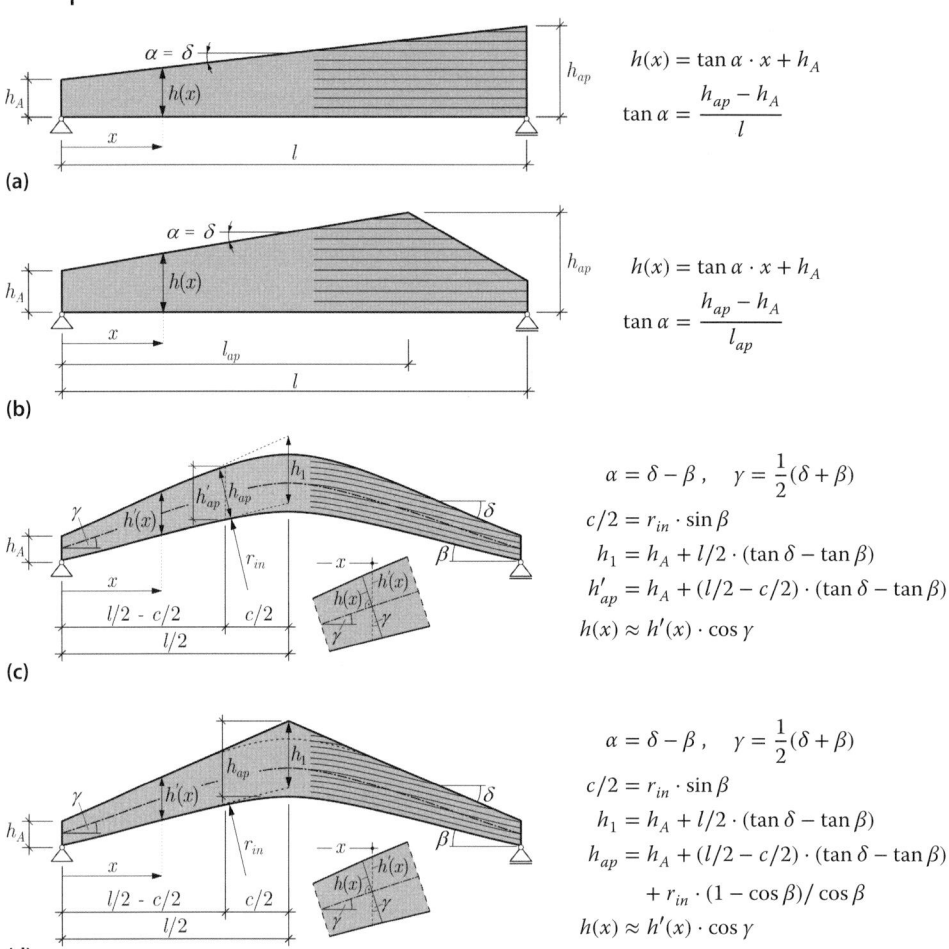

Abb. 4.23 Trägerformen: (a) Pultdachträger; (b) Satteldachträger; (c) gekrümmter Träger; (d) Satteldachträger mit gekrümmtem Untergurt.

die Spannung mit

$$\sigma_m(x) = \frac{M(x)}{W(x)} \tag{4.2}$$

und der Ort der maximalen Spannung lässt sich als Lösung der Extremwertaufgabe mit

$$\frac{\partial \sigma_m}{\partial x} = 0 \tag{4.3}$$

ermitteln. Beispielhaft sei das für einen in Abb. 4.24 dargestellten Pultdachträger mit beliebigen Abmessungen gezeigt.

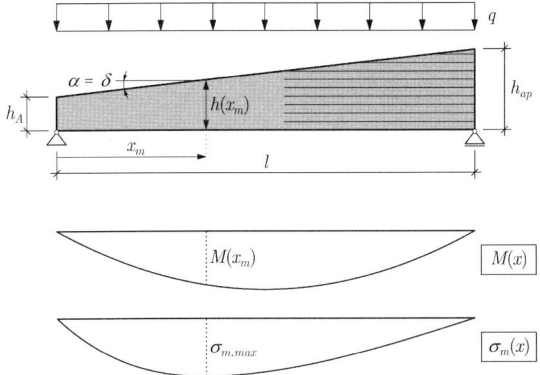

Abb. 4.24 Pultdachträger – Stelle der maximalen Biegespannungen.

Die Funktionen für das Widerstandsmoment und das Biegemoment sind in den Gln. (4.4) und (4.5) angegeben.

$$W(x) = \frac{[h(x)]^2 \cdot b}{6} \quad \text{mit} \quad h(x) = h_A + \frac{h_{ap} - h_A}{l} \cdot x \tag{4.4}$$

$$M(x) = \frac{1}{2}q(l \cdot x - x^2) \tag{4.5}$$

Daraus ergibt sich die maximale Biegespannung in Abhängigkeit von x:

$$\sigma_m(x) = \frac{M(x)}{W(x)} = \frac{3q(l \cdot x - x^2)}{b \left[\frac{h_{ap}-h_A}{l} \cdot x + h_A\right]^2} \tag{4.6}$$

Die Ableitung der Spannungsfunktion σ_m mithilfe der Quotientenregel liefert

$$\frac{\partial \sigma_m}{\partial x} = \frac{3q}{b}\left[-l^3 \cdot \frac{h_{ap} \cdot x + h_A \cdot x - h_A \cdot l}{(h_{ap} \cdot x - h_A \cdot x + h_A \cdot l)^3}\right] \tag{4.7}$$

Die Bedingung aus Gl. (4.3) ist erfüllt, wenn der Zähler des Klammerausdrucks in Gl. (4.7) Null wird.

$$\underbrace{(h_{ap} + h_A)x}_{h_{ap} \cdot x + h_A \cdot x} - h_A \cdot l = 0 \quad \rightarrow \quad x_m = \frac{h_A \cdot l}{h_{ap} + h_A} = \frac{l}{h_{ap}/h_A + 1} \tag{4.8}$$

Durch Einsetzen von x_m in die Funktion für die Trägerhöhe $h(x)$ erhält man die Querschnittshöhe an der Stelle der maximalen Spannung.

$$h(x_m) = \frac{h_{ap} - h_A}{l} \cdot \frac{l}{h_{ap}/h_A + 1} + h_A = \frac{2 \cdot h_A \cdot h_{ap}}{h_{ap} + h_A} \tag{4.9}$$

Träger mit nicht parallelen Rändern weisen zwei Besonderheiten bei der Spannungsverteilung über die Querschnitthöhe auf: Zum einen sind die Verläufe

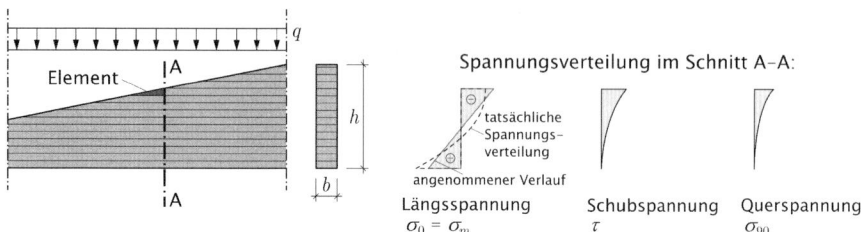

Abb. 4.25 Spannungsverteilung bei Trägern mit linear veränderlicher Querschnitthöhe.

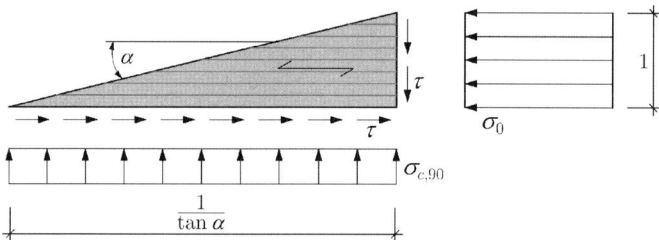

Abb. 4.26 Spannungen τ und σ_{90} am angeschnittenen Rand aus Gleichgewichtsbedingungen.

der Biegespannung und der Schubspannung nicht wie gewohnt linear bzw. parabelförmig, zum anderen entstehen Querspannungen, die – je nachdem, ob der druck- oder der zugbeanspruchte Rand angeschnitten ist – als Querdruck- oder Querzugspannungen auftreten. Abbildung 4.25 zeigt die Spannungsverläufe über die Querschnitthöhe und Abb. 4.26 veranschaulicht die Situation am angeschnittenen Rand. Die Spannungen τ und σ_{90} folgen aus den Gleichgewichtsbedingungen entsprechend den Gln. (4.10) und (4.11).

$$\sum H = 0: \quad \to \sigma_0 \cdot 1 \cdot b - \tau \cdot \frac{1}{\tan \alpha} \cdot b = 0 \tag{4.10}$$
$$\to \tau = \sigma_0 \cdot \tan \alpha$$

$$\sum V = 0: \quad \to \sigma_{90} \cdot \frac{1}{\tan \alpha} \cdot b - \tau \cdot 1 \cdot b = 0 \tag{4.11}$$
$$\to \sigma_{90} = \tau \cdot \tan \alpha = \sigma_0 \cdot \tan^2 \alpha$$

Die Abweichung der Biegespannungen vom linearen Verlauf bei der Bemessung darf vernachlässigt werden und es gilt

$$\sigma_{m,\alpha,d} = \sigma_{m,0,d} = \frac{M_d}{W} \tag{4.12}$$

Dagegen ist die Kombination von maximaler Schubspannung und Biegespannung am angeschnittenen Rand immer zu berücksichtigen. Dies erfolgt vereinfacht durch eine Abminderung des Bemessungswertes der Biegespannung mit

$$\sigma_{m,\alpha,d} \leq k_{m,\alpha} \cdot f_{m,d} \tag{4.13}$$

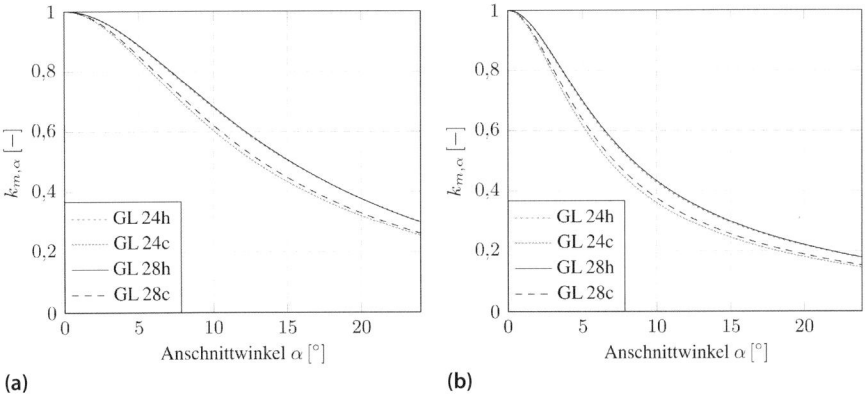

Abb. 4.27 Beiwerte $k_{m,\alpha}$ für unterschiedliche Festigkeitsklassen: (a) angeschnittener Rand druckbeansprucht; (b) angeschnittener Rand zugbeansprucht.

Für den druckbeanspruchten angeschnittenen Rand gilt:

$$k_{m,\alpha} = \frac{1}{\sqrt{1 + \left(\frac{f_{m,d}}{1{,}5 \cdot f_{v,d}} \cdot \tan \alpha\right)^2 + \left(\frac{f_{m,d}}{f_{c,90,d}} \cdot \tan^2 \alpha\right)^2}} \qquad (4.14)$$

Für den zugbeanspruchten angeschnittenen Rand gilt:

$$k_{m,\alpha} = \frac{1}{\sqrt{1 + \left(\frac{f_{m,d}}{0{,}75 \cdot f_{v,d}} \cdot \tan \alpha\right)^2 + \left(\frac{f_{m,d}}{f_{t,90,d}} \cdot \tan^2 \alpha\right)^2}} \qquad (4.15)$$

Abbildung 4.27 zeigt eine grafische Auswertung der beiden Gleichungen für $k_{m,\alpha}$.

Die Anwendung dieser Gleichungen ist eingeschränkt auf den Faseranschnittwinkel $\alpha \leq 24°$.

4.2.2 Satteldachträger

Für die geneigten Bereiche mit angeschnittener Faser auf den beiden Seiten des Firstes von Satteldachträgern gelten die Zusammenhänge, wie sie für Pultdachträger erläutert wurden. Besondere Aufmerksamkeit ist zusätzlich den Biegespannungen und der Querzugbeanspruchung im Firstbereich zu widmen: Betrachtet man in Analogie zum Pultdachträger das Gleichgewicht an einem Element mit angeschnittenem Rand im Firstbereich, so wird bei einem symmetrischen Träger mit symmetrischer Belastung die Biegespannung am oberen Rand 0, da keine Querkraft vorhanden ist und somit auch keine Schubspannungen auftreten. Dies lässt sich ebenfalls durch die Gleichgewichtsbedingung mit Abb. 4.26 und Gl. (4.10) anschaulich herleiten. Aus $\tau = 0$ folgt $\sigma_0 = 0$. Abbildung 4.28a zeigt den Verlauf der Biegespannung im Firstbereich, wie er sich mit Finite-Elemente-Berechnungen ermitteln lässt.

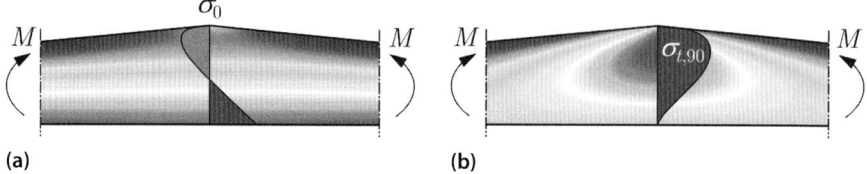

Abb. 4.28 Firstbereich eines Satteldachbinders: (a) Verlauf der Biegespannungen; (b) Verlauf der Querzugspannungen.

Die maßgebenden maximalen Biegespannungen am unteren Rand können mit ausreichender Genauigkeit ermittelt werden zu

$$\sigma_{m,d} = k_l \cdot \frac{M_{ap,d}}{W_{ap,netto}} \quad \text{mit} \quad k_l = 1 + 1{,}4 \cdot \tan\alpha + 5{,}4 \cdot \tan^2\alpha \qquad (4.16)$$

mit

M_{ap} Biegemoment im Firstquerschnitt
$W_{ap,netto}$ Widerstandsmoment im First, ggf. unter Abzug von Fehlflächen durch eingeklebte Verstärkungen

Der Nachweis für die Biegespannungen im First wird dann mit Gl. (4.17) geführt:

$$\sigma_{m,d} \leq f_{m,d} \qquad (4.17)$$

Abbildung 4.28b zeigt die Querzugspannungen im Firstbereich. Diese Querzugspannungen können mit ausreichender Genauigkeit abgeschätzt werden zu

$$\sigma_{t,90,d} = 0{,}2 \cdot \tan\alpha \cdot \frac{M_{ap,d}}{W_{ap,netto}} \qquad (4.18)$$

Beim Nachweis, dass diese Zugbeanspruchung im Firstbereich aufgenommen werden kann, sind mit zwei Beiwerten k_{dis} und k_{vol} zum einen die Spannungsverteilung, zum anderen der sogenannte Volumeneffekt zu berücksichtigen. Diese Nachweise sowie die Verfahren zur Querzugverstärkung werden im zweiten Band *Ingenieurholzbau – Vertiefung* ausführlich behandelt.

Da sich die Querzugspannungen aus der Biegebeanspruchung mit klimabedingten Querzugspannungen überlagern, ist es grundsätzlich empfehlenswert, eine konstruktive Querzugverstärkung vorzusehen.

4.2.3 Gekrümmte Träger und Satteldachträger mit gekrümmtem Untergurt

Die bei Pultdach und Satteldachträgern bereits erläuterten Phänomene – nichtlinearer Verlauf der Biegespannungen und planmäßigen Querzugspannungen – treten auch bei gekrümmten Trägern und bei Satteldachträgern mit gekrümmtem Untergurt auf. Die ausführliche Darstellung dieser Zusammenhänge und die zugehörigen Berechnungsmethoden werden im zweiten Band *Ingenieurholzbau – Vertiefung* behandelt.

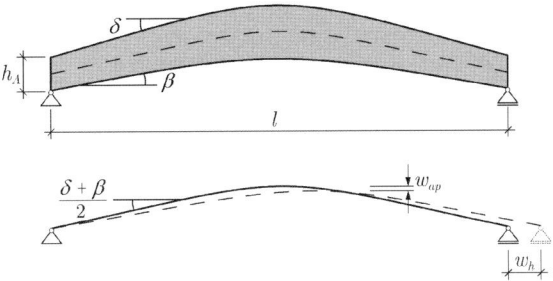

Abb. 4.29 Horizontale Auflageverschiebung bei einem gekrümmten Träger. Berücksichtigung der gekrümmten Querschnittsachse erforderlich, *Achtung:* Horizontalverformung!

Als Besonderheit tritt bei gekrümmten Trägern eine horizontale Auflagerverschiebung unter ausschließlich vertikalen Lasten auf. Diese Verformungen sind bei der Planung konstruktiver Details – insbesondere bei den Fassadenanschlüssen – zu beachten (Abb. 4.29).

Die horizontale Verformung am verschieblichen Auflager lässt sich in Abhängigkeit von der Durchbiegung im First abschätzen.

$$w_H \approx w_{ap} \cdot \left[3{,}2 \cdot \frac{h_A}{l} + \tan\left(\frac{\delta + \beta}{2}\right) \right] \tag{4.19}$$

mit

w_{ap} größte Durchbiegung am First ohne Abzug der Überhöhung

4.3 Aussteifungsregeln und Konstruktionsdetails

4.3.1 Grundlagen

Wind, Anprall und Erdbeben sind die wesentlichen horizontalen Einwirkungen auf Holztragwerke. Darüber hinaus treten überall dort, wo druckbeanspruchte Bauteile (z. B. Stützen und Gurte schlanker Biegeträger) in ihrer Lage gehalten werden, Stabilisierungslasten aus Imperfektionen auf.

Die Lasten aus den horizontalen Einwirkungen und aus der Stabilisierung werden von einem Aussteifungssystem abgetragen. Ein Aussteifungssystem ist immer eine räumliche Tragstruktur. Für den Nachweis der Tragsicherheit werden meist ebene Tragelemente dieses räumlichen Systems einzeln betrachtet. Dabei ist entscheidend, dass der Lastfluss zwischen den einzelnen Tragelementen über die Grundregeln der Mechanik (globales Gleichgewicht und Gleichgewicht an den Teilsystemen) klar definiert ist. Abbildung 4.30 zeigt zwei gleichwertige Aussteifungssysteme, bei denen die erforderlichen Elemente

- mindestens drei vertikale Scheiben, die nicht parallel stehen und nicht durch einen Punkt gehen,
- eine horizontale Scheibe, die die vertikalen Scheiben verbindet,

vorhanden sind.

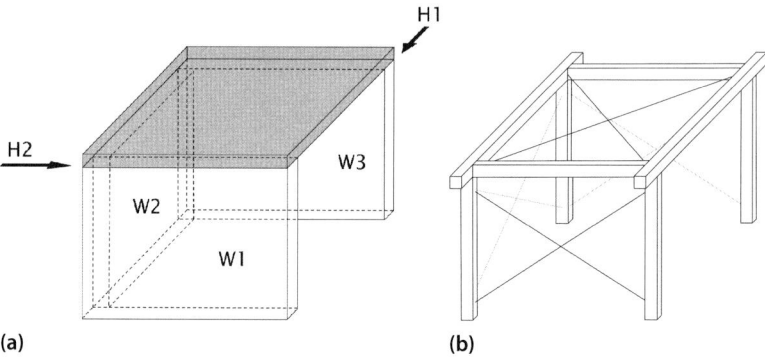

Abb. 4.30 Statisch bestimmtes Aussteifungsprinzip: (a) mit flächigen Scheiben; (b) mit Auskreuzungen.

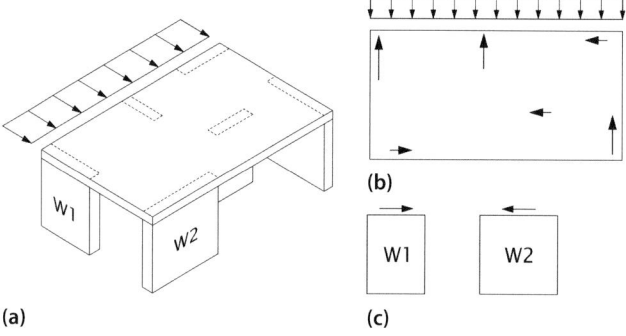

Abb. 4.31 Zusammenwirken von Decken- und Wandscheiben im Geschossbau: (a) Isometrie; (b) Belastung und Auflagerreaktionen der Deckenscheibe; (c) Belastung der Wandscheiben am Wandkopf.

Decken- und Wandelemente von Geschossbauten werden überwiegend als flächige Bauteile (Holztafelelemente, Brettsperrholz) ausgeführt. In der Regel sind im Grundriss mehr als die mindestens erforderlichen drei Wandscheiben vorhanden, damit wird das Aussteifungssystem statisch unbestimmt. Im Abschn. 4.3.5 wird erläutert, wie in diesen Fällen der Anteil der horizontalen Einwirkung auf einzelne Wände ermittelt wird. Die Decke ist so zu konstruieren, dass diese als steife Scheibe die Einwirkungen von der Stelle, wo sie auftreten – das ist meist der Deckenrand (Fassade) –, sicher zu den einzelnen Wänden leitet (Abb. 4.31).

Bei mehrgeschossigen Bauten sind der Lastfluss und das Kräftegleichgewicht über die einzelnen Geschosse hinweg sicherzustellen (siehe Abb. 4.32).

Bei Skelettbauten werden oft statisch bestimmte Fachwerke als Aussteifungselemente verwendet. Bei Hallentragwerken bietet sich dies insbesondere in der Dachebene und in Hallenlängsrichtung an. In Hallenquerrichtung können Tragelemente angeordnet werden, die horizontale und vertikale Lasten abtragen (Rahmen, Bogen).

Eine Aussteifung von Skelettbauten mit eingespannten Stützen ist prinzipiell möglich, allerdings ist hier sehr genau darauf zu achten, dass die auftretenden

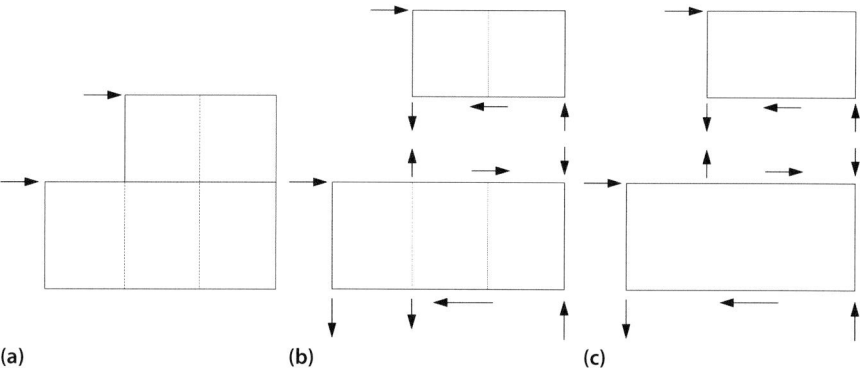

Abb. 4.32 Schematische Darstellung des Lastflusses bei einer zweigeschossigen Wandscheibe: (a) äußere Kräfte; (b) Lastfluss Holztafelelement; (c) Lastfluss Brettsperrholz.

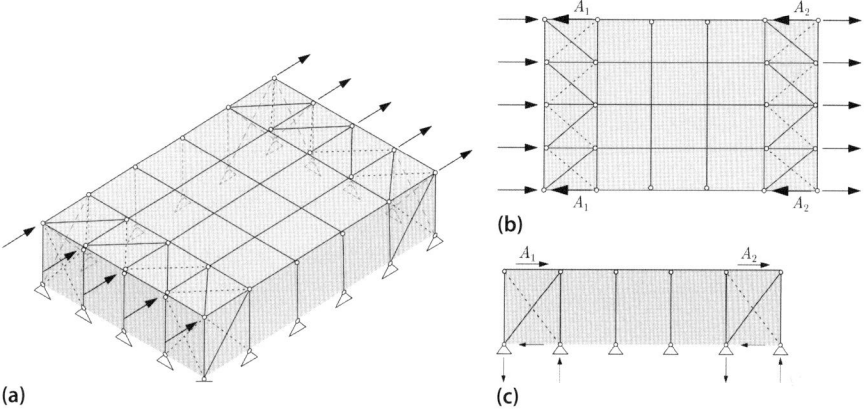

Abb. 4.33 Aussteifung einer Halle mit Fachwerken – Einwirkung in Längsrichtung: (a) Isometrie; (b) Dachscheibe; (c) Längswand.

horizontalen Verformungen am Stützenkopf mit den baukonstruktiven Anforderungen an die Gebäudehülle verträglich sind. Abbildungen 4.33 und 4.34 zeigen, wie das räumliche Aussteifungssystem einer Halle in statisch bestimmte Teilsysteme „zerlegt" werden kann.

4.3.2 Dächer

Flache Dächer und einseitig geneigte Pultdächer können hinsichtlich der Aussteifung wie Deckenscheiben behandelt werden.

Die Ausführungen dieses Abschnitts beziehen sich deshalb auf die Aussteifung von Tragwerken für geneigte Dächer. Wie bei Hallentragwerken, so kann auch hier zwischen Längs- und Querrichtung unterschieden werden. In Querrichtung ergeben sich durch die konstruktiven Randbedingungen statische Systeme, die ohne zusätzliche Maßnahmen in der Lage sind, vertikale und horizontale Lasten abzutragen. Beim Sparrendach (siehe Abb. 4.35a) bildet ein Sparrenpaar ein

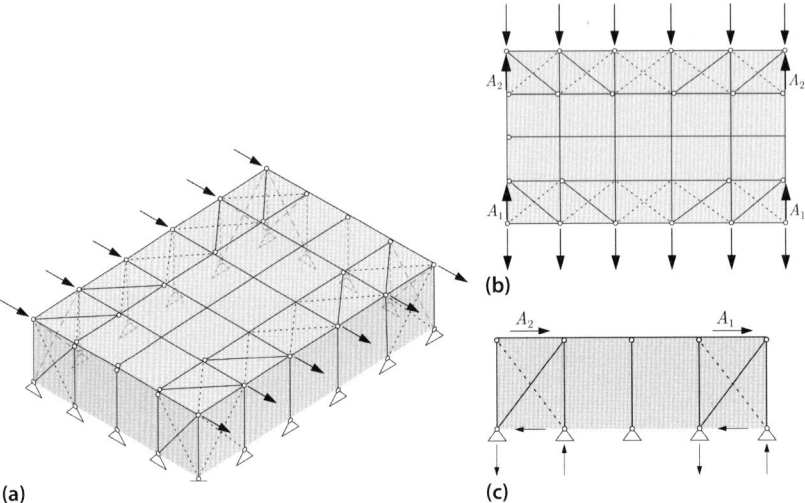

Abb. 4.34 Aussteifung einer Halle mit Fachwerken – Einwirkung in Querrichtung: (a) Isometrie; (b) Dachscheibe; (c) Querwand.

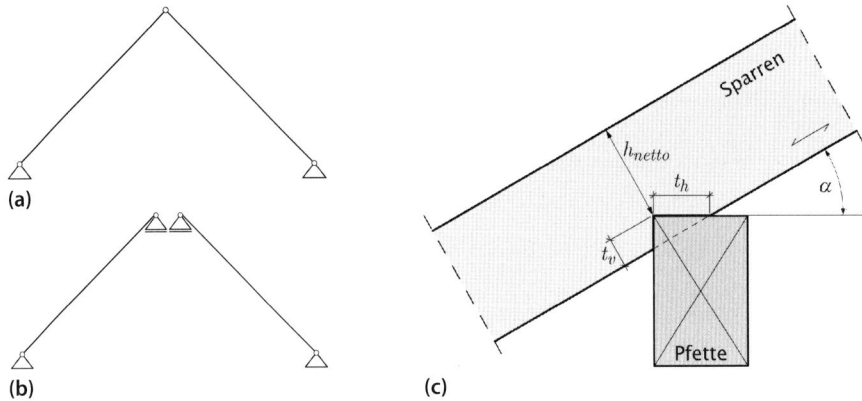

Abb. 4.35 Sparrenpaar: (a) Sparrendach; (b) Pfettendach; (c) Auflager Sparren-Mittelpfette.

Fachwerkdreieck. Beim Pfettendach (siehe Abb. 4.35b) können die beiden Dachhälften getrennt betrachtet werden. Die Sparren müssen nicht kraftschlüssig miteinander verbunden sein. In beiden Fällen sind an den Fußpunkten vertikale und horizontale Kräfte aufzunehmen. Abbildung 4.35c zeigt das Auflager eines Sparrens auf einer Fußpfette bzw. Mittelpfette. Über die Kontaktflächen können vertikale und horizontale Auflagerkräfte durch Kontakt übertragen werden. Eine zusätzliche Lagesicherung kann mit schräg eingedrehten selbstbohrenden Holzschrauben erfolgen.

Einen Sonderfall stellen Sparrendächer dar, die mit den zwischen jedem Sparrenpaar angeordneten Kehlbalken zum Kehlbalkendach ergänzt werden. Hier kann es sinnvoll sein, die horizontalen Verformungen durch eine horizontale Scheibe in der Kehlbalkenebene zu begrenzen. Die Scheibe wirkt für jedes Spar-

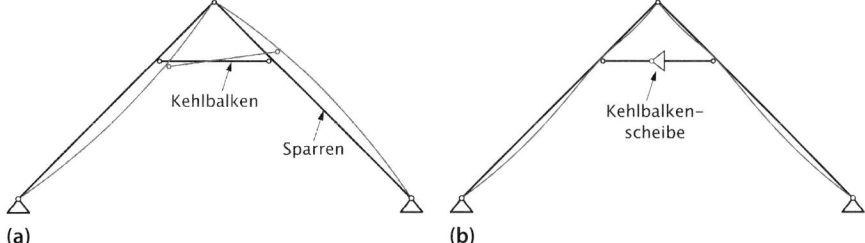

Abb. 4.36 Kehlbalkendach ohne Kehlbalkenscheibe (a) und mit Kehlbalkenscheibe (b).

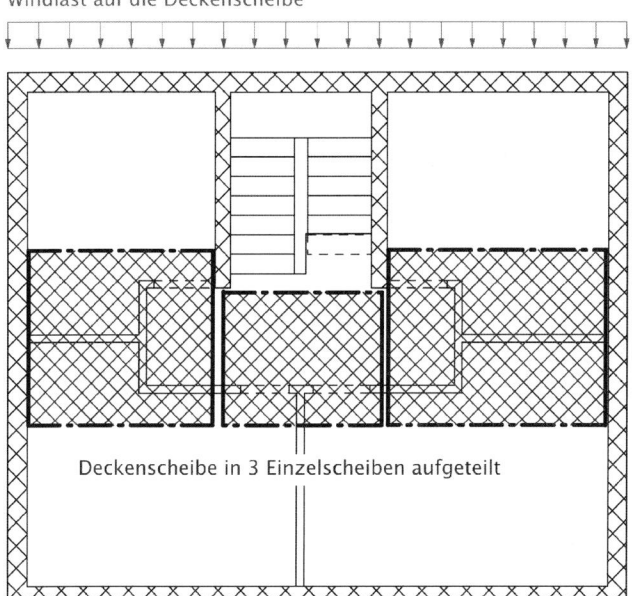

Abb. 4.37 Kehlbalkendach mit Kehlbalkenscheibe – Ausführungsbeispiel.

renpaar als horizontales Auflager (siehe Abb. 4.36) und gibt diese horizontalen Lasten an aussteifende Wände ab (siehe Abb. 4.37).

Die Queraussteifung geneigter Dächer erfolgt in der Regel dadurch, dass die beiden geneigten Flächen jeweils als Scheibe ausgebildet werden. Dies kann durch eine Beplankung der Sparren nach den Regeln für Deckenscheiben (siehe Abschn. 4.3.5) oder nach dem Fachwerkprinzip erfolgen. Mit Pfetten und Sparren sind die „Gurte" und „Pfosten" des Fachwerks bereits vorhanden, es fehlen nur noch die Diagonalen. Hierfür werden schmale Stahlbänder – sogenannte Windrispenbänder – eingesetzt, die bereits eine regelmäßige Lochung aufweisen und so einfach mit allen Sparren vernagelt werden können. Abbildung 4.38 zeigt das Prinzip der Queraussteifung mit Windrispenbändern. Die Tragwirkung ist optimal, wenn die Rispenbänder im Fachwerk unter 45° geneigt sind. Wenn die Neigung zu flach würde (< 30°), sollten besser zwei Auskreuzungen je Dachfläche angeordnet werden.

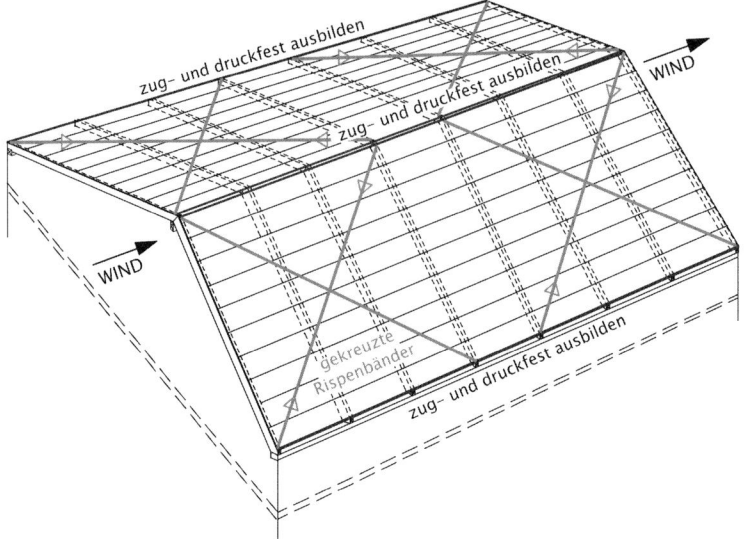

Abb. 4.38 Aussteifungsprinzip mit gekreuzten Windrispenbändern.

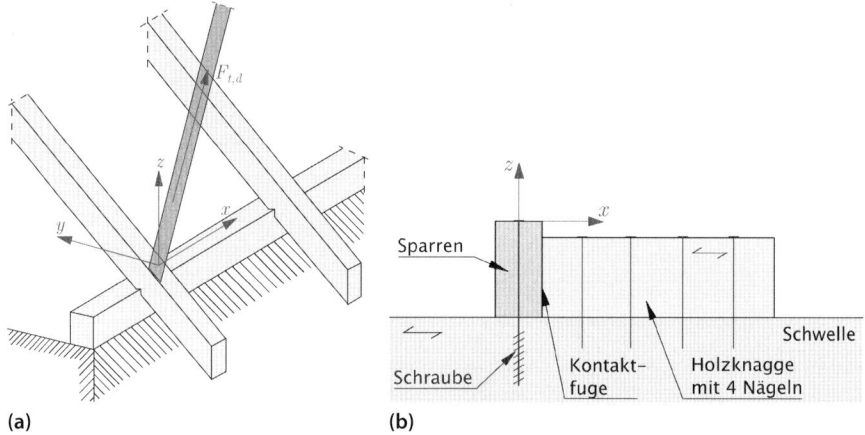

Abb. 4.39 Sparrenfußpunkt mit Anschluss eines Windrispenbandes.

Entscheidend dafür, ob das gewählte Aussteifungsprinzip auch die gewünschte Wirkung zeigt, ist die Ausführungsqualität – Rispenbänder müssen gespannt werden – und die Ausführung der Details. Abbildung 4.39 zeigt beispielhaft für einen Sparrenfußpunkt, wie die auftretenden Auflagerkräfte aus dem Anschluss eines Rispenbandes aufgenommen werden können. Die Komponenten der Auflagerkraft können mit den Regeln für das zentrale räumliche Kraftsystem ermittelt werden (Abb. 4.40).

$$F_{t,d,x} = F_{t,d} \cdot \cos \alpha \quad \text{mit} \quad \cos \alpha = \frac{a}{\sqrt{a^2 + b^2 + c^2}} \tag{4.20}$$

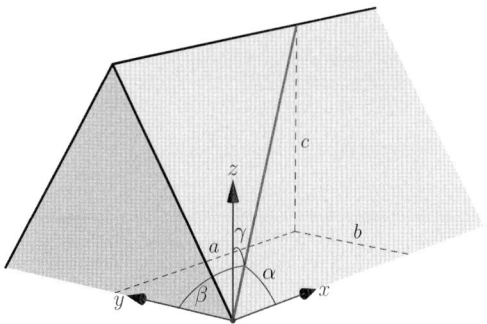

Abb. 4.40 Räumliche Definition der Winkel und Längen am Satteldach.

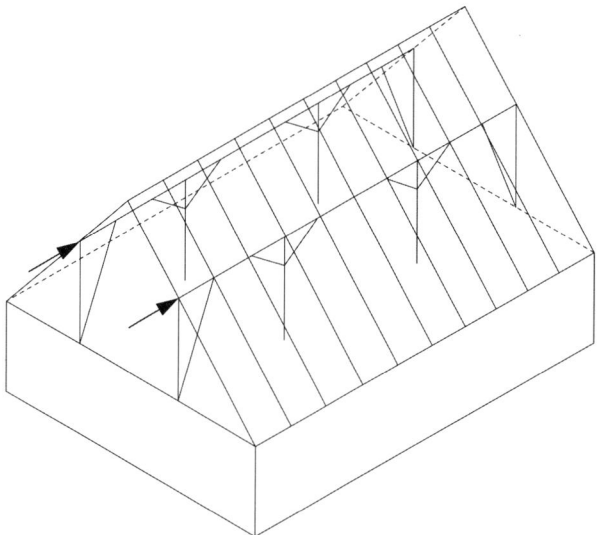

Abb. 4.41 Pfettendach – Aussteifung in Querrichtung mit Kopfbändern.

$$F_{t,d,y} = F_{t,d} \cdot \cos\beta \quad \text{mit} \quad \cos\beta = \frac{b}{\sqrt{a^2 + b^2 + c^2}} \tag{4.21}$$

$$F_{t,d,z} = F_{t,d} \cdot \cos\gamma \quad \text{mit} \quad \cos\gamma = \frac{c}{\sqrt{a^2 + b^2 + c^2}} \tag{4.22}$$

Bei Pfettendächern besteht die Möglichkeit, die horizontalen Einwirkungen in Längsrichtung durch aussteifende Wände oder durch Kopfbänder (siehe Abb. 4.41) abzutragen. Dadurch wird allerdings die flexible Nutzung des Dachraumes eingeschränkt.

4.3.3 Skelettbau

Die Stabilisierung druck- und biegedruckbespruchter Bauteile wurde bereits in Abschn. 2.5 behandelt. Die dort eingeführten Prinzipien hinsichtlich auftretender Imperfektionen können sinngemäß auf andere Bauteile übertragen werden.

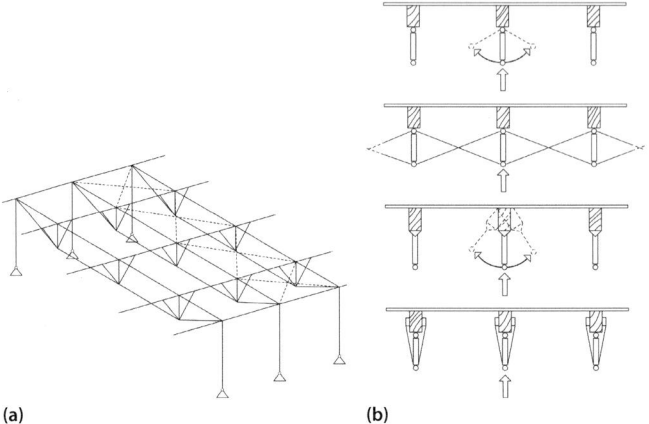

Abb. 4.42 Halterung der Druckstrebe beim unterspannten Träger.

Abbildung 4.42 zeigt einen unterspannten Träger, mit unterschiedlichen konstruktiven Varianten zur seitlichen Halterung des druckbeanspruchten Pfostens. Entscheidend ist, dass die Stabilisierungslasten von den aussteifend wirkenden Bauteilen – das sind in diesem Fall die quer zu den unterspannten Trägern verlaufenden Pfetten – ohne große Verformungen aufgenommen werden können.

Die Tragfähigkeit schlanker Stützen kann erheblich erhöht werden, wenn die Knicklängen durch zusätzliche seitliche Abstützung unterteilt wird. Die seitliche Abstützung der mit einer Normalkraft N_d beanspruchten Stütze ist für eine Stabilisierungslast F_d mit

$$F_d = \frac{N_d}{50} \quad \text{für Stützen aus Vollholz} \tag{4.23}$$

$$F_d = \frac{N_d}{80} \quad \text{für Stützen aus Brettschichtholz und Furnierschichtholz} \tag{4.24}$$

zu bemessen (siehe Abb. 4.43a). Wenn mehrere nebeneinanderstehende Stützen durch seitliche Abstützungen gehalten werden, dann addieren sich die Stabilisierungslasten, wie in Abb. 4.43b dargestellt. Damit sichergestellt ist, dass die Stüt-

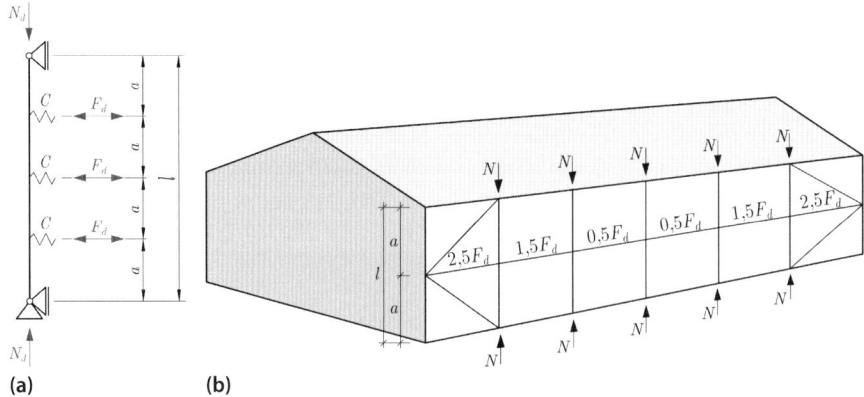

Abb. 4.43 Seitliche Stabilisierung von Stützen.

ze an den Zwischenauflagern in der ursprünglichen Lage gehalten wird, ist eine Mindeststeifigkeit der Aussteifungskonstruktionen von

$$C = \frac{4 \cdot N_d}{a} \quad (4.25)$$

erforderlich. Wenn diese Voraussetzung erfüllt ist, so kann der Abstand der seitlichen Halterungen als Knicklänge angesetzt werden, d. h., $l_{ef} = a$.

Das Vorgehen bei der Bemessung eines Aussteifungsverbandes zur Stabilisierung des druckbeanspruchten Randes eines schlanken, kippgefährdeten Trägers erfolgt analog. Der horizontale Verband muss – neben den Einwirkungen aus äußeren Lasten (Wind) – die Stabilisierungslast

$$q_d = k_l \cdot \frac{n \cdot N_d}{30 \cdot l} \quad \text{mit} \quad k_l = \min\left\{1; \sqrt{\frac{15}{l}}\right\} \quad (4.26)$$

mit

n Anzahl der zu stabilisierenden Binder
l Spannweite der Binder in m

aufnehmen (siehe Abb. 4.44).

Die ideelle Druckkraft N_d wird in Abhängigkeit vom Kippbeiwert k_{crit} (siehe Abschn. 2.5.2), von der Trägerhöhe h und vom maximalen Biegemoment M_d im zu stabilisierenden Träger bestimmt zu

$$N_d = (1 - k_{crit}) \cdot \frac{M_d}{h} \quad (4.27)$$

Der Kippbeiwert k_{crit} ist in diesem Fall für den nicht ausgesteiften Träger zu ermitteln.

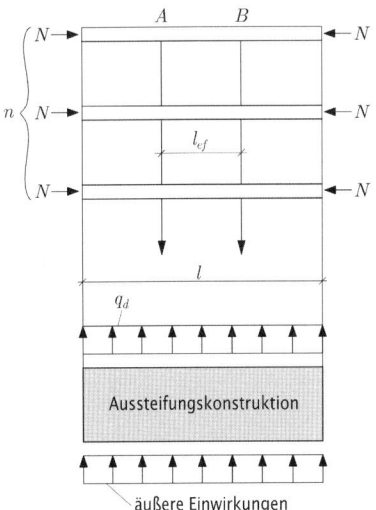

Abb. 4.44 Prinzip Dachverband.

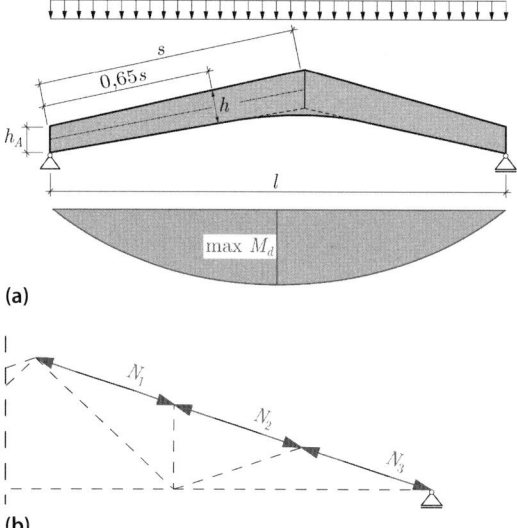

Abb. 4.45 (a) Definition der Höhe bei Satteldachbindern; (b) maßgebende Druckkraft beim Dreiecksbinder.

Abbildung 4.45a zeigt, an welcher Stelle bei Trägern mit veränderlicher Höhe die maßgebende Druckkraft N_d zu ermitteln ist. Bei parallelgurtigen Fachwerkträgern ist N_d als resultierende Druckkraft des Gurtes in der Druckzone eindeutig definiert. Bei Fachwerkträgern mit veränderlicher Höhe (siehe Abb. 4.45b) gilt

$$N_d = \frac{1}{n} \sum_i^n N_i \qquad (4.28)$$

Auch bei der Stabilisierung gegen Kippen muss die Aussteifungskonstruktion eine ausreichende Steifigkeit ausweisen. Die maximale horizontale Biegeverformung des Aussteifungsverbandes unter Stabilisierungslasten und äußeren Einwirkungen darf $l/500$ nicht überschreiten. Bei der Verformungsberechnung sind alle Mittelwerte der Steifigkeiten durch γ_M zu dividieren.

An den Trägerauflagern muss durch eine Gabellagerung oder durch einen Verband zwischen den Auflagern ein Umkippen der Träger verhindert werden (siehe Abb. 4.46). Die Gabellagerung oder der Verband sind für ein einwirkendes Torsionsmoment von

$$M_{tor} = \frac{M_d}{80} \qquad (4.29)$$

je Trägerauflager zu bemessen.

Bei einem Dachverband werden sehr oft die für den vertikalen Lastabtrag schon vorhandenen Pfetten und Träger mit zusätzlichen Diagonalen zu einem liegenden Fachwerkträger ergänzt. Das Prinzip ist einfach. Die Herausforderung ergibt sich bei der Konstruktion des Details, wie Abb. 4.47 beispielhaft zeigt.

Grundsätzlich kann eine Hallenkonstruktion auch in Querrichtung ausgesteift werden, indem Aussteifungsverbände in der Dachebene die Einwirkungen zu den

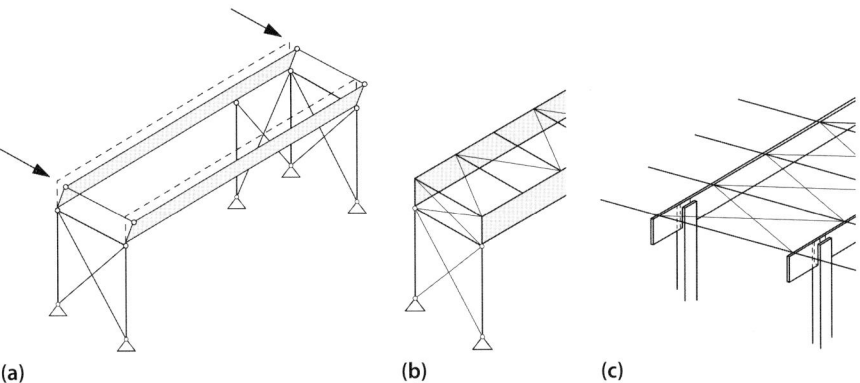

Abb. 4.46 (a) Kippgefährdung am Auflager; (b) seitlicher Verband; (c) Gabellagerung.

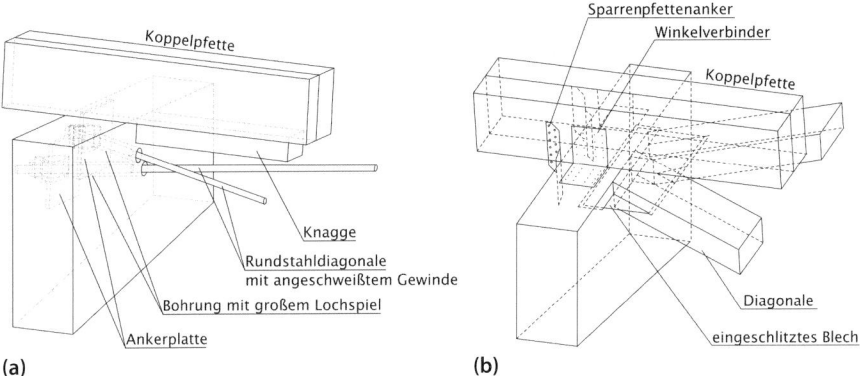

Abb. 4.47 Anschlussdetails Dachverband mit Zugdiagonalen (a) und Druckdiagonalen (b).

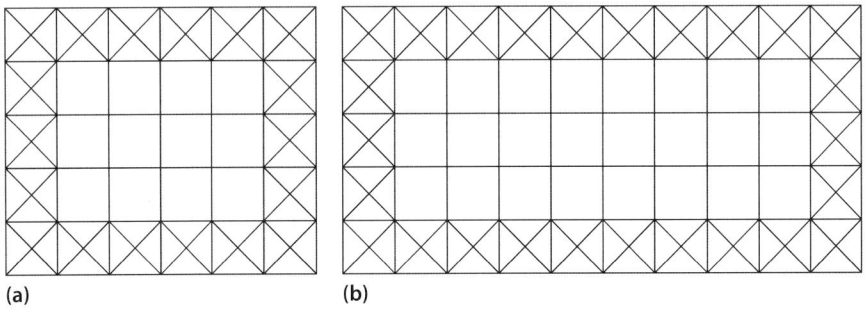

Abb. 4.48 Grundrisse im Vergleich: (a) gedrungen; (b) langgestreckt.

seitlichen Wänden abtragen. Allerdings können bei langgestreckten Grundrissen die Spannweiten des Dachverbandes sehr groß sein (vgl. Abb. 4.48b), sodass man dann zu Systemen übergeht, bei denen die horizontalen Lasten in Querrichtung in jeder Binderebene abgetragen werden (Abb. 4.49).

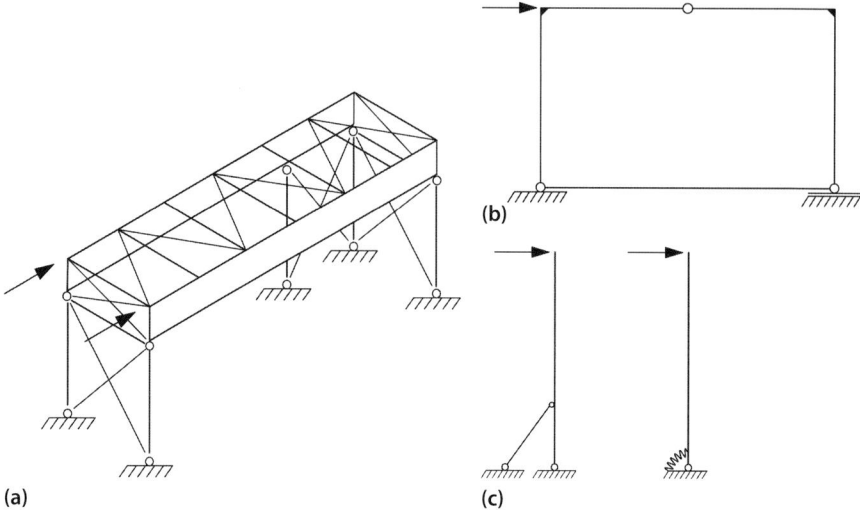

Abb. 4.49 Lastabtrag in Querrichtung: (a) Isometrie – Binder und Aussteifungselemente; (b) Dreigelenkrahmen; (c) eingespannte Stütze.

Rahmenkonstruktionen, wie im Stahlbau üblich, können auch als Holztragwerke realisiert werden. Abbildung 4.50 zeigt unterschiedliche Möglichkeiten, wie Träger und Stütze biegesteif miteinander verbunden werden können.

Stabdübel oder Dübel besonderer Bauart können das Biegemoment in der Rahmenecke effektiv aufnehmen, wenn sie kreisförmig angeordnet werden. Bei einer geklebten Eckverbindung mit Keilzinkenstoß wird oft ein Zwischenstück vorgesehen. Dadurch wird die Änderung des Kraft-Faser-Winkels reduziert. „Aufgelöste" Rahmenecken können mit moderner Verbindungstechnik oder als „klassisches" Kopfband hergestellt werden. Allerdings ist die Verwendung von Kopfbändern auf gering beanspruchte Konstruktionen beschränkt.

Wichtig für die Rahmentragwirkung ist, dass am Fußpunkt eine horizontale Kraft aufgenommen und sicher abgeleitet werden kann (siehe Abb. 4.51a).

Eingespannte Stützen erfordern im Holzbau immer den Einbau eines Stahlbauteils im Übergang zwischen Stütze und Fundament (siehe Abb. 4.51b). Auch wenn es hinsichtlich der Tragwirkung optimal wäre, die Holzstütze in ein Köcherfundament einzubetonieren, so scheidet diese Konstruktionsart aus Gründen der Dauerhaftigkeit aus. Abbildung 4.52 zeigt, wie die im Schwerpunkt der Verbindungsmittel angreifenden Schnittgrößen M, N und V auf die einzelnen Verbindungsmittel aufgeteilt werden. Wenn alle Verbindungsmittel denselben Verschiebungsmodul haben, dann lässt sich das polare Trägheitsmoment I_p allein aus geometrischen Größen ermitteln. Beim Nachweis der Tragfähigkeit der einzelnen Verbindungsmittel ist der Winkel zwischen Kraft und Faserrichtung des Holzes zu berücksichtigen.

Im Bereich des Anschlusses zwischen Stahl- und Holzbauteil (Einspannstelle) ergeben sich allerdings auch Nachgiebigkeiten, die sich über eine Drehfeder abbilden lassen (siehe Abb. 4.53). Die Drehfeder ist bei der Ermittlung der Knicklän-

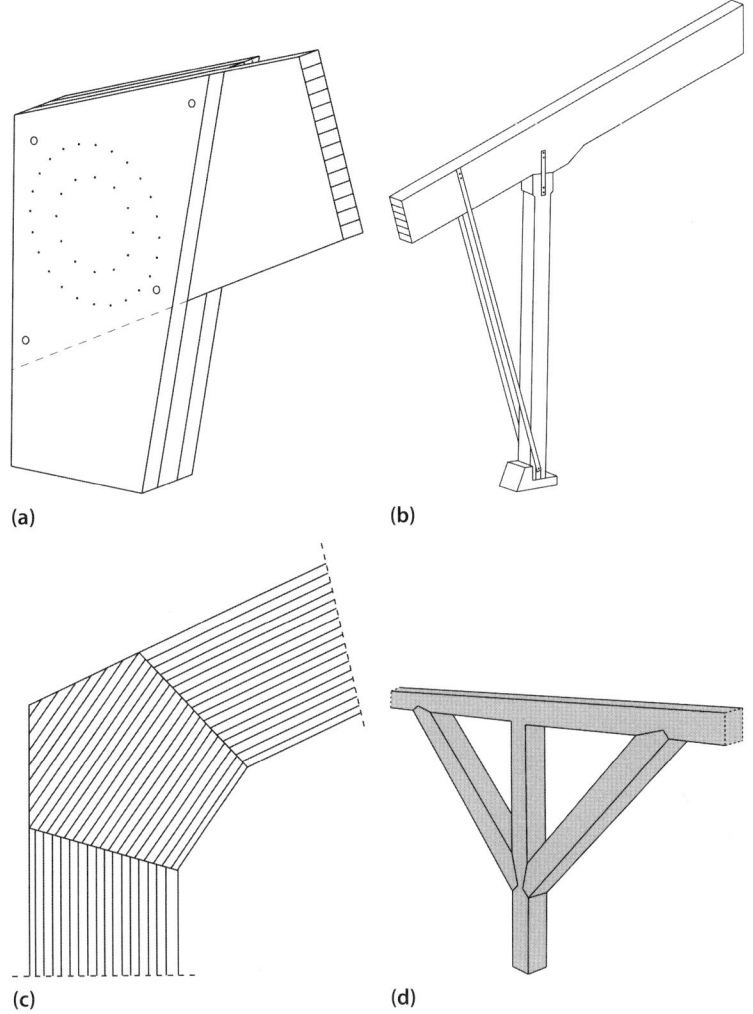

Abb. 4.50 Rahmenecke: (a) mit Dübelkreis; (b) „aufgelöst"; (c) geklebt mit Keilzinken; (d) mit Kopfbändern.

ge (vgl. Abschn. 2.5.1) und bei der Verformungsberechnung zu berücksichtigen.

$$K_\varphi = K \cdot I_p \tag{4.30}$$

Die Kopfverformung infolge Stützenverdrehung (vgl. Abb. 4.53) kann dann mit Gl. (4.31) ermittelt werden.

$$u_\varphi = \frac{M}{K_\varphi} \cdot l' \quad \text{mit} \quad M = F \cdot l' \tag{4.31}$$

mit

F Horizontalkraft am Stützenkopf
l' Höhe der Stütze zwischen elastischer Einspannung und Stützenkopf

130 | 4 Bauteile und Konstruktionsregeln

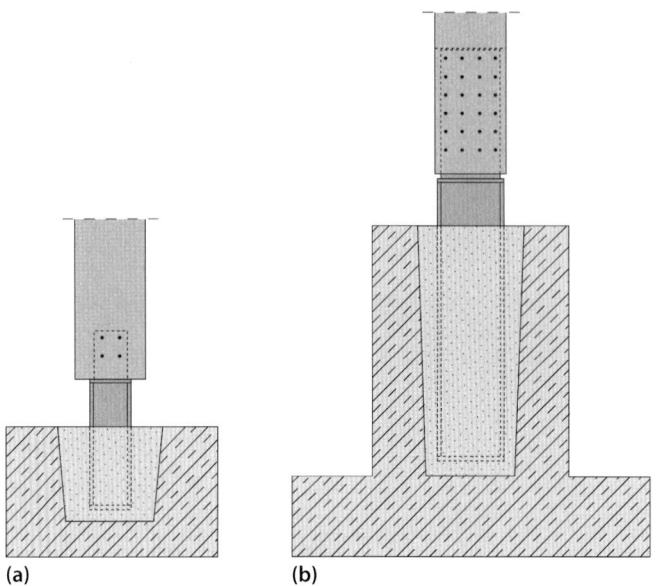

Abb. 4.51 Gelenkiger (a) und eingespannter (b) Stützenfuß im Vergleich.

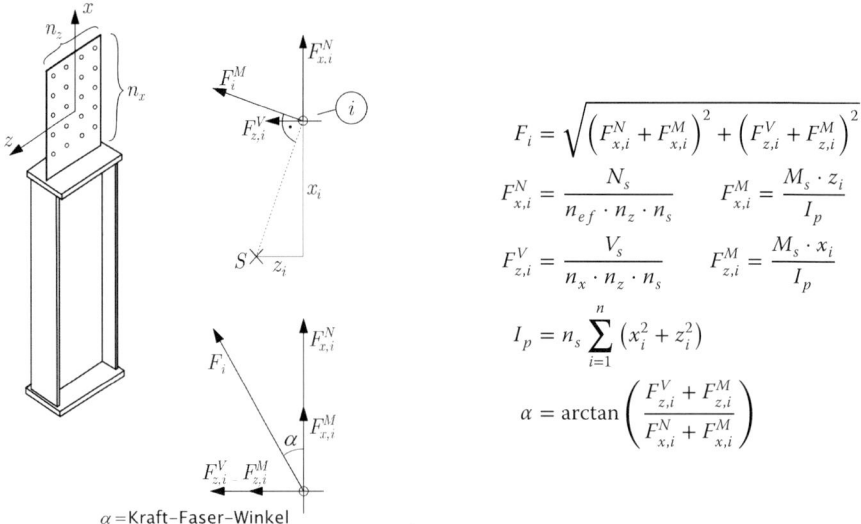

$$F_i = \sqrt{\left(F_{x,i}^N + F_{x,i}^M\right)^2 + \left(F_{z,i}^V + F_{z,i}^M\right)^2}$$

$$F_{x,i}^N = \frac{N_s}{n_{ef} \cdot n_z \cdot n_s} \qquad F_{x,i}^M = \frac{M_s \cdot z_i}{I_p}$$

$$F_{z,i}^V = \frac{V_s}{n_x \cdot n_z \cdot n_s} \qquad F_{z,i}^M = \frac{M_s \cdot x_i}{I_p}$$

$$I_p = n_s \sum_{i=1}^{n} \left(x_i^2 + z_i^2\right)$$

$$\alpha = \arctan\left(\frac{F_{z,i}^V + F_{z,i}^M}{F_{x,i}^N + F_{x,i}^M}\right)$$

α = Kraft-Faser-Winkel

Abb. 4.52 Einspannung einer Stütze – Aufteilung der Schnittkräfte auf die einzelnen Verbindungsmittel (VBM). n_s – Anzahl der Schnitte (vgl. Abschn. 3.3); n_x – Anzahl VBM in x-Richtung; n_z – Anzahl VBM in z-Richtung.

K_φ Drehfederkonstante
K Verschiebungsmodul des Verbindungsmittels (siehe Abschn. 3.3)
I_p polares Trägheitsmoment (vgl. Abb. 4.52)

Ob für die Nachgiebigkeit des Verbindungsmittels K_{ser} oder K_u eingesetzt wird, hängt davon ab, ob der Grenzzustand der Gebrauchstauglichkeit oder der

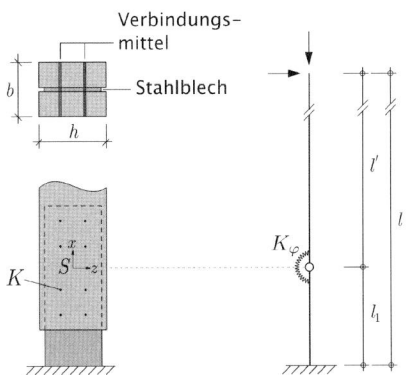 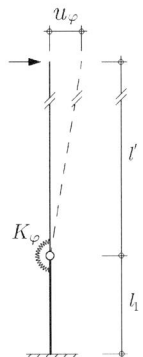

Abb. 4.53 Stütze mit nachgiebiger Einspannung.

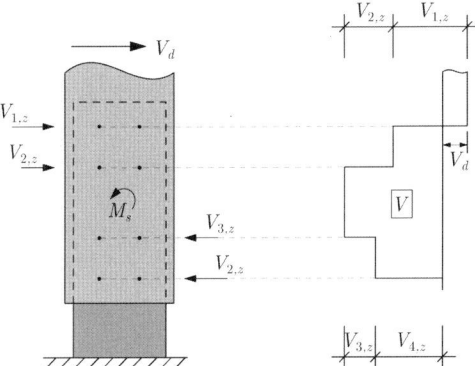

Abb. 4.54 Querkraftverlauf im Bereich des Anschlusses.

Tragfähigkeit betrachtet wird. Kurze Stahleinbauteile können als starr angenommen werden. Im Bereich der Einspannstelle treten große Querkräfte auf. Abbildung 4.54 illustriert dies schematisch. Die resultierenden Kräfte in z-Richtung $V_{i,z}$, die jeweils in Höhe der Verbindungsmittel angreifen und zur Ermittlung des Querkraftverlaufes benötigt werden (vgl. Abb. 4.54), ergeben sich nach Gl. (4.32).

$$V_{i,z} = \frac{M_s}{I_P} \cdot x_i \cdot n_z \cdot n_s + F_z^V \cdot n_z \cdot n_s \tag{4.32}$$

Die Parameter sind entsprechend Abb. 4.52 definiert.

Der Nachweis für die Querkrafttragfähigkeit ist an der Stelle der größten Querkraft unter Berücksichtigung von Querschnittsschwächungen zu führen. Die Querschnittsschwächungen resultieren aus dem Stahleinbauteil und den Verbindungsmitteln.

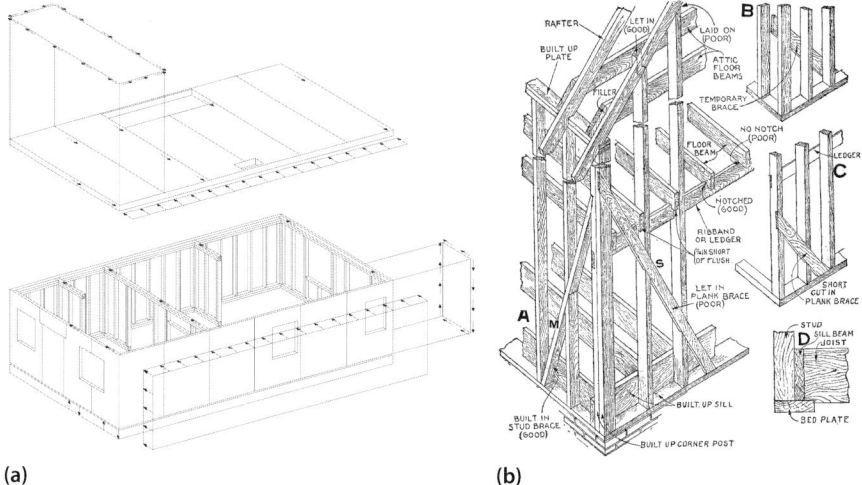

(a) (b)

Abb. 4.55 Decken- und Wandscheiben in Holztafelbauweise: (a) Lastfluss; (b) historische Konstruktion.

4.3.4 Decken und Wände

Die Aussteifungsfunktion von Decken und Wänden wird dadurch erreicht, dass Bauteile für den vertikalen Lastabtrag (Träger, Stützen) und Elemente (Platten), die den Raumabschluss bilden, so gefügt werden, dass alle horizontalen Einwirkungen abgetragen werden können (siehe Abschn. 4.3.1). Die zwei wichtigsten Konstruktionsarten sind die Holztafelbauweise (siehe Abb. 4.55), die zu Beginn des 19. Jh. in Nordamerika entwickelt wurde, und die Bauweise mit Brettsperrholzelementen, die seit Ende des 20. Jh. zur Verfügung stehen (siehe Abb. 4.56).

4.3.5 Lastaufteilung

Die Deckenscheiben verbinden die einzelnen Wandelemente und sie nehmen die auf die Fassade wirkenden Windlasten auf. Die Aufteilung der horizontalen Einwirkungen auf die einzelnen Wände erfolgt nach den Regeln der technischen Mechanik. Im statisch bestimmten System (drei Wandscheiben) können die Lasten direkt über Gleichgewichtsbedingungen ermittelt werden. Bei einem statisch unbestimmten Aussteifungssystem sind neben den Gleichgewichtsbedingungen auch die Verträglichkeitsbedingungen zu berücksichtigen (siehe Abb. 4.57). Dazu wird der Steifigkeitsmittelpunkt S benötigt.

Die Lage des Steifigkeitsmittelpunktes wird mit Bezug zu den Steifigkeiten der einzelnen Wände berechnet:

$$x_s = \frac{\sum(k_{wy,i} \cdot x_i)}{\sum k_{wy,i}} \quad \text{und} \quad y_s = \frac{\sum(k_{wx,i} \cdot y_i)}{\sum k_{wx,i}} \tag{4.33}$$

4.3 Aussteifungsregeln und Konstruktionsdetails | 133

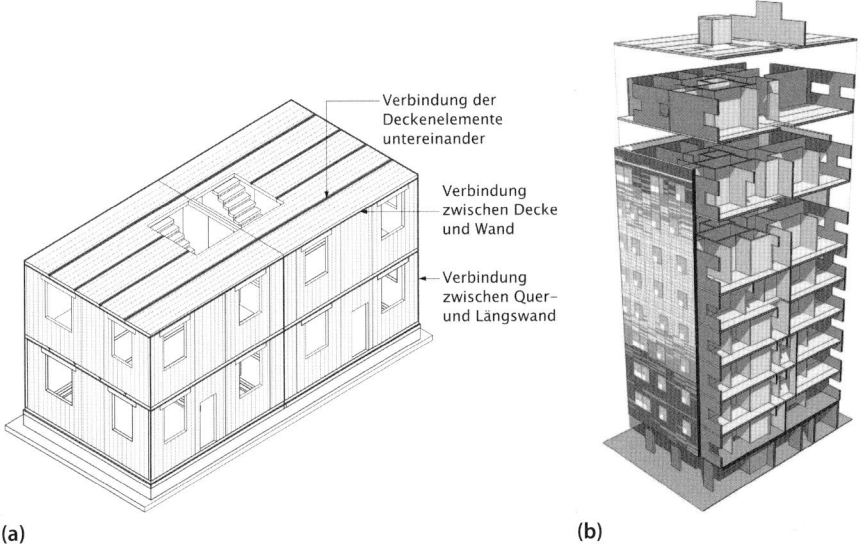

(a) (b)

Abb. 4.56 Decken- und Wandscheiben aus Brettsperrholzelementen: (a) beispielhafte Konstruktion; (b) Gebäude Murray Grove in London.

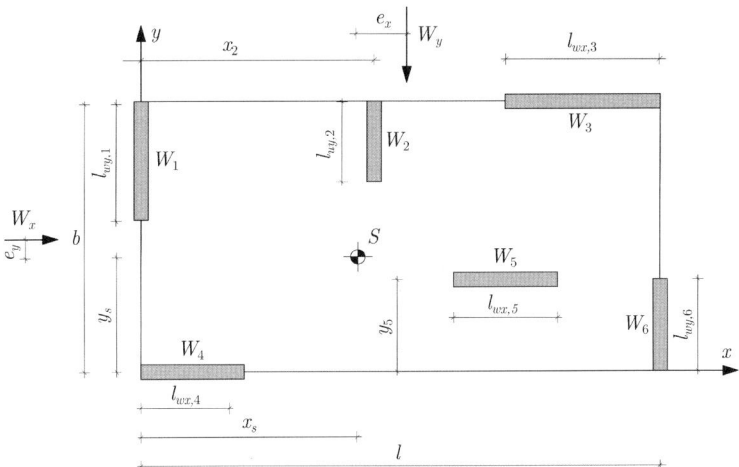

Abb. 4.57 Aufteilung der Horizontallasten auf mehr als drei Wandscheiben.

Die folgenden Gleichungen beschreiben die Aufteilung einer einwirkenden Horizontallast W_x auf alle Wandelemente. Es gilt:

$$H_{x,i} = \frac{k_{wx,i}}{\sum k_{wx,i}} \cdot W_x + \frac{W_x \cdot e_y \cdot k_{wx,i} \cdot s_{y,i}}{\sum \left(k_{wx,i} \cdot s_{y,i}^2\right) + \sum \left(k_{wy,i} \cdot s_{x,i}^2\right)} \qquad (4.34)$$

$$H_{y,i} = \frac{W_x \cdot e_y \cdot k_{wy,i} \cdot s_{x,i}}{\sum \left(k_{wx,i} \cdot s_{y,i}^2\right) + \sum \left(k_{wy,i} \cdot s_{x,i}^2\right)} \qquad (4.35)$$

mit $s_{x,i} = x_i - x_s$ und $s_{y,i} = y_i - y_s$;

e_y und e_x Abstände der Wirkungsachsen der Einwirkungen vom Steifigkeitsmittelpunkt

$k_{wx,i}$ Ersatz-Federsteifigkeit einer in x-Richtung orientierten Wand

$k_{wy,i}$ Ersatz-Federsteifigkeit einer in y-Richtung orientierten Wand

Die Ermittlung der Federsteifigkeiten wird im zweiten Band *Ingenieurholzbau – Vertiefung* behandelt. Die Federsteifigkeiten in Richtung der „schwachen Achse" einer Wand können zu 0 gesetzt werden.

Für Holztafelelemente mit demselben konstruktiven Aufbau und gleichen Verbindungsmittelabständen kann vereinfachend die Wandlänge anstelle der Steifigkeit eingesetzt werden.

Die Lastaufteilung für eine einwirkende Horizontallast W_y erfolgt analog.

4.4 Holztafelbauweise

4.4.1 Allgemeines

Gebäude, die in Holztafelbauweise errichtet werden, bestehen aus beplankten Wänden und Decken (siehe Abb. 4.58). Sowohl Decken als auch Wände können für eine optimale Vorfertigung elementiert werden.

Die Wandelemente bestehen aus horizontalen Rippen (Rähm, Schwelle) und vertikalen Rippen (Stiele), auf denen eine Beplankung mit Nägeln, Klammern oder Schrauben befestigt wird (vgl. Abb. 4.59a und b). Die Beplankung kann einseitig oder beidseitig erfolgen und muss ausreichend schubsteif sein. Als mittragende Beplankung sind Holzwerkstoffplatten, wie OSB-, Flachpress- oder Sperrholzplatten, oder Gipsfaserplatten geeignet.

Bei den Deckenelementen werden die Holzwerkstoffplatten mit den Holzbalken verbunden (vgl. Abb. 4.60a und b). Es kommen die gleichen Verbindungsmittel zur Anwendung wie bei den Wandelementen. Die Platten können in Richtung der Holzbalken oder quer zu diesen verlegt werden. Die Holzwerkstoffplatten tragen die vertikalen Lasten aus dem Fußbodenaufbau und die Verkehrslasten ab und wirken zusammen mit den Deckenbalken als horizontale Scheibe.

(a)   (b)

Abb. 4.58 Holztafelbauweise: Wandkonstruktionen (a) ohne; (b) mit Beplankung.

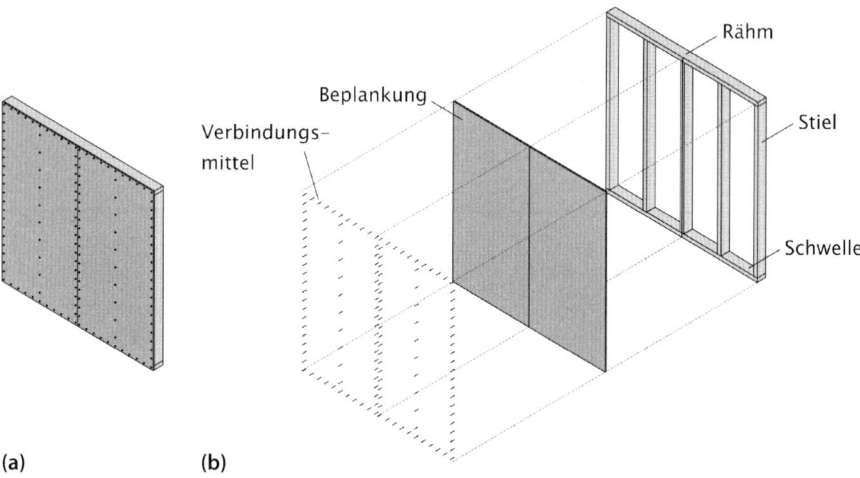

Abb. 4.59 (a) Wandelement in Holztafelbauweise; (b) am Lastabtrag beteiligte Komponenten.

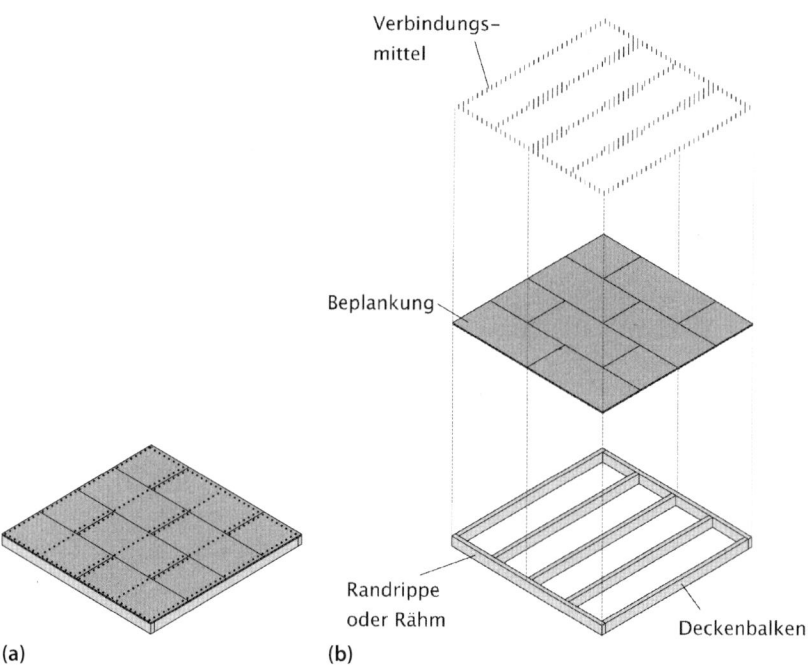

Abb. 4.60 (a) Deckenelement in Holztafelbauweise; (b) am Lastabtrag beteiligte Komponenten.

4.4.2 Wandelemente

Eine einfache Methode zur Bemessung von Wandtafeln unter horizontaler Beanspruchung ist die Schubfeldtheorie. Diese basiert auf der Plastizitätstheorie und setzt voraus, dass alle Verbindungsmittel mit der gleichen Kraft und entlang eines

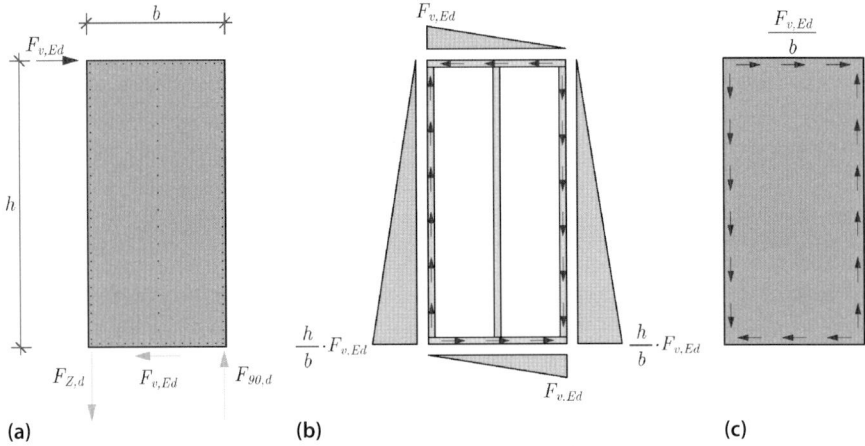

Abb. 4.61 Beanspruchung der Bauteile nach Schubfeldtheorie: (a) Wandtafel mit äußeren Lasten; (b) Normalkraftbeanspruchung der Rippen; (c) Schubbeanspruchung der Beplankung.

Randes in die gleiche Richtung beansprucht werden. Die Beanspruchung erfolgt ausschließlich parallel zur jeweiligen Außenrippe – die Innenrippen bleiben unbeansprucht (siehe Abb. 4.61).

Die Tragfähigkeit des Wandelements wird durch die Tragfähigkeit der Verbindungsmittel auf Abscheren und die Beanspruchbarkeit der Beplankung bestimmt. Für den Abtrag der horizontalen Lasten ist im GZT folgender Nachweis zu führen:

$$\frac{F_{v,Ed}}{F_{v,Rd}} \leq 1{,}0 \tag{4.36}$$

mit

$F_{v,Ed}$ Bemessungswert der einwirkenden Horizontalkraft
$F_{v,Rd}$ Bemessungswert der Tragfähigkeit der Wandscheibe gegenüber horizontalen Einwirkungen

Bei der Ermittlung der Tragfähigkeit $F_{v,Rd}$ werden drei mögliche Versagensformen berücksichtigt:

$$F_{v,Rd} = \min \left\{ \begin{array}{l} \frac{F_{f,Rd} \cdot b \cdot c}{s} \\ k_{pl} \cdot f_{v,d} \cdot b \cdot t \end{array} \right\} \begin{array}{l} \text{Tragfähigkeit der Verbindungsmittel} \\ \text{auf Abscheren,} \\ \text{Schubtragfähigkeit der Beplankung} \\ \text{und Beulen der Beplankung} \end{array} \tag{4.37}$$

mit

$F_{f,Rd}$ Bemessungswert der Tragfähigkeit eines Verbindungsmittels, z. B. Nagel, oder Klammer (siehe Kapitel 3)
b Breite des Wandelements

h	Höhe des Wandelements
s	Abstand der Verbindungsmittel
c	Abminderungsfaktor für besonders schlanke Wände, siehe Gl. (4.38)
k_{pl}	Beiwert zur Berücksichtigung des Plattenbeulens und des Einflusses von Nebenspannungen, siehe Gl. (4.39)
$f_{v,d}$	Bemessungswert der Schubfestigkeit der Beplankung
t	Dicke der Beplankung
b_{net}	Lichter Abstand zwischen den Pfosten

$$c = \begin{cases} 1 & \text{für } b \geq h/2 \\ \frac{b}{h/2} & \text{für } b < h/2 \end{cases} \quad (4.38)$$

$$k_{pl} = \min\left\{\frac{35 \cdot t}{b_{net}}; 0{,}33 \text{ (einseitig beplankt)} | 0{,}5 \text{ (beidseitig beplankt)}\right\} \quad (4.39)$$

Die Verbindung zwischen Beplankung und Rippen erfolgt üblicherweise mit stiftförmigen Verbindungsmitteln (Nägel, Klammern oder Schrauben). Die grundsätzlichen Versagensmechanismen wurden in Abschn. 3.3 erläutert. Weiterführende Angaben zur Ermittlung der Tragfähigkeit von Verbindungen mit Nägeln, Klammern und Schrauben finden sich in den Abschn. 3.5 und 3.7. Exemplarisch sind in Tab. 4.1 charakteristische Tragfähigkeiten von Verbindungen mit glattschaftigen Nägeln ohne Berücksichtigung des Ausziehwiderstandes (vgl. Abschn. 3.5) angegeben. Die Übersicht beschränkt sich auf die Verbindung von OSB-Platten und Konstruktionsvollholz C24. Die zugehörigen Mindestabstände sind ebenfalls angegeben.

Für druckbeanspruchte Stiele ist der Nachweis gegenüber Knicken aus der Wandebene heraus zu führen (siehe Abschn. 2.5). Darüber hinaus ist die Beanspruchbarkeit senkrecht zur Faser beim Anschluss an die Schwelle nachzuweisen (siehe Abschn. 2.7 bzw. 3.2). Die Tragfähigkeit des Kontaktstoßes darf bei Wandtafeln wegen der Mitwirkung der Beplankung um 20 % erhöht werden.

Tab. 4.1 Charakteristische Tragfähigkeiten $F_{f,Rk}$ [N] und Mindestabstände von glattschaftigen Nägeln bei Rippen aus C24.

Durchmesser	Dicke der OSB-Platte [mm]					Mindestabstände [mm]	
[mm]	12	15	18	22	25	a_1	$a_{4,c}$
2,4	508	576	578	580	581	21	12
2,7	566	651	696	699	700	23	14
3,0	630	713	806	826	828	26	15
3,4	725	803	894	1007	1009	29	17
3,8	829	902	989	1124	1203	33	19

OSB – Oriented-Strand-Board.
a_1 Abstand der Nägel untereinander in Faserrichtung der Rippen ($8{,}5d$).
$a_{4,c}$ Abstand der Nägel zum Rand der Rippen (unbeanspruchter Rand, $5d$).

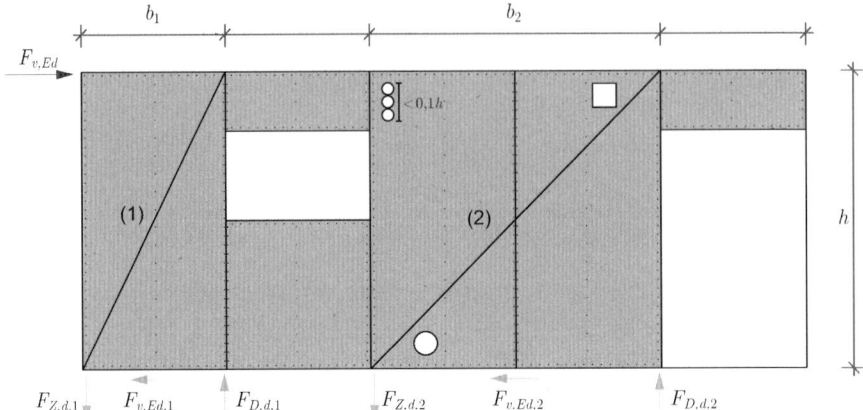

Abb. 4.62 Berücksichtigung von Tür-, Fenster- und Installationsöffnungen.

Die Zugkräfte F_z sind von Geschossebene zu Geschossebene weiterzuleiten und zu verankern. Hinweise dazu enthält Abschn. 4.4.4.

Als aussteifende Wandelemente werden üblicherweise ausschließlich Elemente ohne Tür- und Fensteröffnungen berücksichtigt (vgl. Bereiche (1) und (2) in Abb. 4.62). Jedes dieser einzelnen Wandelemente muss für sich verankert werden. Dabei trägt in diesem Beispiel Wandelement (1) 1/3 und Wandelement (2) 2/3 der Horizontallast $F_{v,Ed}$ ab.

Installationsöffnungen in Wandelementen dürfen unberücksichtigt bleiben, wenn folgende Abmessungen nicht überschritten werden (siehe Abb. 4.62):

- einzelne Öffnung: max. 200 mm × 200 mm
- mehrere Öffnungen in einem Element: $\sum h_i < 0{,}1h$ und $\sum b_i < 0{,}1b$

Damit Holztafelelemente nach der Schubfeldtheorie bemessen werden können, müssen eine Reihe von konstruktiven Regeln eingehalten werden:

- Die Wandelemente müssen an allen Seiten mit Rippen begrenzt sein.
- Die beiden äußeren Stiele eines Wandelements sind zu verankern.
- Der Abstand der Verbindungsmittel entlang des Umfangs jeder Tafel muss konstant sein:
  - maximaler Abstand: 150 mm bei Klammern und Nägeln, 200 mm bei Schrauben,
  - minimaler Abstand: $8{,}5d$ bei Schrauben und Nägeln, $10d$ bzw. $15d$ bei Klammern (der kleinere Wert gilt, wenn der Winkel zwischen Klammerrücken und Faserrichtung größer als 30° ist).
- Die Breite jeder Tafel muss mindestens $h/4$ betragen.

Die Stiele von Wandelementen sind druckbeansprucht und dementsprechend zu bemessen. Eine rechnerische Berücksichtigung von Imperfektionen ist nicht notwendig, wenn folgende Kriterien eingehalten sind:

- Die Länge des Wandelements ist $\geq h/3$.
- Die Breite der Beplankung ist $\geq h/4$.
- Das Wandelement ist direkt auf einer steifen Unterkonstruktion gelagert.

4.4.3 Deckenelemente

Für Holzbalkendecken, die als aussteifende horizontale Scheiben wirken, wird analog zu den Wandelementen das Schubfeldmodell angewandt. Ein Unterschied zu den Wandelementen besteht in der Art der Beanspruchung und der Art der Lagerung. Der Lastfluss soll nun an einem typischen Beispiel erläutert werden, bei dem die Deckenscheibe für die horizontalen Einwirkungen q als Einfeldträger mit der Spannweite l wirkt (siehe Abb. 4.63).

Die Deckenscheibe besteht aus umlaufenden Randrippen und drei Verteilerrippen. Als Verteilerrippen werden diejenigen Deckenbalken bezeichnet, auf denen die Beplankung gestoßen wird. Weitere Deckenbalken, die zwischen den Verteilerrippen möglicherweise vorhanden sind, sind zur besseren Übersichtlichkeit nicht dargestellt. Der obere Gurt verteilt die Last q entsprechend den geometrischen Rahmenbedingungen auf die einzelnen Rand- und Verteilerrippen.

Die Randrippen leiten die Lasten direkt in die Auflager – das sind vertikale Wandscheiben. Die Lasten aus den Verteilerrippen werden in die Beplankung eingeleitet und über diese zu den Auflagern geführt. Die daraus resultierende Normalkraftbeanspruchung in den Rippen ist in Abb. 4.64, der Schubfluss in der Beplankung in Abb. 4.65 dargestellt.

Der Nachweis der Tragfähigkeit der einzelnen Schubfelder gegenüber horizontalen Einwirkungen erfolgt wie bei den Wandscheiben (siehe Abschn. 4.4.2). Darüber hinaus sind die zug- bzw. druckbeanspruchten Rippen am unteren bzw. oberen Rand als Zug- bzw. Druckstäbe nachzuweisen (siehe Abschn. 2.5).

Die Tragwirkung der Deckenscheibe hängt davon ab, ob die Einwirkung parallel oder senkrecht zu den Rippen eingeleitet wird (siehe Abb. 4.66). Im zweiten, dem ungünstigeren Fall wird vereinfacht die wirksame Deckenhöhe auf einen

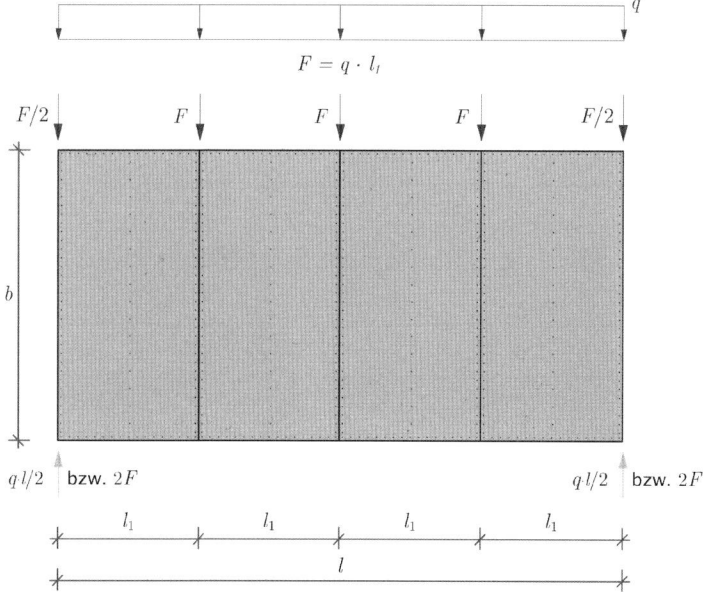

Abb. 4.63 Deckenscheibe unter horizontaler Beanspruchung.

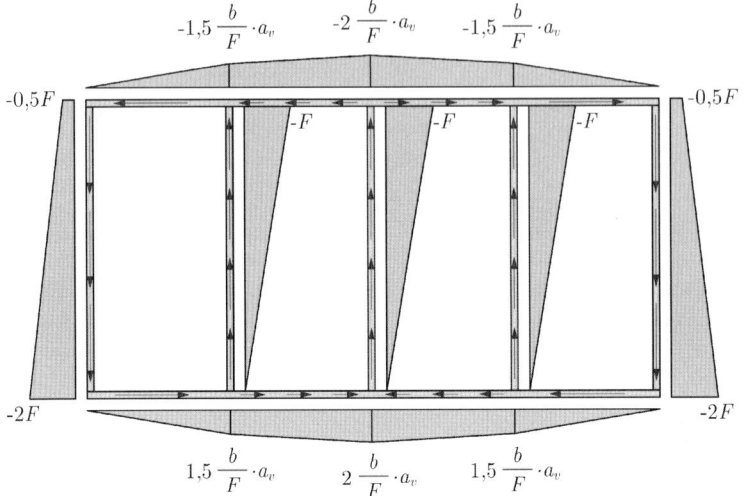

Abb. 4.64 Normalkraftverteilung in den Deckenbalken.

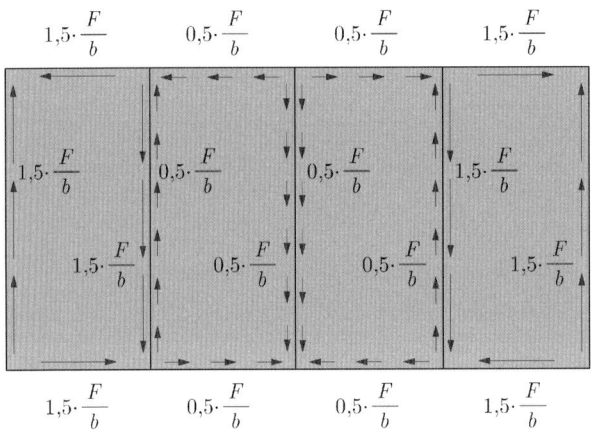

Abb. 4.65 Schubfluss in der Beplankung.

Wert b_{ef} reduziert. Bei einer auf beiden Rändern gleich verteilen Last (Abb. 4.67a) gilt $b_{ef} = 0{,}5 \cdot l$. Bei einer einseitigen Einleitung der Last (Abb. 4.67b) gilt $b_{ef} = 0{,}25 \cdot l$.

Im Unterschied zu Wandelementen sind bei Deckenscheiben freie Plattenränder quer zu den Rippen zulässig, wenn folgende Randbedingungen eingehalten sind (siehe Abb. 4.66b):

- Die einzelnen Platten werden um ein Maß versetzt angeordnet, das mindestens dem Rippenabstand a_r entspricht (vgl. Abb. 4.66b).
- Der Rippenabstand a_r beträgt höchstens 75 % der Scheibenhöhe b.
- Die einzelnen Platten sind nicht nur an den Rippen angeschlossen, an denen sie auch gestoßen sind, sondern auch an den dazwischenliegenden Rippen (gleicher Abstand der Verbindungsmittel).

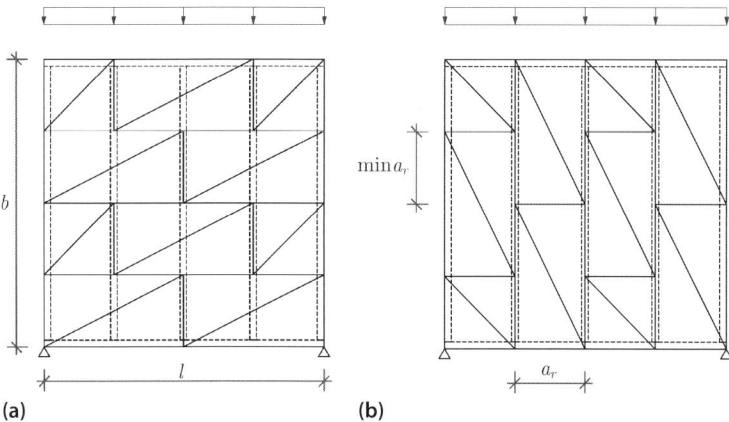

Abb. 4.66 (a) Deckenhöhe b bei Belastung in Achsrichtung der Rippen; (b) Bedingungen für freie Plattenränder.

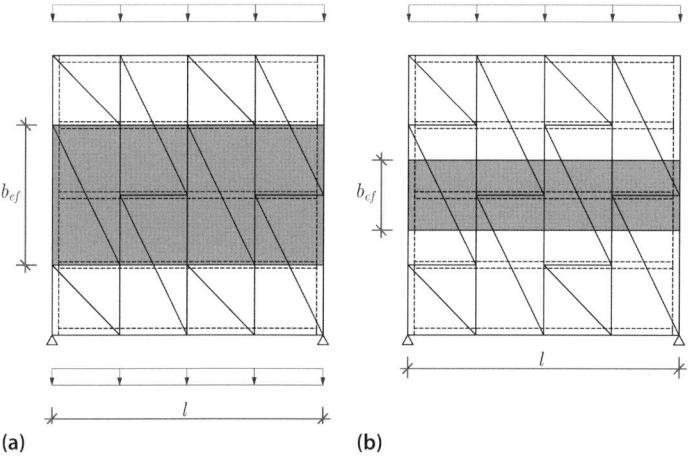

Abb. 4.67 Rechnerische Deckenhöhe b_{ef} bei Belastung quer zur Achsrichtung der Rippen: (a) beidseitige Lasteinleitung; (b) einseitige Lasteinleitung.

- Die Stützweite l in der Scheibenebene beträgt maximal 12,5 m oder es gibt höchstens drei Plattenreihen.
- Die Scheibenhöhe b beträgt mindestens 1/4 der Stützweite l.
- Der Bemessungswert der Einwirkungen q beträgt maximal 5,0 kN/m.
- Die Schubtragfähigkeit der Deckenscheibe wird um den Faktor 2/3 abgemindert.

4.4.4 Anschlussdetails

Zur Übertragung vertikaler Zug- und horizontaler Schubkräfte am Wandkopf und am Wandfuß gibt es eine Vielzahl unterschiedlicher Varianten. Abbildung 4.68 zeigt die Isometrie einer Wand, deren Randstiele mit Zugankern verankert sind und deren Schwelle durch Winkelverbinder schubverankert ist.

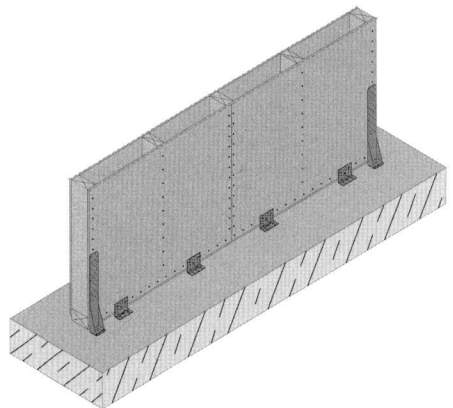

Abb. 4.68 Isometrie einer Wandtafel mit Zug- und Schubverankerung.

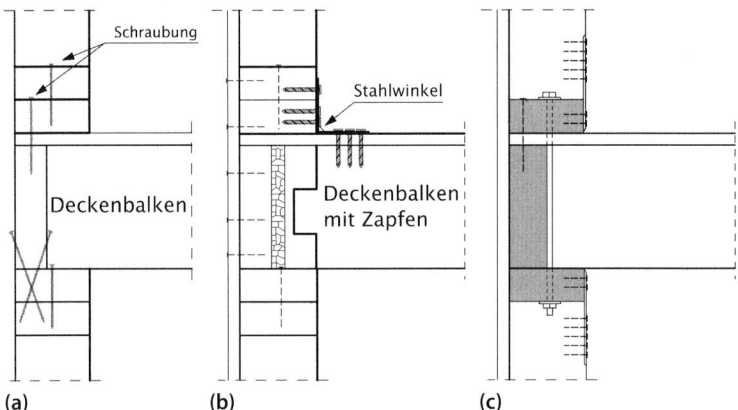

Abb. 4.69 Varianten für den Anschluss einer Decke an eine Außenwand: (a) über Verschraubung; (b) über Stahlwinkel; (c) über Bolzen.

Abbildung 4.69 zeigt verschiedene Varianten zum Anschluss einer Geschossdecke an eine Außenwand. Ob ein Anschluss der Bauteile mit Nägeln oder Schrauben ausreicht oder ob Verbindungen mit Bolzen oder Stahlblechen erforderlich werden, hängt von der Größe der auftretenden Kräfte ab.

Literatur

1 Fachregeln für Abdichtungen – Flachdachrichtlinie (2016). Verlagsgesellschaft Rudolf Müller, Köln, – Zentralverband des Deutschen Dachdecker Handwerkes – Fachverband für Dach-, Wand- und Abdichtungstechnik – e. V.

5
Dauerhaftigkeit

5.1 Grundsätze und Definitionen

Neben der Tragsicherheit und der Gebrauchstauglichkeit ist bei der Planung und der konstruktiven Durchbildung eines Tragwerkes unbedingt auch die Dauerhaftigkeit zu beachten. Die entsprechenden Anforderungen hängen von der geplanten Nutzungsdauer ab, da in diesem Zeitraum Tragfähigkeit und Gebrauchstauglichkeit bei einem vertretbaren Instandhaltungsaufwand sichergestellt werden müssen. Für Hochbauten wird üblicherweise eine Nutzungsdauer von 50 Jahren und bei Brücken von 80 bis 100 Jahren veranschlagt. Die beiden Beispiele in Abb. 5.1 belegen anschaulich, dass Holzkonstruktionen mehrere hundert Jahre ohne Schäden ihre Funktion erfüllen, auch wenn sie mit traditionellen Bauweisen ohne chemische Schutzmaßnahmen errichtet werden. Die entscheidende Voraussetzung dafür ist, dass Konstruktion und Details auf Dauerhaftigkeit ausgelegt sind, und dass die Bauwerke sorgfältig gepflegt und gewartet werden.

Die Lebensdauer von Holzkonstruktionen kann durch Pilze (pflanzliche Schädlinge) und Insekten (tierische Schädlinge) beeinträchtigt werden. Weitere Einflüsse, die zu Schäden führen können, sind Korrosion von metallischen Bauteilen, Brand sowie chemische und mechanische Beanspruchungen. Eine wesentliche Rolle spielt dabei die Holzfeuchte. Zur Definition der Holzfeuchte siehe Abschn. 1.2.3. Abbildung 5.2a illustriert den Zusammenhang zwischen der Entwicklungsgeschwindigkeit von Holzschädlingen abhängig von der Holzfeuchte

(a) (b)

Abb. 5.1 (a) Detail Aarebrücke; (b) Dachtragwerk Freiburger Münster.

Ingenieurholzbau – Basiswissen: Tragelemente und Verbindungen, Erste Auflage.
Werner Seim und Johannes Hummel.
© 2019 Wilhelm Ernst & Sohn. Published 2019 by Wilhelm Ernst & Sohn.

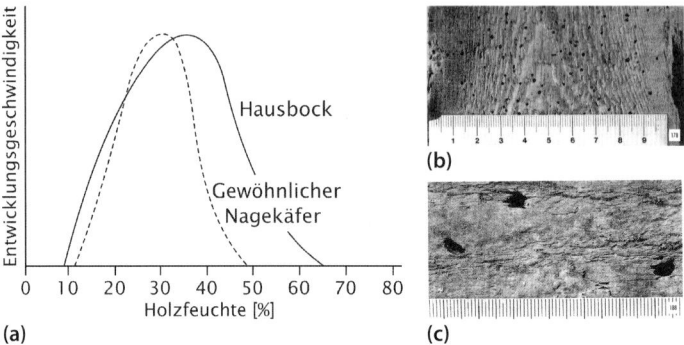

Abb. 5.2 Feuchteabhängige Entwicklung von Holzschädlingen (Quelle: nach Kempe [1]) (a) und Schadensbild Insektenfraß Nagekäfer (b) und Hausbock (c).

am Beispiel des Hausbocks („Holzbock") und der Larve des gewöhnlichen Nagekäfers (umgangssprachlich „Holzwurm"). Pilze benötigen eine Holzfeuchte von etwa 20 %, um sich zu entwickeln. Damit ein Befall durch Insekten oder Pilze möglich ist, muss das Holz über einen längeren Zeitraum feucht sein, d. h., eine kurzzeitige Feuchtebeanspruchung ist in der Regel unproblematisch, wenn das Holz danach wieder trocknen kann. Zum Schutz des Holzes gegenüber Schädlingen gibt es vier wesentliche Vorbeugungsmaßnahmen:

- Auswahl sicherer Konstruktionen
- Beachtung des konstruktiven Holzschutzes
- Verwendung dauerhafter Hölzer
- chemischer Holzschutz

Zur Klassifizierung von Bauteilen hinsichtlich ihrer Exposition und ihrer Gefährdung werden diese in sogenannte Gebrauchsklassen (GK, siehe Tab. 5.1) eingestuft.

Die Einordnung in GK hängt entscheidend von der zu erwartenden Holzfeuchte ab. Diese wiederum wird von zahlreichen konstruktiven Randbedingungen beeinflusst. Deshalb ist die Zuordnung nicht immer eindeutig. Weitere Kriterien sind Zugänglichkeit und Kontrollierbarkeit sowie die Bedeutung für das Tragwerk und die Austauschbarkeit. Abbildung 5.3 veranschaulicht dies am Beispiel

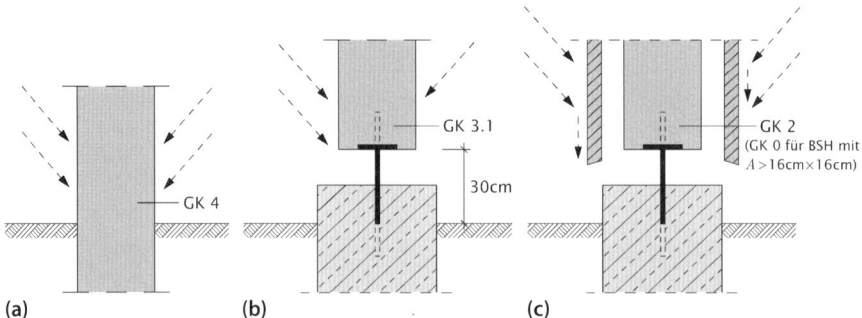

Abb. 5.3 Stütze im Freien: (a) Holz mit Erdkontakt; (b) Holz bewittert; (c) Holz durch bauliche Maßnahmen vor Niederschlägen geschützt.

Tab. 5.1 Definition von Gebrauchsklassen (GK) nach DIN 68800-1.

GK	Holzfeuchte/ Exposition	Allgemeine Gebrauchsbedingung	Gefährdung durch Insekten	Pilze	Moderfäule	Auswaschbeanspruchung
0	Trocken (ständig ≤ 20 %), mittlere relative Luftfeuchte bis 85 %	Holz oder Holzprodukt unter Dach, nicht der Bewitterung und keiner Befeuchtung ausgesetzt, Anordnung von Insektenschutzgittern	Nein	Nein	Nein	Nein
1	Trocken (ständig ≤ 20 %), mittlere relative Luftfeuchte bis 85 %	Holz oder Holzprodukt unter Dach, nicht der Bewitterung und keiner Befeuchtung ausgesetzt	Ja	Nein	Nein	Nein
2	Gelegentlich feucht (> 20 %), mittlere relative Luftfeuchte über 85 % oder zeitweise Befeuchtung durch Kondensation	Holz und Holzprodukte unter Dach, nicht der Bewitterung ausgesetzt, eine hohe Umgebungsfeuchte kann zu gelegentlicher, aber nicht dauernder Befeuchtung führen	Ja	Ja	Nein	Nein
3.1	Gelegentlich feucht (> 20 %), Anreicherung von Wasser im Holz, auch räumlich begrenzt, zu erwarten	Holz und Holzprodukte nicht unter Dach, mit Bewitterung, aber ohne ständigen Erd- oder Wasserkontakt, Holz kann rücktrocknen	Ja	Ja	Nein	Ja
3.2	Häufig feucht (> 20 %), Anreicherung von Wasser im Holz, auch räumlich begrenzt, zu erwarten	Holz oder Holzprodukte nicht unter Dach, mit Bewitterung, aber ohne ständigen Erd- oder Wasserkontakt, Anreicherung von Wasser im Holz, auch räumlich begrenzt, zu erwarten[a]	Ja	Ja	Nein	Ja
4	Vorwiegend bis ständig feucht (> 20 %)	Holz oder Holzprodukte in Kontakt mit Erde oder Süßwasser und so bei mäßiger bis starker Beanspruchung vorwiegend bis ständig einer Befeuchtung ausgesetzt	Ja	Ja	Ja	Ja
5	Ständig feucht (> 20 %)	Holz oder Holzprodukte, ständig Meerwasser ausgesetzt[b]	Ja	Ja	Ja	Ja

a) Bauteile, bei denen über mehrere Monate Ablagerungen von Schmutz, Erde, Laub u. Ä. zu erwarten sind, sowie Bauteile mit besonderer Beanspruchung, z. B. durch Spritzwasser, sind in GK 4 einzustufen.
b) Zusätzlich Gefährdung durch Holzschädlinge im Meerwasser.

Tab. 5.2 Zuordnung von Bauteilen zu einer Gebrauchsklasse (GK).

GK 0	Geneigte, im Gefach nicht belüftete Dächer nach Abb. 4.4
	Geneigte Dächer mit Aufsparrendämmung nach Abb. 4.6
	Flachdachkonstruktionen mit und ohne raumseitige Bekleidung nach Abb. 4.8
	Decke unter nicht ausgebauten Dachräumen nach Abb. 4.17
	Außenwand in Holztafelbauart nach Abb. 4.19[a)]
	Außenwand in Holzmassivbauart nach Abb. 4.20
GK 1	Spitzboden; GK 0, falls Dachraum zugänglich und die Konstruktion einsehbar ist oder wenn technisch getrocknetes Holz ($u \leq 20\,\%$) verwendet wird
GK 3.1	Außenwandbekleidung hinterlüftet[b)]
	Senkrechte Konstruktionshölzer im Außenbereich
GK 3.2	Horizontale Konstruktionshölzer im Außenbereich
	Terrassendeck[c)]
GK 4	Pfosten in direktem Erdkontakt

a) Sonderregelung zur Schwelle siehe Abschn. 5.2.
b) Bei Schutz durch ausreichenden Überstand: GK 1/GK 2.
c) Bei Gefahr von Schmutzansammlung: GK 4.

des Stützenfußes eines Carports. Unterschiedliche Bauteile können anhand von DIN 68800 und dem zugehörigen Praxiskommentar [2] den GK zugeordnet werden. Einige Beispiele daraus sind in Tab. 5.2 aufgelistet. Diese Festlegungen beziehen sich auf eine repräsentative Situation in Deutschland. Die Gefährdung durch Pilzsporen ist regional oder lokal oft sehr unterschiedlich. In anderen Klima- und Vegetationszonen treten andere Gefährdungen auf. Als Beispiel sind Termiten zu nennen, die in Südeuropa zu den gefährlichen Holzschädlingen zählen.

Es sollte immer das Ziel sein, durch sichere Konstruktionen und durch Maßnahmen des konstruktiven Holzschutzes eine Einordnung der Bauteile in GK 0 zu erreichen. Dies ermöglicht die Verwendung einheimischer Hölzer und erlaubt den Verzicht auf chemische Produkte.

5.2 Sichere Konstruktionen

Unter dem Überbegriff „sichere Konstruktionen" kann man Konstruktionsprinzipien für Bauteile zusammenfassen, bei deren Anwendung die Bedingungen für die GK 0 erfüllt sind. Die zwei wesentlichen Bedingungen sind:

- keine dauerhafte Feuchtigkeit in der Konstruktion
- kein Zugang für Insekten

Die erste Bedingung ist dann erfüllt, wenn aus der Erfahrung heraus bekannt ist oder durch eine feuchtetechnische Berechnung nachgewiesen wird, dass die Feuchte, die im Winterhalbjahr durch Diffusion in die Konstruktion gelangt, im Sommerhalbjahr wieder austrocknet. Ein Feuchtetransport durch Konvektion muss durch eine ausreichende Luftdichtigkeit ausgeschlossen sein. Die zweite Bedingung kann dadurch erfüllt werden, dass mögliche Zugänge zu belüfteten Zwischenräumen mit Insektengittern verschlossen werden. Bei Hölzern, die often zugänglich und kontrollierbar sind, kann und muss die zweite Bedingung nicht eingehalten werden. Beispiele für sichere Konstruktionen geneigter Dächer sind in Abschn. 4.1 dokumentiert.

Im Unterschied zu geneigten Dächern ist die äußere Dachhaut von Flachdächern wasserdicht ausgeführt. Dies hat zur Folge, dass Konstruktionsteile aus Holz keine Feuchtigkeit nach außen abgeben können, auch wenn im Sommer die Sonne auf das Dach scheint. Wenn unterhalb der Holzbauteile eine Dampfsperre angeordnet wird, die einen Feuchtetransport aus dem Bauteil heraus verhindert, dann ist praktisch kein Rücktrocknen mehr möglich, wenn außerplanmäßig Feuchte anfällt. Deshalb gelten für Flachdachkonstruktionen besondere Regeln. Diese sind in Abschn. 4.1 durch einige Beispiele veranschaulicht.

Im Grunde sind bei Außenwänden die gleichen Punkte wie bei den Dachkonstruktionen zu beachten. Besonderes Augenmerk ist darüber hinaus auf die Schwelle zu legen, die auf der Bodenplatte oder auf der Kellerdecke montiert wird. Diese ist einer erhöhten Gefährdung durch die Nähe zum Erdreich oder durch Spritzwasser und ablaufenden Niederschlag ausgesetzt. Aus diesem Grund müssen folgende bauliche Maßnahmen eingehalten werden, um die Schwelle in GK 0 einzustufen:

- Abdichtungslage unterhalb der Schwelle
- Unterkante Schwelle mindestens 30 cm über dem Niveau des anstehenden Geländes (Geländeoberkante – GOK)

oder

- Unterkante Schwelle mindestens 15 cm über GOK in Verbindung mit einem 30 cm breiten Kiesbett (Körnung 16/32 mm)

Geringere Höhendifferenzen sind möglich, wenn zusätzliche konstruktive Maßnahmen, wie z. B. der Einbau von Fugendichtbändern, vorgesehen werden. Diese Punkte sind bereits dem konstruktiven Holzschutz zuzuordnen.

5.3 Konstruktiver Holzschutz

Der konstruktive Holzschutz nimmt als Maßnahme zur Vermeidung von Schäden ohne chemischen Holzschutz eine Schlüsselrolle ein. Durch den konstruktiven Holzschutz kann die Dauerhaftigkeit einer Holzkonstruktion entscheidend beeinflusst werden (siehe Abb. 5.3 und 5.4). Die Ausbildung des Fußpunktes einer Stütze ist eine klassische Problemstelle. Grundsätzlich sollte es vermieden werden, Holzbauteile direkt mit dem Erdreich in Kontakt zu bringen. Der Stützenfuß (Holz) sollte mindestens 30 cm über der GOK liegen, um den direkten Kontakt mit dem Fundament oder dem Erdreich zu vermeiden und einer Feuchtebeanspruchung durch Spritzwasser vorzubeugen.

Zum konstruktiven Holzschutz zählen weiterhin Abdeckungen, die die Konstruktionshölzer vor direkter Bewitterung schützen (siehe Abb. 5.7). Als Abdeckungsmaterial wird häufig Blech und auch Holz verwendet. Bei Holzbrettern als Abdeckung, die leicht ausgewechselt werden können, spricht man vom „Opferbrettern". Unter Umständen ist es auch sinnvoll, hierfür Hölzer mit einer höheren Dauerhaftigkeit zu verwenden (siehe Abschn. 5.4). Abbildung 5.5 zeigt einen Anschluss zwischen Stütze und Strebe, bei dem eine Abdeckung der Strebe mit ei-

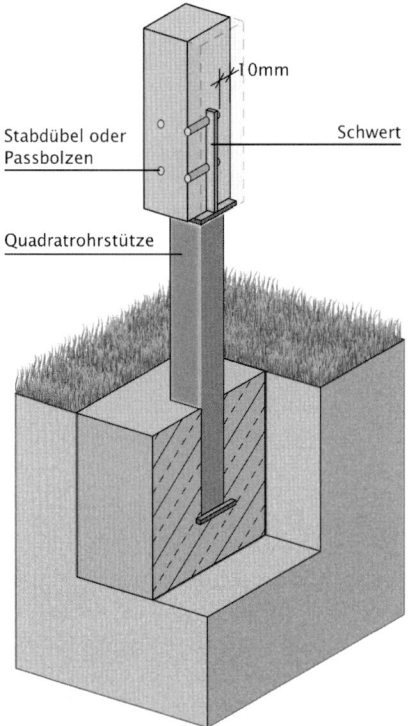

Abb. 5.4 Ausbildung eines Stützenfußes.

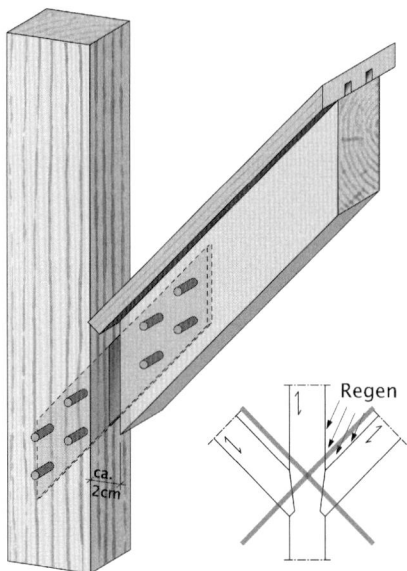

Abb. 5.5 Anschluss zwischen Stütze und Strebe.

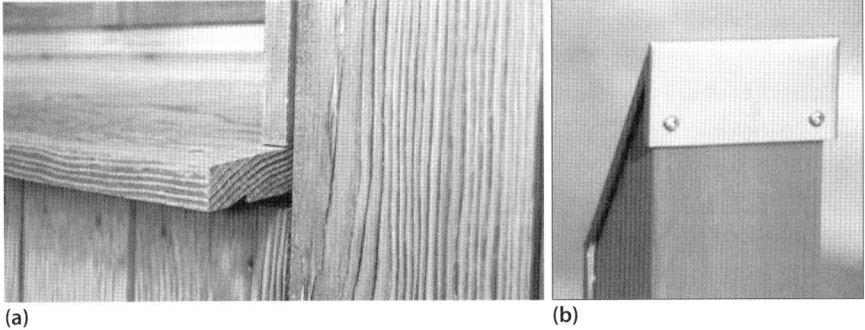

Abb. 5.6 Abdeckungen: (a) Fensterbrett (auswechselbar) mit Nut als Tropfkante; (b) Blechabdeckung.

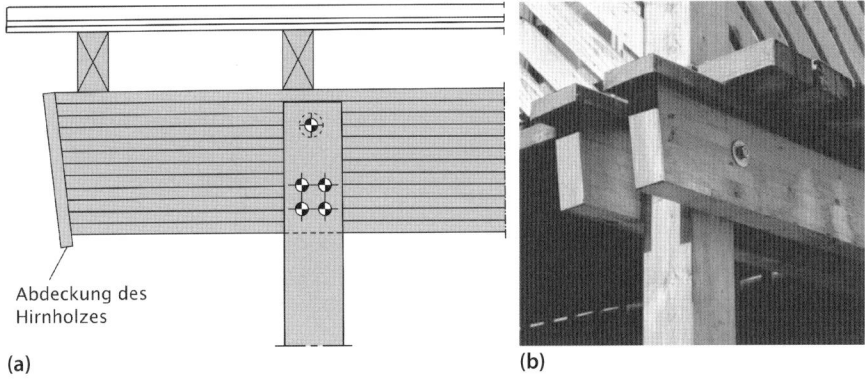

Abb. 5.7 Schutz des Hirnholzes: (a) durch Abdeckbrett; (b) durch Blechabdeckung.

nem austauschbaren Brett vorgesehen wurde. Außerdem wurde ein Abstand (ca. 2 cm) zwischen Stütze und Strebe gelassen, um das Abfließen des Wassers und ein Austrocknen zu begünstigen. Kehlen, in denen sich Wasser sammeln kann, sollten in jedem Fall vermieden werden.

Um anfallendes Wasser möglichst schnell abführen zu können und dadurch stehende Feuchtigkeit zu vermeiden, ist es sinnvoll, horizontale Flächen anzuschrägen. Durch entsprechende Kantungen von Blechabdeckungen oder Anfasen der Holzkanten von Abdeckungen oder das Einfräsen von Nuten werden Tropfkanten geschaffen (siehe Abb. 5.6). Dabei ist es sinnvoll, Abdeckungen seitlich überstehen zu lassen, um zusätzlich einer seitlichen Bewitterung vorzubeugen. Für Außenwände sind Dachüberstände seit jeher ein bewährter Wetter- und Feuchteschutz. Mit einem ausreichenden Dachüberstand lässt sich die Schlagregenbeanspruchung und Spritzwasserbeanspruchung im Sockelbereich wirksam reduzieren (siehe Abb. 5.8). Zur Bestimmung eines ausreichenden Dachüberstandes gibt es die sogenannte 60°-Regel. D. h., man geht davon aus, dass der Bereich innerhalb dieser gedachten unter 60° geneigten Ebene vor Bewitterung geschützt ist. Zahlreiche anschauliche Beispiele und weitere Informationen zum konstruktiven Holzschutz finden sich in den vom Informationsdienst Holz herausgegebenen Broschüren [3, 4].

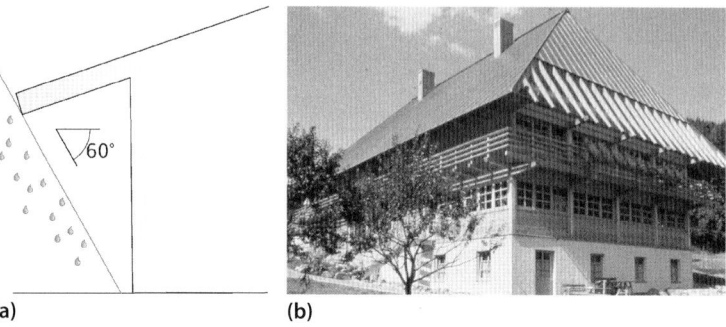

Abb. 5.8 Ausreichende Dachüberstände: (a) Prinzip der „60°-Regel"; (b) Anwendungsbeispiel.

5.4 Dauerhafte Hölzer

Man unterscheidet fünf Dauerhaftigkeitsklassen für unterschiedliche Holzarten. Wobei die Klasse 1 für maximale und die Klasse 5 für minimale Dauerhaftigkeit stehen. Die natürliche Dauerhaftigkeit von Hölzern ist sehr unterschiedlich. Einige Beispiele sind in Tab. 5.3 aufgeführt.

Neben der natürlichen Dauerhaftigkeit gegenüber Pilzbefall werden die Hölzer auch hinsichtlich ihrer Resistenz gegenüber Insekten und Holzschädlingen im Meerwasser unterschieden. Eine geschickte Kombination unterschiedlich dauerhafter Hölzer kann bei einer Konstruktion, deren Elemente in unterschiedliche Gebrauchsklassen einzuordnen sind, sinnvoll sein.

Tab. 5.3 Dauerhaftigkeitsklassen ausgewählter Holzarten nach DIN-EN-350-2 in Verbindung mit DIN-68800-1.

Holzart	Botanischer Name	Dauerhaftigkeitsklasse für Kernholz	Anwendung ohne chemischen Holzschutz
Nadelholz			
Fichte	*Picea abies* Karst.	4	Bis GK 0
Tanne	*Abies alba* Mill.	4	Bis GK 0
Lärche	*Larix decidua* Mill.	3	Bis GK 1
Kiefer	*Pinus sylvestris* L.	3–4	Bis GK 1, wenn Anteil Splintholz < 10 %
Laubholz			
Afzelia	*Afzelia africana*	1	Bis GK 3.2
Teak	*Tectona grandis*, aus Plantagen	1–3	Bis GK 3.2
Azobé	*Lophira alata*	2	Bis GK 4
Eiche	*Quercus robur*	2	Bis GK 4

5.5 Chemischer Holzschutz

Wenn alle anderen Möglichkeiten ausgeschöpft sind, dann muss Holz durch Imprägnierung, Anstrich oder Tränkung geschützt werden. Der chemische Holzschutz kann nie für sich allein stehen, sondern ist immer in Verbindung mit dem konstruktiven Holzschutz zu sehen. Grundsätzlich gilt: Ungenügender konstruktiver Holzschutz kann durch chemischen Holzschutz nicht aufgewogen werden. Allerdings kann auf einen chemischen Holzschutz nur dann verzichtet werden, wenn ein Befall durch Insekten oder Pilze ausgeschlossen werden kann.

Welche Anforderungen an ein Holzschutzmittel gestellt werden, hängt von der Exposition des Bauteils ab, die durch die GK beschrieben wird. Die Tab. 5.4 stellt die Anforderungen und die für die Kennzeichnung der Produkte verwendeten Kurzzeichen zusammen.

Holzschutzmittel können drucklos (Streichen, Spritzen, Tränken) oder mit Druck (Druckimprägnierung) über die Holzoberfläche in das Holz eingebracht werden. Der Erfolg hängt von der Tränkbarkeit des Holzes, von der Holzfeuchte und von der Eignung des Holzschutzmittels für die jeweilige Verarbeitungsart ab. Eine Behandlung des gesamten Querschnitts lässt sich nur bei sehr filigranen Abmessungen erreichen. In der Regel wird sich die Eindringtiefe auf den Randbereich des Bauteils beschränken. Abbildung 5.9 zeigt, welche Konsequenzen dies für die Dauerhaftigkeit der Schutzwirkung haben kann.

Neuere Verfahren sind in der Lage, durch chemische Modifikation die Zusammensetzung des Holzes dauerhaft so zu verändern, dass ein Befall durch holz-

Tab. 5.4 Anforderungen an Holzschutzmittel für unterschiedliche Gebrauchsklassen (GK) nach DIN-68800-3.

GK	Anforderungen an Holzschutzmittel	Kurzzeichen
0	Keine Holzschutzmittel erforderlich	
1	Insektenvorbeugend	Iv
2[a)b)]	Insektenvorbeugend	Iv
	Pilzwidrig	P
3.1[b)]	Insektenvorbeugend	Iv
3.2[b)]	Pilzwidrig	P
	Witterungsbeständig	W
4	Insektenvorbeugend	Iv
	Pilzwidrig	P
	Witterungsbeständig	W
	Moderfäulewidrig	E
5	Wie für GK 4; zusätzlich Wirksamkeit gegen Holzschädlinge im Meerwasser	

a) Bei Holzbauteilen, für die keine Gefährdung durch Insektenbefall vorliegt, kann auf eine insektenvorbeugende Wirkung verzichtet werden.
b) Bei Gefährdung durch Bläuepilze an verbautem Holz in den GK 2 und 3 kann eine bläuewidrige Wirksamkeit (Kurzzeichen B) zweckmäßig sein; hierfür ist eine besondere Vereinbarung erforderlich.

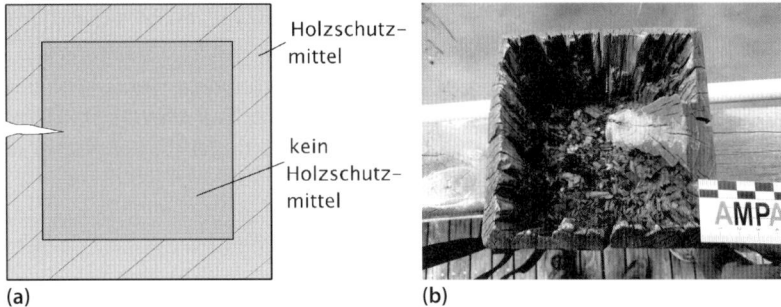

Abb. 5.9 (a) „Freilegung" des ungeschützten Holzes durch Rissbildung; (b) Dauerhaftigkeit des imprägnierten Holzes im Randbereich.

zerstörende Pilze oder Insekten verhindert wird. So gelingt es z. B. bei der Acetylierung unter hohem Druck, Wasser durch Essigsäure zu ersetzen. Aufgrund des größeren Volumens der Essigsäuremoleküle und der chemischen Bindung an die Zellwände ist der Erfolg dauerhaft und es werden – als Nebeneffekt – Quell- und Schwindverformungen reduziert.

5.6 Korrosionsschutz

Ob und wie Verbindungsmittel und Einbauteile (Bleche, Anker etc.) gegen Korrosion zu schützen sind, hängt von der Feuchtebeanspruchung ab, die auf diese Teile einwirkt. Der übliche Korrosionsschutz besteht in einer Verzinkung der Stahlteile. In Tab. 5.5 sind die erforderlichen Schichtdicken der Verzinkung vorgegeben.

Die Bezeichnungen bei galvanischer Verzinkung definieren Grundwerkstoff (Fe), Überzug (Zn), Schichtdicke (12 oder 25 µm) und Art des Chromüberzugs (c für Gelbchromüberzug).

Tab. 5.5 Mindestkorrosionsschutz oder Baustoffanforderungen für Verbindungen in verschiedenen Nutzungsklassen (NKL) nach DIN-EN 1995-1-1.

Verbindungsmittel	NKL[b]		
	1	2	3
Nägel und Schrauben mit $d \leq 4$ mm	Keine	Fe/Zn 12c[a]	Fe/Zn 25c[a]
Verbindungsmittel mit $d > 4$ mm	Keine	Keine	Fe/Zn 25c[a]
Stahlbleche bis 3 mm Dicke	Fe/Zn 12c[a]	Fe/Zn 12c[a]	Nichtrostender Stahl
Stahlbleche von 3 bis 5 mm Dicke	Keine	Fe/Zn 12c[a]	Nichtrostender Stahl
Stahlbleche über 5 mm Dicke	Keine	Keine	Fe/Zn 25c[a]

a) Bei Feuerverzinkungen ist in der Regel Fe/Zn 12c durch Z275 und Fe/Zn 25c durch Z350 nach EN 10147 zu ersetzen.
b) Bei besonderen korrosiven Bedingungen (z. B. Chlorideinwirkungen) sollten dickere Feuerverzinkungen oder nichtrostender Stahl in Betracht gezogen werden.

Bei einer Feuerverzinkung wird der Schichtauftrag angegeben. Z275 steht für eine Verzinkung mit 275 g/m².

Besondere Sorgfalt bei der Auswahl des Werkstoffes für die Verbindungsmittel ist notwendig, wenn mit aggressiven Stoffen im Holz (Holzschutzmittel, Gerbsäure bei Eiche) oder aus der Umgebung (z. B. Chlor oder Sole bei Schwimmbädern) für die spezielle Anwendung zu rechnen ist. In diesen Fällen sind geeignete nichtrostende Stähle zu verwenden.

Literatur

1 Kempe, K. (1999). *Dokumentation Holzschädlinge – Holzzerstörende Pilze und Insekten an Bauholz*. Berlin: Verlag Bauwesen.
2 Deutsches Institut für Normung e. V. und Internationaler Verein für technische Holzfragen e. V. (Hrsg.) (2012). Holzschutz. Praxiskommentar zu DIN 68800 Teile 1 bis 4, 2. Aufl. Berlin: Beuth-Verlag.
3 Studiengemeinschaft Holzleimbau e. V. (Hrsg.) (2015). Informationsdienst Holz: Holzschutz bei Ingenieurholzbauten. Holzbau Handbuch, Reihe 5, Teil 2, Folge 1.
4 Holzbau Deutschland Institut e. V. (Hrsg.) (2015). Informationsdienst Holz: Holzschutz – Bauliche Maßnahmen. Holzbau Handbuch, Reihe 5, Teil 2, Folge 2.

6
Brandschutz

6.1 Einführung

Holz brennt, das ist bekannt. Dennoch kann bei richtiger Wahl der Abmessungen und der Details eine ausreichende Feuerwiderstandsdauer für tragende Holzbaukonstruktionen erreicht werden. Wie andere Baustoffe, so sind auch die Festigkeitseigenschaften von Bauholz abhängig von der Temperatur. Abbildung 6.1 zeigt die Abnahme der Festigkeit in Abhängigkeit von der Temperatur. Die Abnahme der Festigkeit erfolgt bis 100 °C linear mit der Zunahme der Temperatur, ab einer Temperatur von ca. 100 °C fällt die Festigkeit deutlich ab.

Für die Bemessung von Holzbauteilen im Brandfall ist neben der Abnahme der Festigkeit vor allem der Querschnittsverlust durch Abbrand von großer Bedeutung (siehe Abb. 6.2).

Die Verbrennung von Holz läuft in unterschiedlichen Phasen ab. Bis zu einer Temperatur von ca. 120 °C verdunstet das im Holz enthaltene Wasser, diese Phase der Holzverbrennung wird als Trocknungsphase bezeichnet. Im Anschluss erfolgt die thermische Zersetzung des Holzes, dabei entstehen brennbare Gase und Holzkohle. Diese Pyrolysereaktion benötigt Temperaturen von 200 bis 300 °C und läuft in der Randzone des Querschnitts ab.

Bei Temperaturen von 280 bis 340 °C entzünden sich die brennbaren Gase und die Reaktion (das Verbrennen) läuft selbstständig ab. Die bei der thermischen

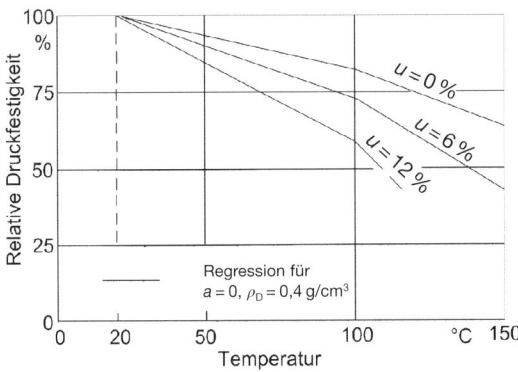

Abb. 6.1 Längsdruckfestigkeit von Nadelholz (Fichte) bei erhöhter Temperatur. (Quelle: nach [1]).

Ingenieurholzbau – Basiswissen: Tragelemente und Verbindungen, Erste Auflage.
Werner Seim und Johannes Hummel.
© 2019 Wilhelm Ernst & Sohn. Published 2019 by Wilhelm Ernst & Sohn.

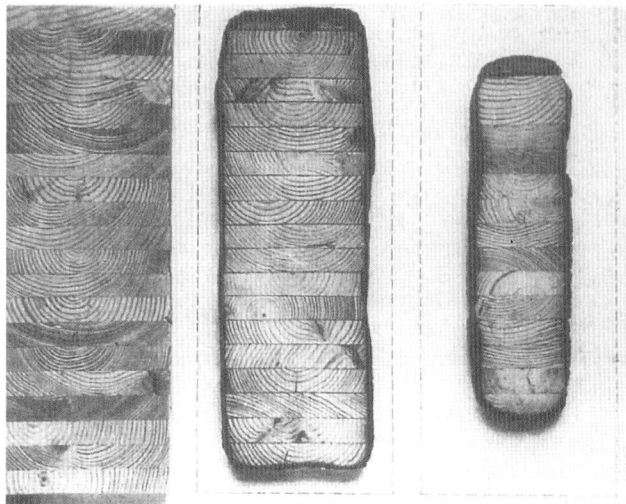

Abb. 6.2 Brettschichtholz-Querschnitt (BSH-Querschnitt) vor und nach einer Brandbeanspruchung von 30 bzw. 60 min.

Zersetzung entstehende Holzkohleschicht hat eine deutlich geringere Rohdichte und somit eine geringere Wärmeleitfähigkeit als das ursprüngliche Holz. Ist eine ausreichende Dicke der Holzkohleschicht erreicht, ist die Temperatur hinter dieser Schicht für die thermische Zersetzung nicht mehr ausreichend und die Reaktion verlangsamt sich. Aufgrund des langsamen Abbrands können Bauteile aus dem brennbaren Baustoff Holz bei richtiger Dimensionierung eine ausreichende Feuerwiderstandsdauer erreichen.

Im Gegensatz zu Bauteilen aus Stahl weist Holz ein vergleichsweise gutmütiges Brandverhalten auf. Während Stahl ab einer Temperatur von ca. 500 °C nur noch die halbe Festigkeit besitzt, ist die Festigkeit im Kernquerschnitt von brandbeanspruchten Bauteilen aus Holz nahezu unverändert.

6.2 Begriffe und rechtliche Regelungen

6.2.1 Vorschriften zum Brandschutz

Die Anforderungen zum Brandschutz beruhen auf gesetzlichen Bestimmungen. Der Brandschutz dient der öffentlichen Sicherheit und Ordnung, die Gesetzgebung erfolgt durch die Bundesländer. Die ersten Regelungen zum Brandschutz wurden bereits in der Antike formuliert. Im Sachsenspiegel (13. Jahrhundert) heißt es:

„Jeder soll auch abdecken seinen Backofen und seine Mauern, dass die Funken nicht in eines anderen Mannes Hof fliegen, jenem zu schaden" [2]. Durch das Wachstum der Städte wurde auch der bauliche Brandschutz immer wichtiger, um große Brände zu verhindern. Heute gibt es in den Bauordnungen der Länder eine Vielzahl von Regelungen zum Brandschutz.

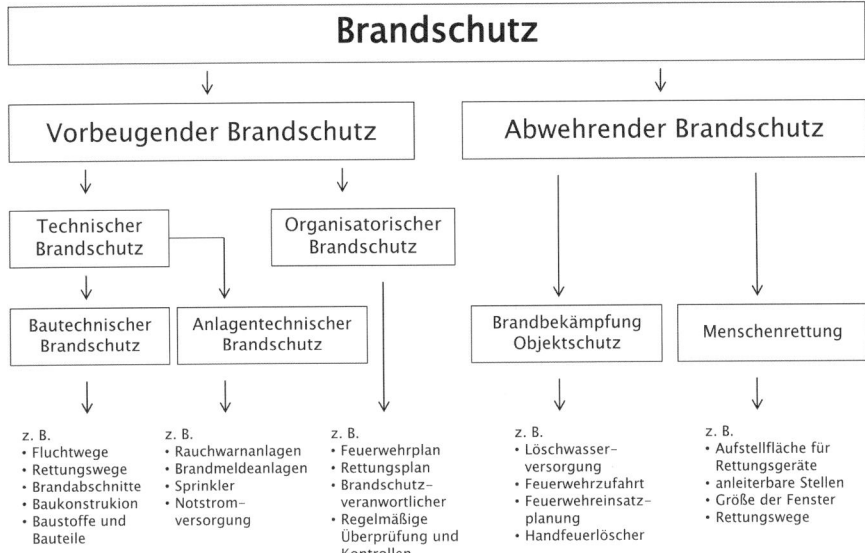

Abb. 6.3 Aufbau eines Brandschutzkonzeptes (beispielhaft).

Die übergeordneten Ziele des Brandschutzes sind der Schutz von Menschenleben und fremden Eigentums. Um möglichst einheitliche Regelungen der Bauordnungen in den einzelnen Bundesländern zu erreichen, wurde in Deutschland eine Musterbauordnung (MBO) [3] eingeführt. Allerdings unterscheiden sich die Bauordnungen der einzelnen Bundesländer immer noch in den Details. Das betrifft auch die Anforderungen zum Brandschutz. Der Brandschutz hat im Bauordnungsrecht einen großen Stellenwert. Neben den Bauordnungen gilt eine Vielzahl von Gesetzen und Verordnungen mit zusätzlichen Vorschriften zum Brandschutz, wie z. B.:

- die Versammlungsstättenverordnung
- die Verkaufsstättenverordnung
- die Krankenhausverordnung usw.

Grundsätzlich lässt sich der Brandschutz in zwei Bereiche einteilen (vgl. Abb. 6.3):

- Der *vorbeugende Brandschutz* befasst sich mit der Verhinderung bzw. mit der Eindämmung von Bränden.
- Der *abwehrende Brandschutz* behandelt die Brandbekämpfung und die Menschenrettung durch die Feuerwehr.

Zur Eindämmung des Brandes sind bauliche Maßnahmen am wirkungsvollsten. Die wichtigsten Maßnahmen zur Rettung von Menschen sind sorgfältig geplante und ausgeschilderte Fluchtwege, die richtige Planung und Ausbildung von Brandabschnitten sowie die Verwendung der richtigen Baumaterialien im Bereich der Fluchtwege. Der bauliche Brandschutz ist aber nur ein Teil eines ganzheitlichen Brandschutzkonzeptes (siehe Abb. 6.3).

Im Brandfall geht die größte Gefahr für den Menschen nicht von der Hitze oder dem Feuer aus, sondern vom Rauch, der die Sicht nimmt und zum Tod durch giftige Brandgase führen kann. Hier kann der anlagentechnische Brandschutz eine sinnvolle Ergänzung zum baulichen Brandschutz sein. Rauch- und Wärmeabzugsanlagen (RWA) können dabei helfen, die Fluchtwege rauchfrei zu halten und so eine schnelle Rettung von Personen zu ermöglichen. Weitere Möglichkeiten des anlagentechnischen Brandschutzes sind die Installationen fester Löscheinrichtungen wie Sprinkleranlagen oder Wandhydranten. Der organisatorische Brandschutz befasst sich in erster Linie mit der Erstellung von Feuerwehr- und Fluchtwegplänen sowie der Kontrolle der Zugänglichkeit der Rettungswege.

Der Brandschutz eines Gebäudes muss im Zusammenspiel aller Teilbereiche bewertet werden. Das Brandschutzkonzept eines Gebäudes definiert die Maßnahmen zur Erlangung der durch die Bauordnung definierten Schutzziele. Werden in Teilbereichen die konkreten Anforderungen der Bauordnung an einzelne Bauteile nicht erfüllt – das betrifft insbesondere die erforderliche Feuerwiderstandsdauer –, so können die Schutzziele durch Kompensationsmaßnahmen, wie z. B. eine Sprinkleranlage, dennoch erreicht werden.

6.2.2 Gebäudeklassen

In der Musterbauordnung werden Gebäude anhand der in Abb. 6.4 dargestellten Kriterien in Gebäudeklassen eingeteilt.

Die Gebäudeklassen 1 bis 5 werden anhand der Höhe der obersten Geschossdecke über dem Erdboden, der Größe der Gesamtfläche und der Anzahl der Nutzungseinheiten definiert.

Bei jedem Gebäude müssen im Brandfall mindestens zwei Rettungswege zur Verfügung stehen. Der erste Rettungsweg ist in allen Gebäuden die Treppe, über die bei der normalen Nutzung die Räume erschlossen werden. Der zweite Rettungsweg kann entweder baulich, z. B. über ein zweites Treppenhaus, oder über eine Feuerleiter sichergestellt werden. Die Leitern der Feuerwehr können als zweiter Rettungsweg akzeptiert werden, wenn die Oberkante der Brüstung, an

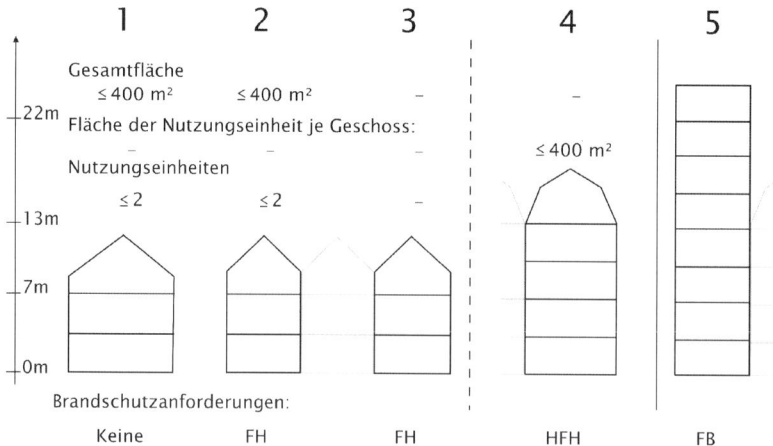

Abb. 6.4 Gebäudeklassen nach Musterbauordnung. *Fh* – feuerhemmend, *Hfh* – hochfeuerhemmend, *Fb* – feuerbeständig. (Quelle: [3]).

der zum Anleitern bestimmten Stelle, nicht höher als 8 m über der Geländeoberkante liegt. Bei einer Brüstungshöhe von ca. 1 m ergibt sich eine maximale Höhe der obersten Geschossdecke zu 7 m. Gebäude, die über dieser Grenze liegen (ab Gebäudeklasse 4), dürfen nur dann ohne zweiten baulichen Rettungsweg errichtet werden, wenn die zuständige Feuerwehr über Hubrettungsfahrzeuge (Drehleiter) verfügt und so die zur Rettung vorgesehenen Fenster erreichen kann. Gebäude ab einer Höhe der obersten Geschossdecke von 22 m über dem Erdboden werden als Hochhäuser bezeichnet.

6.2.3 Anforderungen an Bauteile und Baustoffe

Die MBO definiert Anforderungen in Bezug auf die Feuerwiderstandsdauer und die Materialeigenschaften (Tab. 6.1). Die Anforderungen an Bauteile und Materialien werden mit zunehmender Gebäudeklasse höher. Grundsätzlich werden

Tab. 6.1 Bauteilanforderungen nach Musterbauordnung (MBO, Quelle: [3]).

MBO	Bauteilbeschreibung	Gebäudeklasse				
		1	2	3	4	5
§27	Tragende Wände und Stützen (allgemein)	—	Fh	Fh	Hfh	Fb
	Tragende Wände und Stützen im Dachgeschoss, wenn darüber keine Aufenthaltsräume möglich sind	—	—	—	—	—
	Tragende Wände und Stützen im Kellergeschoss	Fh			Fb	
§29	Trennwände zwischen Nutzungseinheiten sowie zwischen Nutzungseinheiten und anders genutzten Räumen	Fh[a]		Fh	Hfh	Fb
	Trennwände zwischen Aufenthaltsräumen und anders genutzten Räumen im Kellergeschoss	Fh[a]		Fb		
§30	Anstelle von Brandwänden zulässige Wände	Hfh			Hfh[b]	Bw
§31	Decken (allgemein)	—	Fh	Fh	Hfh	Fb
	Decken im obersten Dachgeschoss	—	—	—	—	—
	Decken im Kellergeschoss	Fh			Fb	
	Decken zwischen landwirtschaftlich genutztem Teil und Wohnteil eines Gebäudes	Fb				
§35	Wände notwendiger Treppenräume	Nicht erforderlich		Fh	Hfh[b]	Bw
§36	Wände notwendiger Flure (allgemein)				Fh	
	Wände notwendiger Flure im Kellergeschoss	Fh			Fb	

Fh – feuerhemmend, *Hfh* – hochfeuerhemmend, *Fb* – feuerbeständig, *Bw* – Brandwand.

a) Anforderungen gelten nicht für Wohngebäude.
b) Unter zusätzlicher mechanische Beanspruchung.

die folgenden drei Anforderungen unterschieden:

- Feuerhemmende Konstruktionen (Fh) müssen eine Feuerwiderstandsdauer von mindestens 30 min aufweisen.
- Hochfeuerhemmende Konstruktionen (Hfh) müssen eine Feuerwiderstandsdauer von mindestens 60 min aufweisen.
- Feuerbeständige Konstruktionen (Fb) müssen eine Feuerwiderstandsdauer von mindestens 90 min aufweisen.

Die Anforderungen bezüglich der Feuerwiderstandsdauer von Bauteilen sollen sicherstellen, dass Flüchtende und Retter nicht durch einstürzende Bauteile gefährdet werden.

6.2.4 Baustoffklassen und Feuerwiderstandsdauer

Baustoffe werden in Abhängigkeit von ihrem Brandverhalten in Baustoffklassen eingeteilt, dabei werden grundsätzlich brennbare und nichtbrennbare Baustoffe unterschieden. Nichtbrennbare Baustoffe werden der Baustoffklasse A zugeordnet. Die Baustoffklasse A1 enthält alle Baustoffe, die ausschließlich nichtbrennbare Bestandteile aufweisen. Beispiele hierfür sind z. B. Ziegelsteine oder Beton. Die Baustoffklasse A2 enthält alle Baustoffe, die nichtbrennbar sind, aber brennbare Bestandteile enthalten (z. B. Gipskartonplatten). Brennbare Baustoffe werden der Baustoffklasse B zugeordnet. Hier wird zwischen B1 schwer-, B2 normal- und B3 leichtentflammbaren Baustoffen unterschieden. Leichtentflammbare Baustoffe sind in der Regel für Anwendungen im Bauwesen nicht zugelassen. Diesen deutschen Klassifizierungen werden in Tab. 6.2 die Bezeichnungen der europäischen Klassifizierung gegenübergestellt.

Die Einstufung der Materialien erfolgt anhand eines standardisierten Versuches, des sogenannten Room-Corner-Tests (Abb. 6.5). Hierbei werden die Materialien entsprechend ihrer späteren Verwendung in einen Versuchsraum eingebaut. Der Brandraum wird mithilfe eines Gas- oder Ölbrenners entsprechend

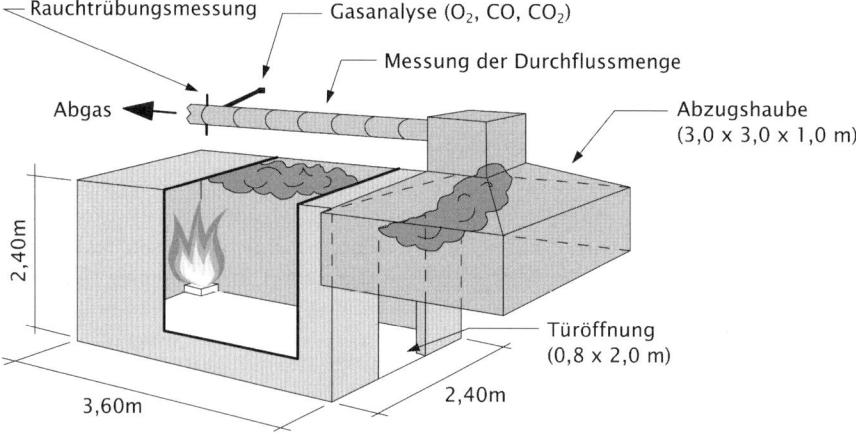

Abb. 6.5 Versuchsaufbau Room-Corner-Test.

Tab. 6.2 Baustoffklassen nach DIN 4102-2 und DIN EN 13501-2.

Baustoffklassen – Zuordnung					
Baurechtliche Einteilung[a]		Nationale Klassifizierung DIN 4102-1		Europäische Klassifizierung	
Brandverhalten	Bauaufsichtliche Benennung			DIN EN 13501-1	Kriterium[b]
Nichtbrennbare Baustoffe	Nichtbrennbare Baustoffe	A	A1	A1	Kein „Flash-Over"; Brennwert ≤ 2 MJ/kg
	Nichtbrennbare Baustoffe mit brennbaren Bestandteilen		A2	A2	Kein „Flash-Over"; Brennwert ≤ 2 MJ/kg
Brennbare Baustoffe	Schwerentflammbare Baustoffe	B	B1	B	Kein „Flash-Over"
				C	10–20 min bis zum „Flash-Over" im „Room-Corner-Test"
	Normalentflammbare Baustoffe		B2	D	2–10 min bis zum „Flash-Over" im „Room-Corner-Test"
				E	0–2 min bis zum „Flash-Over" im „Room-Corner-Test"
	Leichtentflammbare Baustoffe		B3	F	Keine Anforderungen an die Zeitdauer

a) DIN 4102-1 Abs. 3 Baustoffklassen: Baurechtliche Einteilung nach dem Brandverhalten von Baustoffen.
b) Zuordnung der Zeitdauer bis zum „Flash-Over" im „Room-Corner-Test".

Tab. 6.3 Baustoffeigenschaften nach DIN EN 13501-2.

Rauchentwicklung		Brennendes Abtropfen	
s1	Keine/kaum Rauchentwicklung	d0	Kein Abtropfen
s2	Mittlere Rauchentwicklung	d1	Begrenztes Abtropfen
s3	Starke Rauchentwicklung	d2	Starkes Abtropfen

einer Einheitstemperaturkurve erhitzt und die Zeit bis zum Flash-Over wird gemessen. Als Flash-Over wird die Durchzündung der entstehenden Rauchgase bezeichnet. Gleichzeitig wird die freigesetzte Wärmeenergie gemessen, sodass bewertet werden kann, ob der verwendete Baustoff zur Ausbreitung eines Brandes beiträgt.

Neben der grundsätzlichen Einstufung der Materialien können weitere Eigenschaften klassifiziert werden. Die Klassifizierungen s1 bis s3 beschreiben die Rauchentwicklung bei einer Brandbeanspruchung, die Klassifizierungen d0 bis d2 geben Auskunft, ob mit brennendem Abtropfen oder Herabfallen von Baustoffen im Brandfall zu rechnen ist (vgl. Tab. 6.3).

Tab. 6.4 Feuerwiderstandsklassen nach DIN 4102-2 bzw. DIN EN 13501-2.

Feuer-widerstands-klassen	Baustoffklasse Wesentliche Teile	Übrige Teile	Kurzbezeichnung DIN 4102-2	MBO
F30	B	B	F30 – B	Fh
	A	B	F30 – AB	
	A	A	F30 – A	
F60	A	B	F60 – AB	Hfh
	A	A	F60 – A	
F90	A	A	F90 – A	Fb
	A	B	F90 – AB	

MBO – Musterbauordnung, *Fh* – feuerhemmend, *Hfh* – hochfeuerhemmend, *Fb* – feuerbeständig.

Die Feuerwiderstandsdauer tragender Bauteile wird nach deutschen Regelungen mit F und nach europäischen Regeln mit R sowie der Zeitangabe in Minuten bezeichnet. Tabelle 6.4 stellt Feuerwiderstandsklassen in Kombination mit Baustoffklassen gemäß DIN 4102-1 den Anforderungen der MBO gegenüber.

6.2.5 Kapselung von Holztafelkonstruktionen

Die MBO fordert in Bauwerken der Gebäudeklasse 4 eine Feuerwiderstandsdauer für tragende Bauteile im Regelgeschoss von 60 min (hochfeuerhemmend). In Wandtafeln, deren Beplankung sicherstellt, dass diese Anforderung erfüllt wird, könnte es aufgrund der Hohlräume in der Konstruktion im Brandfall zu verborgenen Schwelbränden kommen. Die Muster-Richtlinie über brandschutztechnische Anforderungen an hochfeuerhemmende Bauteile in Holzbauweise [4] definiert deshalb als zusätzliche Anforderungen Kapselklassen. Durch die Forderung der Kapselklasse K 60 wird sichergestellt, dass die Temperatur hinter der Brandschutzbekleidung während der definierten Brandbeanspruchung von 60 min im Mittel nicht um mehr als 250 K ansteigt. Diese Forderung resultiert aus der Tatsache, dass sich Holz unter schneller Erwärmung bei ca. 270–300 °C selbst entzündet ohne direkte Einwirkung eines Feuers. Die Temperatur auf der Rückseite der Wand darf im Mittel nicht um mehr als 140 K ansteigen. Abbildung 6.6 zeigt beispielhaft die Randbedingungen für die Leistungskriterien K 60/F 60 und K 30/F 30. Die Kapselklassen K 30 und K 60 werden z. B. durch Beplankung mit Gipsfaserplatten oder Gipskartonplatten erreicht. Die erforderlichen Beplankungsdicken sind in Abb. 6.6 angegeben.

6.3 Nachweis der Feuerwiderstandsdauer

6.3.1 Tragsicherheit des Restquerschnittes – „Warme Bemessung"

Der Nachweis einer ausreichenden Feuerwiderstandsdauer kann als „warme Bemessung" erfolgen. Dabei wird der Querschnittsverlust infolge von Abbrand

6.3 Nachweis der Feuerwiderstandsdauer | 163

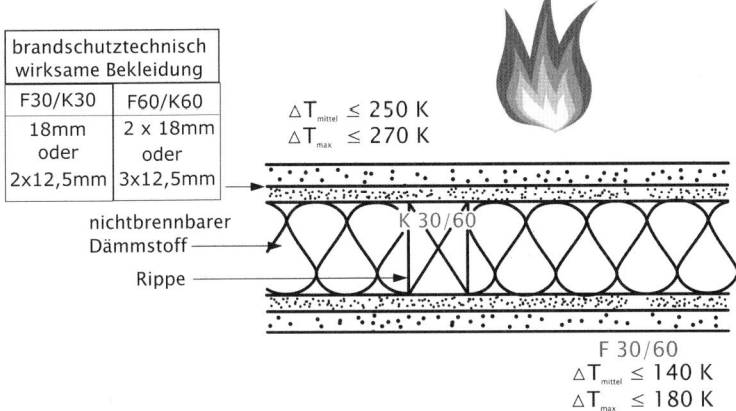

Abb. 6.6 Leistungskriterien K 30/K 60 und F 30/F 60 im Vergleich.

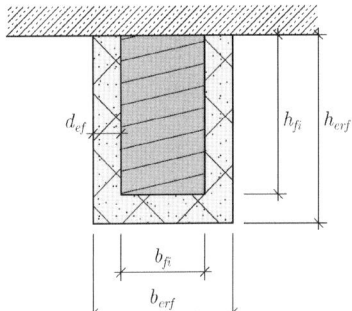

Abb. 6.7 Restquerschnitt eines brandbeanspruchten Deckenbalkens.

berücksichtigt. Genau genommen wäre es auch erforderlich, für den Restquerschnitt die Festigkeit aufgrund der erhöhten Temperatur abzumindern. Es darf aber vereinfachend davon ausgegangen werden, dass die Festigkeitseigenschaften des unter Berücksichtigung des Abbrandes ermittelten Restquerschnittes durch die Temperatureinwirkung nicht beeinflusst werden. In diesem Fall wird die geringere Festigkeit pauschal mit einem Aufschlag d_0 zusätzlich zur rechnerischen Abbrandtiefe kompensiert.

Die ideelle Abbrandtiefe infolge der Brandbeanspruchung (vgl. Abb. 6.7) wird nach Gl. (6.1) bestimmt.

$$d_{ef} = \beta_n \cdot t + d_0 \tag{6.1}$$

β_n ideelle Abbrandrate
t Zeitdauer der Brandbeanspruchung
d_0 7 mm

Die Werte der ideellen Abbrandrate β_n werden in Tab. 6.5 in Abhängigkeit von der Holzart und der Rohdichte angegeben. Die ideelle Abbrandrate berücksichtigt den erhöhten Abbrand an den Ecken des Querschnittes und an evtl. vorhandenen Rissen.

Tab. 6.5 Ideelle Abbrandraten β_n.

Material	β_n [mm/min]
Nadelholz und Buche	
BSH mit einer charakteristischen Rohdichte von $\geq 290\,\text{kg/m}^3$	0,7
Vollholz mit einer charakteristischen Rohdichte von $\geq 290\,\text{kg/m}^3$	0,8
Laubholz	
Vollholz oder BSH mit einer charakteristischen Rohdichte von $\geq 290\,\text{kg/m}^3$	0,7
Vollholz oder BSH mit einer charakteristischen Rohdichte von $\geq 450\,\text{kg/m}^3$	0,55
Furnierschichtholz mit einer charakteristischen Rohdichte von $\geq 480\,\text{kg/m}^3$	0,7

Eine Beanspruchung von Bauteilen infolge einer Brandeinwirkung stellt für die Bauteile eine außergewöhnliche Belastung dar. Um die für die Bemessung im Brandfall maßgebenden Einwirkungen $E_{d,fi}$ zu erhalten, können die Kombinationsregeln für außergewöhnliche Einwirkungen nach DIN EN 1990 verwendet werden. Alternativ kann zur Ermittlung der maßgebenden Einwirkungen ein vereinfachter Ansatz verwendet werden:

$$E_{d,fi} = \eta_{fi} \cdot E_d \tag{6.2}$$

mit

η_{fi} 0,6 im Regelfall
η_{fi} 0,7 für Tragwerke mit Nutzlasten aus Lagernutzung
E_d maßgebende Einwirkung im Grenzzustand der Tragfähigkeit (GZT) unter normaler Temperatur

Aufgrund der veränderten Sicherheitsanforderungen im Fall von Bränden werden die Bemessungswerte der Beanspruchbarkeit gegenüber den Bemessungswerten im GZT erhöht. Anstatt der sonst üblichen Verwendung von 5 %-Fraktilwerten der Festigkeitseigenschaften können im Brandfall die 20 %-Fraktilwerte verwendet werden. Dazu wird der Beiwert k_{fi} eingeführt.

Bei der Bemessung von Bauteilen im Brandfall darf der Bemessungswert der Festigkeit wie folgt bestimmt werden:

$$f_{d,fi} = k_{fi} \cdot \frac{k_{mod,fi} \cdot f_k}{\gamma_{m,fi}} \tag{6.3}$$

mit

k_{fi} nach Tab. 6.6
$k_{mod,fi}$ 1,0
$\gamma_{m,fi}$ 1,0

Den Nachweis der Biegespannungen bei einachsiger Biegung lautet somit:

$$\frac{\sigma_{d,fi}}{f_{d,m,fi}} \leq 1,0 \tag{6.4}$$

Tab. 6.6 Modifikationsbeiwerte k_{fi}.

Material	k_{fi}
Massivholz	1,25
BSH	1,15
Holzwerkstoffe	1,15
Furnierschichtholz	1,10
Auf Abscheren beanspruchte Verbindungen mit Seitenteilen aus Holz oder Holzwerkstoffen	1,15
Auf Abscheren beanspruchte Verbindungen mit außenliegenden Stahlblechen	1,05
Auf Herausziehen beanspruchte Verbindungsmittel	1,05

Alle weiteren Nachweise können analog mit den Regelungen aus den entsprechenden Abschnitten in Kapitel 2 geführt werden.

Der Nachweis der Schubtragfähigkeit muss bei rechteckigen und runden Querschnitten nicht geführt werden. Für ausgeklinkte Träger sollte nachgewiesen werden, dass als Restquerschnitt im Bereich der Ausklinkung mindestens 60 % des bei Bemessung unter Normaltemperatur erforderlichen Querschnittes verbleiben.

6.3.2 Verbindungsmittel

Neben den Bauteilen aus Holz und Holzwerkstoffen müssen auch die Verbindungen eine ausreichende Feuerwiderstandsdauer aufweisen. Der Nachweis kann vereinfachend über die Einhaltung konstruktiver Randbedingungen geführt werden. Verbindungen mit stiftförmigen metallischen Verbindungsmitteln können als geschützte und ungeschützte Verbindungen ausgeführt werden. Ungeschützte Holz-Holz-Verbindungen mit Stabdübeln, Nägeln oder Schrauben mit nicht überstehenden Köpfen können durch die Erhöhung der Abmessungen der angeschlossenen Hölzer um a_{fi} nach Tab. 6.7 eine Feuerwiderstandsdauer von 30 min erreichen (siehe Abb. 6.8).

Tab. 6.7 Erhöhungsmaße a_{fi} für stiftförmige Verbindungsmittel.

Verbindungsmittel	Voraussetzung	a_{fi} [mm] R 30 VH	BSH	R 60 VH	BSH
Nägel	$d \geq 2{,}8$ mm	18	16	54	48
Schrauben	$d \geq 3{,}5$ mm	18	16	54	48
Stabdübel	$t_1 \geq 45$ mm	12	11	48	42
Passbolzen	$t_1 \geq 45$ mm	18	16	54	48
Dübel besonderer Bauart	$t_1 \geq 45$ mm	18	16	54	48

VH – Vollholz, BSH – Brettschichtholz.

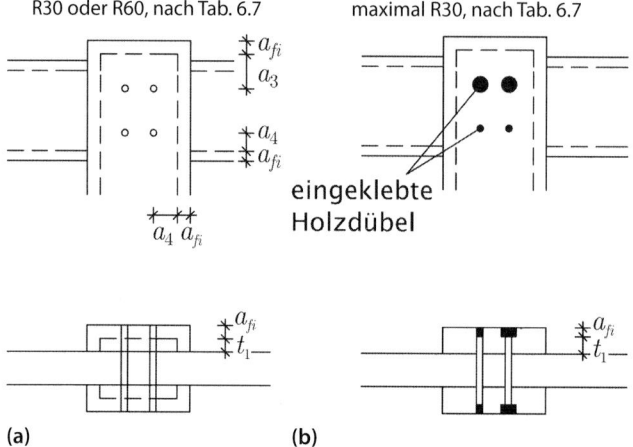

Abb. 6.8 Erhöhung der Feuerwiderstandsdauer durch konstruktive Maßnahmen: (a) Erhöhung Bauteilabmessungen und der Mindestabstände; (b) eingeklebte Holzdübel.

Tab. 6.8 Mindestbreite von ungeschützten innenliegenden Stahlblechen.

	Randbedingungen		b_{st}
	Ungeschützte Ränder auf mehr als zwei Seiten	R 30	≥ 200 mm
		R 60	≥ 280 mm
	Ungeschützte Ränder auf einer oder zwei Seiten	R 30	≥ 120 mm
		R 60	≥ 280 mm

Innenliegende Stahlbleche mit einer Blechdicke $t \geq 2$ mm können als ungeschützte Verbindungen ausgeführt werden, wenn die Abmessungen nach Tab. 6.8 eingehalten werden.

Werden die Anforderungen nach Tab. 6.8 nicht eingehalten, so sind die innen liegenden Stahlbleche durch eingeklebte Abdeckstreifen oder Bekleidungen aus Holzwerkstoff- oder Gipsplatten zu schützen (vgl. Abb. 6.9). Die erforderliche Dicke a_{fi} der Abdeckstreifen beträgt

- für eine Feuerwiderstandsdauer von 30 min $a_{fi} = 10$ mm und
- für eine Feuerwiderstandsdauer von 60 min $a_{fi} = 30$ mm.

Für hochfeuerhemmende Konstruktionen sind ungeschützte Verbindungen aufgrund der erforderlichen Feuerwiderstandsdauer von 60 min nicht ausführbar.

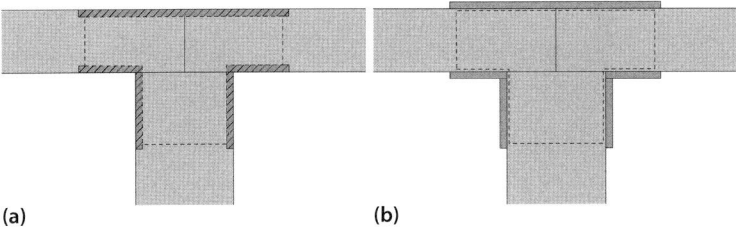

Abb. 6.9 Geschützte Stahlbleche mit eingeklebten Abdeckstreifen (a) und Plattenwerkstoffen (b).

Hochfeuerhemmende Verbindungen können durch zusätzliche Holzbekleidungen oder Bekleidungen mit Gipsplatten sowie durch eingeklebte Holzdübel erreicht werden. Tabelle 6.7 enthält Angaben zu erforderlichen Abmessungen eingeklebter Holzdübel.

Literatur

1 Glos, P. und Henrici, D. (1989). *Längsdruckfestigkeit von Fichtenholz im Temperaturbereich bis 150 °C: Holz als Roh- und Werkstoff*. Springer-Verlag.
2 Der Wolfenbütteler Sachsenspiegel – Digitalisat der Handschrift der Herzog August Bibliothek. – http://www.sachsenspiegel-online.de/cms/meteor/jbrowser/index.jsp?id=105&phraseId=ptr15049&anchorType=1&x=1193&y=1740&width=27.
3 Musterbauordnung MBO. Fassung November 2002, geändert durch Beschlusses der Bauministerkonferenz vom Oktober 2008.
4 Muster-Richtlinie über brandschutztechnische Anforderungen an hochfeuerhemmende Bauteile in Holzbauweise – M-HFHHOLZR, Juli 2004.

7
Rechenbeispiele

Anhand von zwei Referenzobjekten (siehe Abschn. 7.1) werden die wesentlichen Schritte für die Bemessung bzw. den Nachweis ausgewählter Bauteile in Rechenbeispielen (siehe Abschn. 7.2 und 7.3) angewendet. Dies schließt die Zusammenstellung der Einwirkungen und die Ermittlung der Schnittgrößen und Verformungen mit ein.

Die Rechenbeispiele sind so aufgebaut, dass sie für sich allein nachvollziehbar sind. Es wird jeweils auf die zugehörigen Abschnitte im Buch verwiesen. Zur Ermittlung von Schnittgrößen und Verformungen wird auf Tabellenwerte zurückgegriffen.

7.1 Referenzobjekte

In diesem Abschnitt werden die zwei Referenzgebäude vorgestellt, die für die Rechenbeispiele herangezogen werden.

Das in Abb. 7.1 dargestellte Referenzgebäude eines Wohnhauses hat ein geneigtes Dach mit 15° Neigung und zwei Geschosse. Auf baukonstruktiv sinnvolle Dachüberstände wurde entgegen den Empfehlungen in Kapitel 5 verzichtet, um die Berechnung zu vereinfachen. Das Gebäude hat seinen Standort in Kassel. Die

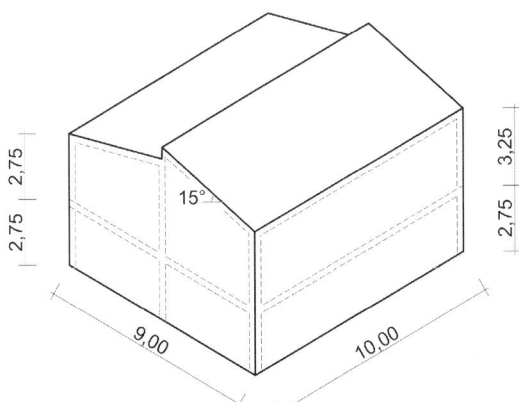

Abb. 7.1 Referenzobjekt – Holzhaus.

Ingenieurholzbau – Basiswissen: Tragelemente und Verbindungen, Erste Auflage.
Werner Seim und Johannes Hummel.
© 2019 Wilhelm Ernst & Sohn. Published 2019 by Wilhelm Ernst & Sohn.

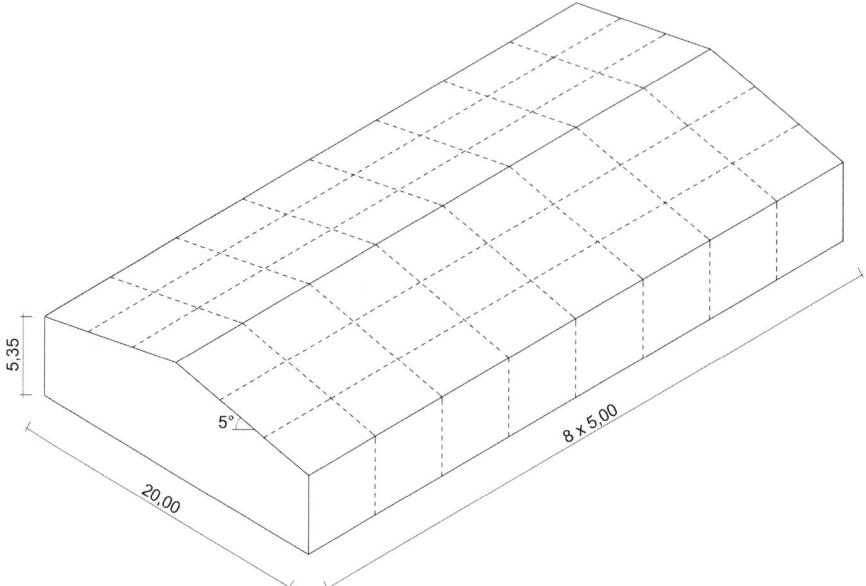

Abb. 7.2 Referenzobjekt – Lagerhalle.

Festlegungen zu den konstruktiven Aufbauten werden in Verbindung mit der Zusammenstellung der Einwirkungen in Abschn. 7.2.1 angegeben.

In Abb. 7.2 ist die Lagerhalle – das zweite Referenzobjekt – dargestellt. Die Lagerhalle hat ihren Standort ebenfalls in Kassel und weist im Grundriss die Abmessungen 20 × 40 m auf. Sie wird überspannt durch Satteldachbinder mit veränderlicher Höhe und mit einer Breite von 20 cm. Die Höhe der Halle bis zur Traufe beträgt 5,35 m und die Dachneigung 5°.

Die Halle dient zur Lagerung von Waren und wird beheizt.

7.2 Holzhaus

7.2.1 Einwirkungen

Im Folgenden werden die konstruktiven Aufbauten des Holzhauses vorgestellt und die zugehörigen Einwirkungen aus Eigengewicht zusammengestellt. Es werden zudem die Einwirkungen aus Schnee und Wind ermittelt.

Diese Einwirkungen werden in den folgenden Abschnitten bei der Bemessung der tragenden Bauteile angesetzt.

Einwirkungen auf die Dachkonstruktion

Eigengewicht
Der Dachaufbau wird mit einer Zwischensparrendämmung ausgeführt. Die daraus resultierenden Lasten aus dem Konstruktionseigengewicht sind in Tab. 7.1 zusammengefasst. Die Wichten wurden DIN EN 1991-1 entnommen. Die Wich-

Tab. 7.1 Ermittlung der Eigenlast der Dachkonstruktion.

Bezeichnung		g [kN/m²]
Doppelstehfalzdach (inkl. Schalung u. Vordeckung)		0,35
Dämmung		
0,01 kN/m²/cm · 22 cm · 0,6 m/0,68 m	= 0,194	0,20
Sparren		
5,0 kN/m³ · 0,22 m · 0,08 m/0,68 m	= 0,129	0,13
Dampfbremse		0,02
Lattung (Lattenabstand 33 cm)		
5,0 kN/m³ · 0,06 m · 0,04 m/0,33 m	= 0,036	0,04
Dämmung (zwischen Lattung)		
0,01 kN/(m² · cm) · 6 cm · 0,29 m/0,33 m	= 0,053	0,05
Gipskarton		
0,09 kN/(m² · cm) · 1,25 cm	= 0,113	0,11
	Σ	0,90

te des Holzes wird mit $5,0\,\text{kN/m}^3$ angenommen. Die primären Tragelemente stellen die Sparren dar, die einen Querschnitt von 8×22 cm und einen lichten Abstand von 60 cm haben.

Schnee

Die Schneelasten werden nach DIN EN 1991-1-3 ermittelt. Der Standort des Einfamilienhauses in Kassel liegt in Schneelastzone 2 auf einer Höhe über NN von 230 m.

Der charakteristische Wert der Einwirkung Schnee beträgt:

$$s_k = \max \begin{cases} 0{,}85 \\ 0{,}25 + 1{,}91 \cdot \left(\frac{230+140}{760}\right)^2 = 0{,}70 \end{cases}$$

$$= 0{,}85\,\text{kN/m}^2$$

$$s_{k,Dach} = \mu_1 \cdot C_e \cdot C_t \cdot s_k$$
$$= 0{,}8 \cdot 1{,}0 \cdot 1{,}0 \cdot 0{,}85 = 0{,}68\,\text{kN/m}^2$$

mit

$$\mu_1 = 0{,}8\,;\quad C_e = 1{,}0\,;\quad C_t = 1{,}0$$

Der Formbeiwert μ_1 ergibt sich für Dachneigungen von weniger als 30° – hier 15° – zu 0,8.

Wind

Die Windlasten werden nach DIN EN 1991-1-4 ermittelt. In den Rechenbeispielen wird nur der Nachweis für Winddruck geführt. Windsog wirkt entlastend. Für Windsog wäre zusätzlich der Nachweis gegen Abheben in Überlagerung mit der Eigengewichtslast g zu führen. Untersucht werden müssen alle Teilbereiche des Daches, insbesondere Eck- und Randbereich. Die Windsogbelastung ist vor allem für die Bemessung der Anschlüsse (Verankerung) entscheidend.

Der Standort Kassel liegt in Windzone 1. Die Gebäudehöhe beträgt

$$h = 2{,}75\,\text{m} + 3{,}25\,\text{m} + 4{,}50\,\text{m} \cdot \tan 15° = 7{,}2\,\text{m}$$

(vgl. Abb. 7.1) und ist damit kleiner als 10 m.

Hinweise:

- Die Dachform wird vereinfachend als Satteldach eingeordnet.
- Es wird ausschließlich die Anströmrichtung $\theta = 0°/180°$ betrachtet, da nur in dieser Richtung Winddruck auftritt.
- Die Betrachtung erfolgt für die Bereiche F, G und H.

Zur Ermittlung der Windlasten auf die Dachkonstruktion werden nur die Außendrücke berücksichtigt.

$$w_e = c_{pe} \cdot q_p(z_e)$$
$$= 0{,}2 \cdot 0{,}5 = 0{,}10\,\text{kN/m}^2$$

mit

c_{pe} aerodynamischer Beiwert; Vorzeichen (+) Druck, (−) Zug; $c_{pe,10} = +0{,}2$ für die Teilflächen F, G und H

$q_p(z_e)$ Geschwindigkeitsdruck, $q_p = 0{,}50\,\text{kN/m}^2$ für Windzone 1 und $h < 10\,\text{m}$

z_e Bezugshöhe, $h = 7{,}2\,\text{m} < 10\,\text{m}$

Für die Bemessung der Sparren können die aerodynamischen Beiwerte $c_{pe,10}$ verwendet werden, obwohl die Lasteinzugsfläche eines Sparrens kleiner als 10 m² ist.

Auf eine Unterteilung in Teilflächen wird verzichtet, da die Windlast in den Bereichen F, G und H gleich ist.

Einwirkungen auf die Geschossdecke

Eigengewicht
Die Lasten aus dem Konstruktionseigengewicht der Holzbalkendecke sind in Tab. 7.2 zusammengefasst. Die Wichten wurden DIN EN 1991-1 entnommen. Die Wichte des Holzes wird mit $5{,}0\,\text{kN/m}^3$ angenommen. Die tragenden Elemente der Decke sind die Deckenbalken mit einem Querschnitt von 12×24 cm, sie liegen in einem Achsabstand von 62,5 cm.

Nutzlast
Bei der Holzbalkendecke besteht keine ausreichende Querverteilung. Daher wird auf die Wohnungsdecke eine Nutzlast von $2{,}0\,\text{kN/m}^2$ angesetzt. Zusätzlich werden auf die Decke nichttragende Wände mit einem Wandeigengewicht von $g \leq 3{,}0\,\text{kN/m}$ (bezogen auf die Wandlänge) angeordnet. Die nichttragenden

Tab. 7.2 Ermittlung der Eigenlast der Deckenkonstruktion.

Bezeichnung	g [kN/m²]
Teppichboden $0{,}03\,\text{kN/m}^2/\text{cm} \cdot 1\,\text{cm}$	$= 0{,}03$
Zementestrich $0{,}22\,\text{kN/m}^2/\text{cm} \cdot 4\,\text{cm}$	$= 0{,}88$
Trittschalldämmung $0{,}01\,\text{kN/m}^2/\text{cm} \cdot 4\,\text{cm}$	$= 0{,}04$
Oriented-Strand-Board-Platte (OSB-Platte) $6{,}5\,\text{kN/m}^3 \cdot 0{,}024\,\text{m}$	$= 0{,}16$
Deckenbalken $5{,}0\,\text{kN/m}^3 \cdot 0{,}12\,\text{m} \cdot 0{,}24\,\text{m}/0{,}625\,\text{m}$	$= 0{,}23$
Faserdämmung (gemäß Herstellerangaben) $0{,}6\,\text{kN/m}^3 \cdot 0{,}525\,\text{m} \cdot 0{,}20\,\text{m}/0{,}625\,\text{m}$	$= 0{,}10$
Lattung $5{,}0\,\text{kN/m}^3 \cdot 0{,}024\,\text{m} \cdot 0{,}048\,\text{m}/0{,}50\,\text{m}$	$= 0{,}01$
Gipskarton $0{,}09\,\text{kN/m}^2/\text{cm} \cdot 1{,}25\,\text{cm}$	$= 0{,}11$
Σ	$1{,}56$

Trennwände werden als Zuschlag auf die Nutzlast berücksichtigt.

Nutzlast (Wohnraum, keine ausreichende Querverteilung): 2,0 kN/m

Zuschlag für nichttragende Trennwände mit $g \leq 3{,}0\,\text{kN/m}$: 0,8 kN/m

$$q_k = 2{,}8\,\text{kN/m}$$

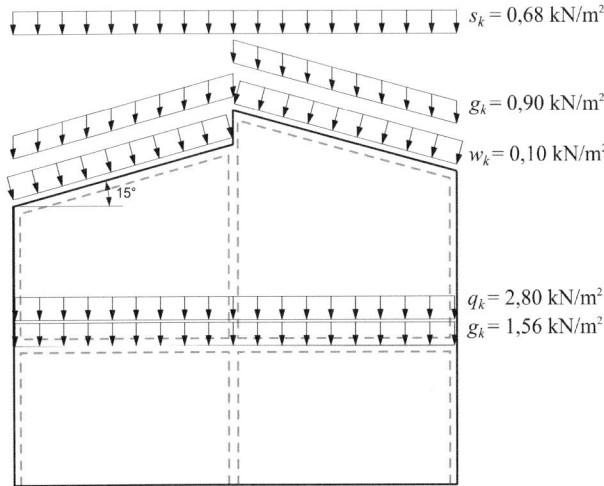

Abb. 7.3 Einwirkung aus Eigengewicht, Wind, Schnee und Nutzlast.

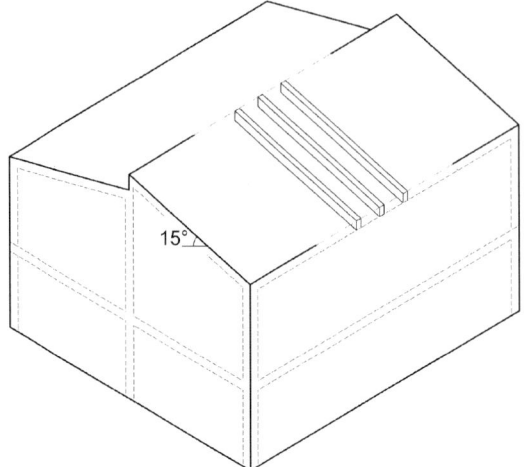

Abb. 7.4 Isometrische Darstellung – Sparren.

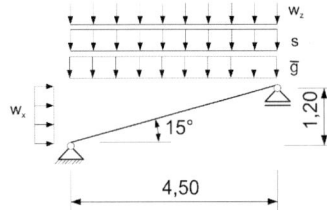

Abb. 7.5 Statisches System und Einwirkungen.

Zusammenstellung der Lasten

Auf das Dach wirken die Einwirkungen aus Eigengewicht, Schnee und Wind in unterschiedliche Richtungen und sie beziehen sich auf unterschiedliche Flächen (Abb. 7.3). Zur Vereinfachung der Schnittgrößenermittlung ist daher eine Umrechnung auf zwei zueinander senkrechte Wirkungsrichtungen zweckmäßig.

Auf die Geschossdecke wirken in vertikaler Richtung die Lasten aus Eigengewicht und Nutzlast.

7.2.2 Sparren – Biegung ohne Normalkraft

Nachgewiesen wird der Sparren des Holzhauses (siehe Abb. 7.4) für Biegung ohne Normalkraft für die Leiteinwirkung Schnee. Die Sparren bestehen aus Konstruktionsvollholz (KVH) C24 und haben die Abmessungen 8×22 cm.

Das statische System des Sparrens und die Einwirkungen sind in Abb. 7.5 zu sehen.

Für die Ermittlung der Schnittgrößen werden die Einwirkungen auf ein einheitliches Bezugssystem umgerechnet. Für dieses Rechenbeispiel wurde der Grundrissbezug gewählt. Die Einwirkungen ergeben sich wie folgt:

$$\overline{g} = 0{,}90 / \cos 15° = 0{,}93 \, \text{kN/m}^2$$
$$s = 0{,}68 \, \text{kN/m}^2$$
$$w_x = w_z = 0{,}10 \, \text{kN/m}^2$$

Hinweise:

- Exemplarisch wird die Leiteinwirkung Schnee mit der Einwirkungskombination $g + s + w$ untersucht.
- Da die Sparren durch Lattung und Windrispen seitlich gehalten sind, kann ein Kippen ausgeschlossen werden. Die Normalkraft ist bei dieser Dachneigung sehr gering und wird hier vernachlässigt.

Die Bemessungswerte der Einwirkung werden jeweils für die horizontale und die vertikale Richtung ermittelt.

$$q_{h,d} = 1{,}5 \cdot \psi_{0,1} \cdot w_x$$
$$= 1{,}5 \cdot 0{,}6 \cdot 0{,}10 = 0{,}09 \, \text{kN/m}^2$$

$$q_{v,d} = 1{,}35 \cdot g + 1{,}5 \cdot s + 1{,}5 \cdot \psi_{0,1} \cdot w_z$$
$$= 1{,}35 \cdot 0{,}93 + 1{,}5 \cdot (0{,}68 + 0{,}6 \cdot 0{,}10) = 2{,}37 \, \text{kN/m}^2$$

Der Bemessungswert des Biegemoments ergibt sich zu

$$m_d = \frac{1}{8} \cdot q_{v,d} \cdot l_z^2 + \frac{1}{8} \cdot q_{h,d} \cdot l_x^2$$
$$= \frac{1}{8} \cdot 2{,}37 \cdot 4{,}5^2 + \frac{1}{8} \cdot 0{,}09 \cdot 1{,}2^2$$
$$= 6{,}02 \, \text{kN m/m}$$

Der Achsabstand der Sparren beträgt 68 cm. Damit beträgt das Biegemoment pro Sparren

$$M_d = 6{,}02 \cdot 0{,}68 = 4{,}09 \, \text{kN m}$$

Daraus folgt mit dem Widerstandsmoment W_y der Bemessungswert der Biegespannung $\sigma_{m,d}$.

$$W_y = \frac{8 \cdot 22^2}{6} = 645{,}3 \, \text{cm}^3$$
$$\sigma_{m,d} = \frac{M_d}{W_y} = \frac{409}{645{,}3} = 0{,}63 \, \text{kN/cm}^2 \mathrel{\widehat{=}} 6{,}3 \, \text{N/mm}^2$$

Der Bemessungswert der Festigkeit $f_{m,d}$ wird mit der charakteristischen Biegefestigkeit von 24,0 N/mm² (C24) bestimmt. Der Modifikationsbeiwert k_{mod} ist mit 0,9 (Schnee, kurze Einwirkung) anzusetzen.

$$f_{m,d} = \frac{k_{mod} \cdot f_{m,k}}{\gamma_m} = \frac{0{,}9 \cdot 24}{1{,}3} = 16{,}6 \, \text{N/mm}^2$$

Der Obergurt ist kontinuierlich gehalten. Deshalb wird für den Nachweis k_{crit} mit 1,0 angesetzt.

Nachweis: $\dfrac{\sigma_m}{k_{crit} \cdot f_{m,d}} = \dfrac{6{,}3}{1{,}0 \cdot 16{,}6} = 0{,}38 \leq 1{,}0$

7.2.3 Sparren – Schub

Nachgewiesen wird der Sparren des Holzhauses (siehe Abb. 7.6) für die Schubbeanspruchung. Die Sparren haben die Abmessungen 8 × 22 cm und bestehen aus KVH C24.

Das statische System des Sparrens und die Einwirkungen sind in Abb. 7.7 zu sehen.

Für die Ermittlung der Schnittgrößen werden in diesem Beispiel die Einwirkungen senkrecht und parallel zur Bauteilachse bezogen. Die Einwirkungen ergeben sich wie folgt:

$$g_\perp = 0{,}90 \cdot \cos 15° = 0{,}87 \, \text{kN/m}^2$$
$$g_\parallel = 0{,}90 \cdot \sin 15° = 0{,}23 \, \text{kN/m}^2$$
$$s_\perp = 0{,}68 \cdot \cos^2 15° = 0{,}63 \, \text{kN/m}^2$$
$$s_\parallel = 0{,}68 \cdot \sin 15° \cdot \cos 15° = 0{,}17 \, \text{kN/m}^2$$
$$w = 0{,}10 \, \text{kN/m}^2$$

Hinweise:

- Für den Sparren ergeben sich die Schubbeanspruchungen nur aus den rechtwinklig zur Bauteilachse wirkenden Einwirkungen.

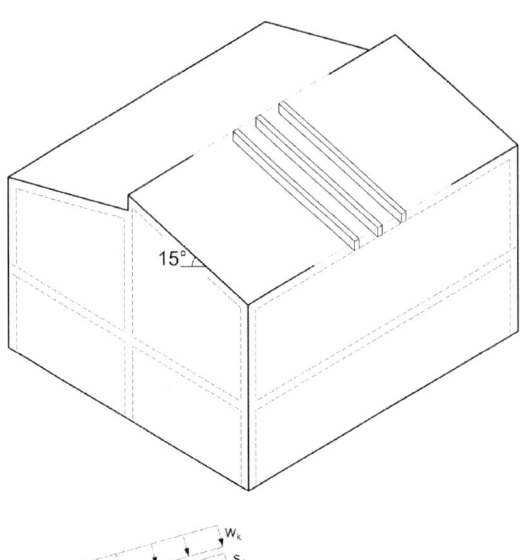

Abb. 7.6 Isometrische Darstellung – Sparren.

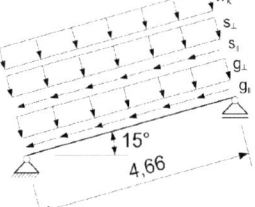

Abb. 7.7 Statisches System und Einwirkungen.

- Exemplarisch wird die Leiteinwirkung Schnee mit der Einwirkungskombination $g + s + w$ untersucht.

Der Bemessungswert der Einwirkung ergibt sich zu

$$q_d = 1{,}35 \cdot g_\perp + 1{,}5 \cdot s_\perp + 1{,}5 \cdot \psi_{0,1} \cdot w$$
$$= 1{,}35 \cdot 0{,}87 + 1{,}5 \cdot (0{,}63 + 0{,}6 \cdot 0{,}10) = 2{,}21 \, \text{kN/m}^2$$

Mit einem Achsabstand der Sparren von 68 cm ergibt sich die Querkraft pro Sparren zu

$$V_d = \frac{1}{2} \cdot q_d \cdot l \cdot e$$
$$= \frac{1}{2} \cdot 2{,}21 \cdot 4{,}66 \cdot 0{,}68 = 3{,}5 \, \text{kN}$$

Der Bemessungswert der Festigkeit $f_{v,d}$ wird mit der charakteristischen Schubfestigkeit von $4{,}0 \, \text{N/mm}^2$ (C24) ermittelt. Der Modifikationsbeiwert k_{mod} wird mit 0,9 (Schnee, kurze Einwirkung) berücksichtigt.

$$f_{v,d} = \frac{k_{mod} \cdot f_{v,k}}{\gamma_m} = \frac{0{,}9 \cdot 4{,}0}{1{,}3} = 2{,}77 \, \text{N/mm}^2$$

Eine mögliche Bildung von Schwindrissen und der damit einhergehenden Reduktion des Spannungsquerschnittes wird durch den Beiwert k_{cr} berücksichtigt (siehe Tab. 2.7).

$$k_{cr} = \frac{2{,}0}{f_{v,k}} = \frac{2{,}0}{4{,}0} = 0{,}5$$

Der Bemessungswert der maximalen Schubspannung des Rechteckquerschnitts beträgt

$$\tau_d = 1{,}5 \cdot \frac{V_d}{k_{cr} \cdot A} = 1{,}5 \cdot \frac{3{,}5}{0{,}5 \cdot 8 \cdot 22} = 0{,}06 \, \text{kN/cm}^2 \,\widehat{=}\, 0{,}60 \, \text{N/mm}^2$$

Anhand des Nachweises ist festzustellen, dass der Sparren mit den gewählten Abmessungen (8 × 22 cm) für die Schubeinwirkung ausreichend tragfähig ist.

Nachweis: $\dfrac{\tau_d}{f_{v,d}} = \dfrac{0{,}60}{2{,}77} = 0{,}22 < 1{,}0$

7.2.4 Sparren – Auflagerpressung

Nachgewiesen wird der Sparren des Holzhauses (siehe Abb. 7.8) im Auflagerbereich für Druck im Winkel zur Faser. Das Auflagerdetail ist in Abb. 7.10 und 7.11 dargestellt. Die Sparren haben die Abmessungen 8 × 22 cm und bestehen aus KVH C24. Das statische System des Sparrens und die Einwirkungen sind in Abb. 7.9 zu sehen.

178 | 7 Rechenbeispiele

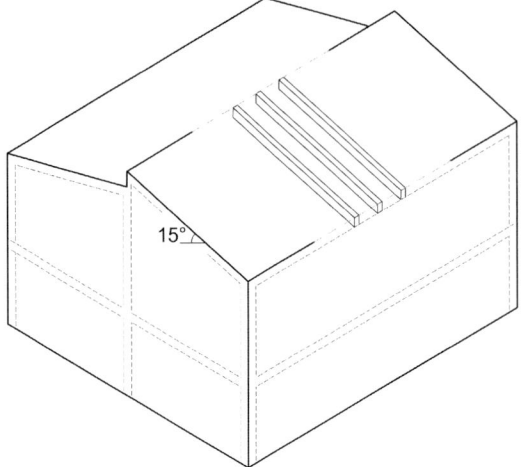

Abb. 7.8 Isometrische Darstellung – Sparren.

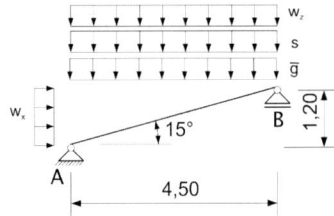

Abb. 7.9 Statisches System und Einwirkungen.

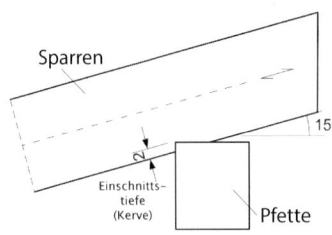

Abb. 7.10 Detailansicht Auflager B.

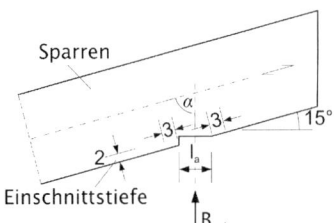

Abb. 7.11 Detailansicht vermaßt.

Für die Ermittlung der Auflagerkräfte werden in diesem Rechenbeispiel die Einwirkungen auf die Grundrissebene bezogen.

$$\overline{g} = 0{,}90/\cos 15° = 0{,}93\,\text{kN/m}^2$$
$$s = 0{,}68\,\text{kN/m}^2$$
$$w_x = w_z = 0{,}10\,\text{kN/m}^2$$

Hinweise:

- Exemplarisch wird die Leiteinwirkung Schnee mit der Einwirkungskombination $g + s + w$ untersucht.
- Aus Gleichgewichtsgründen ergibt sich für das Auflager B eine höhere Auflagerkraft als für Auflager A. Daher wird der Nachweis nur für Auflager B geführt.
- Die kurze Auskragung über das Auflager hinaus bleibt zur Vereinfachung unberücksichtigt.

Die Bemessungswerte der Einwirkung ergeben sich für die horizontale und die vertikale Richtung wie folgt:

$$q_{h,d} = 1{,}5 \cdot \psi_{0,1} \cdot w_x$$
$$= 1{,}5 \cdot 0{,}6 \cdot 0{,}10 = 0{,}09\,\text{kN/m}^2$$

$$q_{v,d} = 1{,}35 \cdot \overline{g} + 1{,}5 \cdot s + 1{,}5 \cdot \psi_{0,1} \cdot w_z$$
$$= 1{,}35 \cdot 0{,}93 + 1{,}5 \cdot (0{,}68 + 0{,}6 \cdot 0{,}10) = 2{,}37\,\text{kN/m}^2$$

Aus dem Momentengleichgewicht folgt für die Auflagerkraft $B_{v,d}$ pro Sparren

$$B_{v,d} = \left(\frac{q_h \cdot h^2}{2} + \frac{q_v \cdot l^2}{2}\right) \cdot \frac{1}{l} \cdot e$$
$$= \left(0{,}09 \cdot \frac{1{,}2^2}{2} + 2{,}37 \cdot \frac{4{,}5^2}{2}\right) \cdot \frac{0{,}68}{4{,}5} = 3{,}64\,\text{kN}$$

Zur Bestimmung der Spannungen im Bereich des Sparrenauflagers wird die wirksame Auflagerlagerfläche benötigt, die sich aus der wirksamen Auflagerlänge und der Sparrenbreite ergibt (vgl. Abb. 7.11 und Tab. 3.2).

$$l_a = \frac{t}{\sin\gamma} = \frac{2{,}0}{\sin 15°} = 7{,}7\,\text{cm}$$

$$l_{ef} = l_a + 2 \cdot 3{,}0 \cdot \cos\gamma$$
$$= 7{,}7 + 2 \cdot 3{,}0 \cdot \cos 15° = 13{,}5\,\text{cm}$$

$$A_{ef} = l_{ef} \cdot b = 13{,}5 \cdot 8 = 108\,\text{cm}^2$$

Die Spannung im Winkel α zur Faserrichtung am Auflager ergibt sich zu

$$\sigma_{c,\alpha,d} = \frac{F_{c,\alpha,d}}{A_{ef}} = \frac{B_{v,d}}{A_{ef}}$$

$$\sigma_{c,75,d} = \frac{3{,}64}{108} = 0{,}036\,\text{kN/cm}^2 \mathrel{\hat{=}} 0{,}36\,\text{N/mm}^2$$

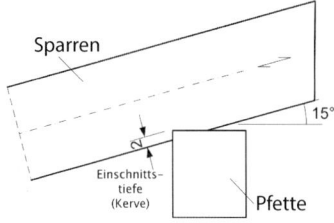

Abb. 7.12 Detailansicht.

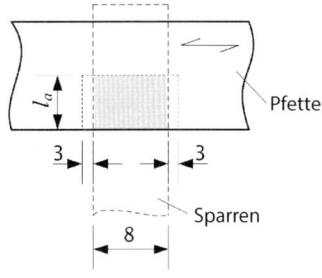

Abb. 7.13 Draufsicht vermaßt.

Der charakteristische Wert der Druckfestigkeit im Winkel α zur Faserrichtung beträgt

$$f_{c,\alpha,k} = \frac{f_{c,0,k}}{\frac{f_{c,0,k}}{k_{c,90} \cdot f_{c,90,k}} \cdot \sin^2 \alpha + \cos^2 \alpha}$$

$$= \frac{21}{\frac{21}{1{,}5 \cdot 2{,}5} \cdot \sin^2 75° + \cos^2 75°} = 3{,}97\,\text{N/mm}^2$$

mit

$$\alpha = 90° - 15° = 75°$$
$$k_{c,90} = 1{,}5 \quad (\text{siehe Tab. 3.1})$$

Der Bemessungswert der Druckfestigkeit im Winkel α zur Faserrichtung ergibt sich zu

$$f_{c,75,d} = \frac{0{,}9 \cdot 3{,}97}{1{,}3} = 2{,}75\,\text{N/mm}^2$$

Nachweis: $\quad \dfrac{\sigma_{c,75,d}}{f_{c,75,d}} = \dfrac{0{,}36}{2{,}75} = 0{,}13 < 1{,}0$

Zusätzlich ist auch der Nachweis für Querdruck an der Pfette zu führen. Die zur Bestimmung der Querdruckspannung an der Pfette wirksame Auflagerfläche wird entsprechend den geometrischen Angaben in Abb. 7.12 und 7.13 bestimmt.

$$A_{ef} = \frac{2{,}0}{\sin 15°} \cdot (2 \cdot 3 + 8) = 107{,}8\,\text{cm}^2$$

Damit wird der Bemessungswert der Querdruckspannung $\sigma_{c,90,d}$ für die Pfette ermittelt.

$$\sigma_{c,90,d} = \frac{F_{c,90,d}}{A_{ef}} = \frac{3{,}64}{107{,}8}$$
$$= 0{,}034\,\text{kN/cm}^2 \mathrel{\hat=} 0{,}34\,\text{N/mm}^2$$

Der Bemessungswert der Festigkeit für Querdruck $f_{c,90,d}$ wird mit dem charakteristischen Wert der Querdruckfestigkeit von $2{,}5\,\text{N/mm}^2$ für C24 bestimmt. Der Kombinationsbeiwert k_{mod} wird für eine kurze Lasteinwirkung mit 0,9 angesetzt.

$$f_{c,90,d} = \frac{k_{mod} \cdot f_{c,90,k}}{\gamma_m} = \frac{0{,}9 \cdot 2{,}5}{1{,}3} = 1{,}73\,\text{N/mm}^2$$

Für den Querdrucknachweis wird der Querdruckbeiwert $k_{c,90}$ mit 1,5 für Vollholz C24 angesetzt.

$$\text{Nachweis:} \quad \frac{\sigma_{c,90,d}}{k_{c,90} \cdot f_{c,90,d}} = \frac{0{,}34}{1{,}5 \cdot 1{,}73} = 0{,}13 < 1{,}0$$

7.2.5 Druckbeanspruchte Stütze

In Abb. 7.14 ist die Fußpfette des Dachtragwerkes dargestellt mit einer Holzstütze als Mittelauflager der Pfette. Nachgewiesen wird die Holzstütze für die Normalkraftbeanspruchung. Die Stütze hat die Abmessungen $10 \times 16\,\text{cm}$ (KVH C24).

Das statische System und die Einwirkungen sind in Abb. 7.15 bzw. 7.16 zu sehen. Die Einwirkungen auf die Pfette sind in Tab. 7.3 zusammengestellt. Das Eigengewicht der Pfette (inkl. innere Bekleidung) wird mit $g_k = 0{,}2\,\text{kN/m}$ angesetzt. Das Eigengewicht der Stütze beträgt $g_k = 0{,}1\,\text{kN/m}$.

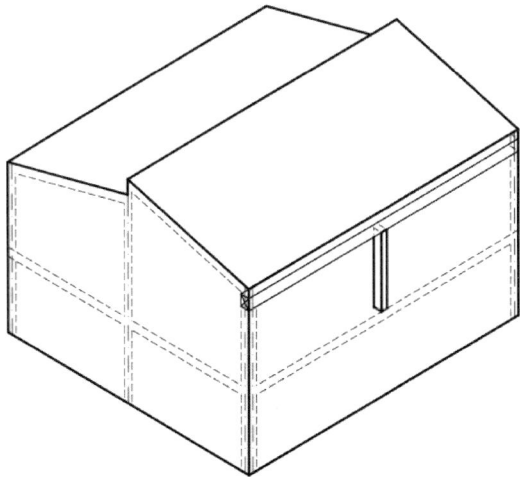

Abb. 7.14 Isometrie Holzhaus mit Pfette und Stütze.

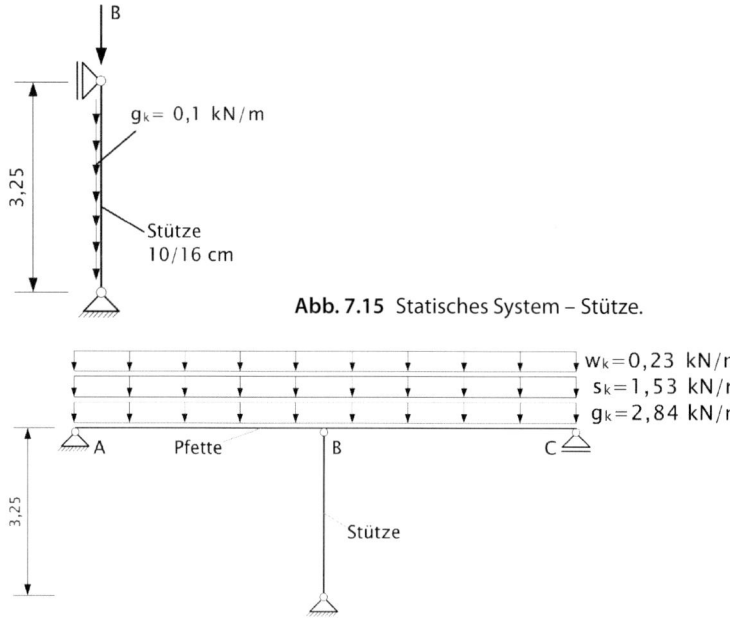

Abb. 7.15 Statisches System – Stütze.

Abb. 7.16 Statisches System und Einwirkungen – Pfette und Stütze.

Tab. 7.3 Zusammenstellung der Einwirkungen auf die Pfette.

Eigengewicht Dach	0,93 kN/m² · 0,5 · 4,5 m	= 2,09 kN/m
Eigengewicht Pfette		0,20 kN/m
		$g_k = 2{,}29$ kN/m
Schnee Dach	0,68 kN/m² · 0,5 · 4,5 m	= 1,53 kN/m
		$s_k = 1{,}53$ kN/m
Wind Dach	0,10 kN/m² · 0,5 · 4,5 m	= 0,23 kN/m
		$w_k = 0{,}23$ kN/m

Hinweise:

- Die Fassade ist so konstruiert, dass die horizontalen Windlasten auf die Traufwand direkt in die Dach- und Deckenscheibe eingeleitet werden. Die Stütze wird nicht durch horizontale Windlasten beansprucht. Der Anschluss der Fassade an die Pfette ist derart ausgebildet, dass keine Eigengewichtslasten der Fassade auf die Pfette einwirken.
- Vereinfachend wird das Eigengewicht der Stütze am Stützenkopf angesetzt.
- Die Holzstütze wird über einen Zapfen an die Pfette angeschlossen (vgl. Abschn. 7.2.6). Dies ist ein annähernd gelenkiger Anschluss.
- Exemplarisch wird die Leiteinwirkung Schnee mit der Einwirkungskombination $g + s + w$ untersucht.

Die charakteristischen Lasten am Stützenkopf ergeben sich entsprechend den folgenden Gleichungen, wobei die Durchlaufwirkung mit dem Faktor 1,25 berücksichtigt wird:

$$B_{g,k} = 1{,}25 \cdot 2{,}29 \cdot 5{,}00 + 0{,}1 \cdot 3{,}25 = 14{,}6 \text{ kN}$$
$$B_{s,k} = 1{,}25 \cdot 1{,}53 \cdot 5{,}00 = 9{,}6 \text{ kN}$$
$$B_{w,k} = 1{,}25 \cdot 0{,}23 \cdot 5{,}00 = 1{,}4 \text{ kN}$$

Der Bemessungswert der Einwirkung ergibt sich zu

$$B = F_{c,0,d} = 1{,}35 \cdot 14{,}6 + 1{,}5 \cdot (9{,}6 + 0{,}6 \cdot 1{,}4) = 35{,}4 \text{ kN}$$

Der Bemessungswert der Normalspannung $\sigma_{c,0,d}$ wird wie folgt bestimmt:

$$\sigma_{c,0,d} = \frac{F_{c,0,d}}{A} = \frac{35{,}4}{10 \cdot 16} = 0{,}22 \text{ kN/cm}^2 \,\widehat{=}\, 2{,}2 \text{ N/mm}^2$$

Für den Stabilitätsnachweis wird das Ersatzstabverfahren gewählt. Dafür wird zunächst die Knicklänge benötigt. Das statische System der Stütze (siehe Abb. 7.15) entspricht dem Eulerfall 2. Das heißt, dass der Knicklängenbeiwert $\beta = 1{,}0$ ist.

Die Knicklänge l_{ef} wird zu

$$l_{ef} = \beta \cdot h = 1{,}0 \cdot 3{,}25 = 3{,}25 \text{ m}$$

bestimmt. Zur Ermittlung der Schlankheit der Stütze wird zunächst der Trägheitsradius i berechnet. Maßgebend ist dabei das Knicken um die schwache Achse.

$$i = \sqrt{\frac{I}{A}} = \frac{b}{\sqrt{12}} = \frac{10}{\sqrt{12}} = 2{,}9 \text{ cm}$$

Die Schlankheit gegenüber Knicken beträgt

$$\lambda = \frac{l_{ef}}{i} = \frac{325}{2{,}9} = 112$$

Der Knickbeiwert k_c kann berechnet werden (siehe Abschn. 2.5.1) oder aus Tab. 2.8 abhängig von der Schlankheit abgelesen werden. Beim Ablesen aus der Tabelle werden die Zwischenwerte interpoliert. So ergibt sich der Knickbeiwert zu $k_c = 0{,}248$ für die Schlankheit von $\lambda = 112$.

Mit

$$f_{c,0,d} = \frac{k_{mod} \cdot f_{c,0,k}}{\gamma_m} = \frac{0{,}9 \cdot 21}{1{,}3} = 14{,}5 \text{ N/mm}^2$$

wird der Knicknachweis geführt.

$$\text{Nachweis:} \quad \frac{\sigma_{c,0,d}}{k_c \cdot f_{c,0,d}} = \frac{2{,}2}{0{,}248 \cdot 14{,}5} = 0{,}61 < 1{,}0$$

7.2.6 Anschluss Pfette/Stütze

In der Isometrie des Holzhauses ist die Fußpfette des Dachtragwerkes dargestellt (siehe Abb. 7.17). Nachgewiesen wird der Anschluss zwischen Pfette und Stütze für Querdruck. Der Anschluss der Holzstütze an die Pfette wird mit einem Zapfen hergestellt und ist in Abb. 7.18 dargestellt. Pfette und Stütze bestehen aus KVH C24.

Hinweise:

- Es kann nicht davon ausgegangen werden, dass sich der Zapfen über Kontakt am vertikalen Lastabtrag beteiligt. Daher muss das Zapfenloch als Fehlfläche betrachtet werden.
- Exemplarisch wird die Leiteinwirkung Schnee mit der Einwirkungskombination $g + s + w$ untersucht.

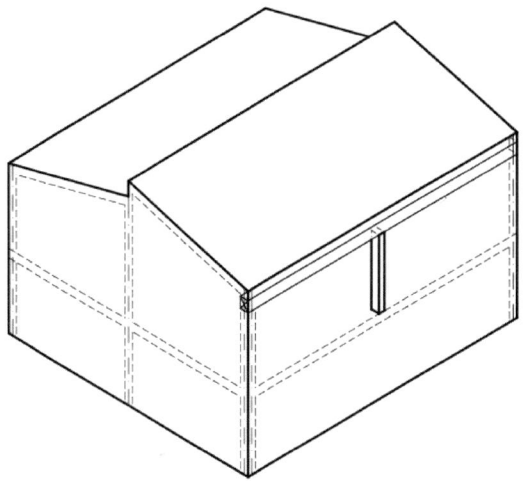

Abb. 7.17 Isometrie Holzhaus mit Pfette und Stütze.

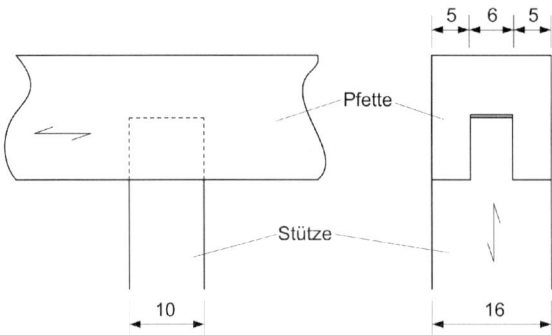

Abb. 7.18 Anschluss Pfette/Stütze.

Der Bemessungswert der Kontaktkraft am Auflager entspricht der Kraft aus Abschn. 7.2.5 ohne dem Eigengewicht der Stütze.

$$F_{c,90,d} = 1{,}35 \cdot 14{,}3 + 1{,}5 \cdot (9{,}6 + 0{,}6 \cdot 1{,}4) = 35{,}0\,\text{kN}$$

Die wirksame Auflagerfläche wird unter Berücksichtigung des Zapfenlochs als Fehlfläche bestimmt.

$$\begin{aligned} A_{ef,netto} &= (b - b_{Zapfen}) \cdot l_{ef} \\ &= (16 - 6) \cdot (10 + 2 \cdot 3) = 160\,\text{cm}^2 \end{aligned}$$

Der Bemessungswert der Querdruckspannung $\sigma_{c,90,d}$ im Kontaktbereich beträgt

$$\sigma_{c,90,d} = \frac{F_{c,90,d}}{A_{ef,netto}} = \frac{35{,}0}{160} = 0{,}22\,\text{kN/cm}^2 \,\hat{=}\, 2{,}2\,\text{N/mm}^2$$

Der Bemessungswert der Festigkeit für Querdruck $f_{c,90,d}$ wird mit dem charakteristischen Wert der Querdruckfestigkeit von 2,5 N/mm² für C24 bestimmt. Der Kombinationsbeiwert k_{mod} wird für eine kurze Lasteinwirkung mit 0,9 angesetzt.

$$f_{c,90,d} = \frac{k_{mod} \cdot f_{c,0,k}}{\gamma_m} = \frac{0{,}9 \cdot 2{,}5}{1{,}3} = 1{,}73\,\text{N/mm}^2$$

Der Querdruckbeiwert $k_{c,90}$ für Auflagerdruck beträgt bei KVH 1,5.

Nachweis: $\dfrac{\sigma_{c,90,d}}{k_{c,90} \cdot f_{c,90,d}} = \dfrac{2{,}2}{1{,}5 \cdot 1{,}73} = 0{,}85 < 1{,}0$

7.2.7 Holzbalkendecke

In der Isometrie des Holzhauses (siehe Abb. 7.19) sind zwei nebeneinanderliegende Deckenbalken der Decke über dem Erdgeschoss dargestellt. An den Endauflagern wird die Decke durch die Außenwände unterstützt, am Mittelauflager durch eine Innenwand. Die Deckenbalken liegen im Abstand von 62,5 cm (Achsmaß), haben die Abmessungen 12 × 24 cm und bestehen aus Balkenschichtholz C24. Das statische System des Zweifeldträgers ist in Abb. 7.20 dargestellt.

Es werden die Nachweise im Grenzzustand der Gebrauchstauglichkeit (GZG) für die Durchbiegung geführt.

Hinweise:

- Lasten aus Eigengewicht treten zuverlässig auf (ständige Lasten).
- Lasten aus der Nutzung treten nur bedingt ständig auf. Daher werden die Nutzlasten beim Nachweis im GZG anteilig angesetzt.
- Die Nutzlasten können feldweise wirken.
- Bei der Holzbalkendecke wird keine Überhöhung vorgesehen.
- Die Grenzwerte für die Durchbiegung werden aus Abschn. 2.9.1 übernommen.

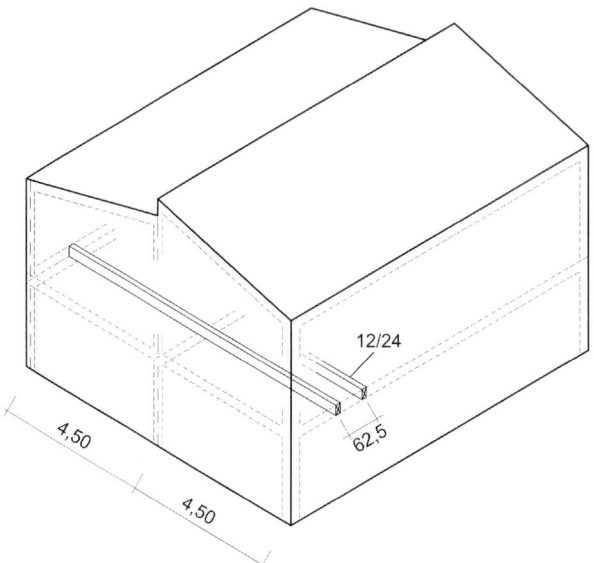

Abb. 7.19 Isometrie Holzhaus mit Deckenbalken.

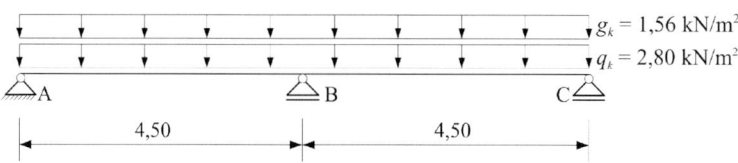

Abb. 7.20 Statisches System – Holzbalkendecke.

- Neben dem Nachweis der elastischen Anfangsdurchbiegung wird noch der Nachweis der Enddurchbiegung geführt. Die Enddurchbiegung $w_{net,fin}$ ist im konkreten Fall maßgebend aufgrund der fehlenden Überhöhung und des strengeren Grenzwertes mit $l/300$ gegenüber $l/200$ bei w_{fin}.

Die Anfangsdurchbiegung unter Eigenlast ergibt sich mit

$$E = 11\,000\,\text{N/mm}^2$$
$$I_y = \frac{b \cdot h^3}{12} = \frac{12 \cdot 24^3}{12} = 13\,824\,\text{cm}^4$$

zu

$$w_{inst,g} = 0{,}0054 \cdot \frac{q \cdot l^4}{E \cdot I} = 0{,}0054 \cdot \frac{1{,}56 \cdot 0{,}625}{100} \cdot \frac{450^4}{1100 \cdot 13\,824} = 0{,}14\,\text{cm}$$

Die Durchbiegung unter Nutzlast wird maximal, wenn die Streckenlast nur über ein Feld wirkt.

$$w_{inst,q} = 0{,}0092 \cdot \frac{q \cdot l^4}{E \cdot I} = 0{,}0092 \cdot \frac{2{,}80 \cdot 0{,}625}{100} \cdot \frac{450^4}{1100 \cdot 13\,824} = 0{,}43\,\text{cm}$$

Im ersten Schritt wird der Nachweis der elastischen Anfangsdurchbiegung geführt.

$$\begin{aligned} w_{inst} = w_{inst,g} + w_{inst,q} &\leq l/300 \\ = 0{,}14 + 0{,}43 & \\ = 0{,}57\,\text{cm} &< 450/300 = 1{,}5\,\text{cm} \end{aligned}$$

Anschließend erfolgt der Nachweis der Enddurchbiegung mit dem Beiwert $k_{def} = 0{,}60$ für Nutzungsklasse 1 und Vollholz. Es gibt keine Überhöhung, d. h., $w_c = 0$.

$$\begin{aligned} w_{net,fin} = w_{fin} - w_c &\leq l/300 \\ = w_{inst,g} \cdot (1 + k_{def}) + w_{inst,q} \cdot (1 + \psi_2 \cdot k_{def}) - 0 & \\ = 0{,}14 \cdot (1 + 0{,}6) + 0{,}43 \cdot (1 + 0{,}3 \cdot 0{,}6) - 0 & \\ = 0{,}73\,\text{cm} &< 450/300 = 1{,}5\,\text{cm} \end{aligned}$$

Sowohl der Nachweis der elastischen Anfangsdurchbiegung als auch der Nachweis der Enddurchbiegung sind erfüllt.

Darüber hinaus wird zur Überprüfung der Schwingungsanfälligkeit der Decke der vereinfachte Schwingungsnachweis entsprechend Abschn. 2.9.2 geführt.

$$w_{inst,g} = 1{,}4\,\text{mm} < 5\,\text{mm}$$

Der Nachweis ist erfüllt, damit gibt es für die Decke keine Bedenken hinsichtlich der Gebrauchstauglichkeit.

7.3 Lagerhalle

7.3.1 Einwirkungen

Im Folgenden wird der konstruktive Dachaufbau der Lagerhalle vorgestellt, des Weiteren werden die zugehörigen Einwirkungen aus Eigengewicht zusammengestellt. Es werden zudem die Einwirkungen aus Schnee und Wind ermittelt.

Diese Einwirkungen werden bei der Bemessung der tragenden Bauteile angesetzt.

Eigengewicht
Für die Dachdeckung der Lagerhalle werden Sandwich-Elemente (Stahlblech mit dazwischenliegender Dämmung) verwendet. Das Eigengewicht dieser Elemente beträgt $0{,}40\,\text{kN/m}^2$. Die Sandwich-Elemente liegen auf Pfetten auf, die im Achsabstand von 1,67 m angeordnet sind. Die Pfetten werden als Mehrfeldträger ausgeführt und haben im Endfeld einen Querschnitt von 12×18 cm und im Innenfeld einen Querschnitt von 8×18 cm. Das Eigengewicht der Pfetten wird im Mittel mit $0{,}10\,\text{kN/m}^2$ angesetzt.

$$g_{k,Dach} = 0{,}50\,\text{kN/m}^2$$

Als Wandbekleidung werden wie auf dem Dach Sandwich-Elemente verwendet. Das Eigengewicht der Elemente beträgt 0,35 kN/m². Die Spannweite der Wandbekleidung entspricht dem Achsmaß der Stützenabstände (5 m) in Hallenlängsrichtung.

$$g_{k,Wand} = 0{,}35 \, \text{kN/m}^2$$

Schnee
Die Schneelast wird mit $s_k = 0{,}85 \, \text{kN/m}^2$ angesetzt (siehe Abschn. 7.2.1). Somit ergibt sich

$$s_{k,Dach} = 0{,}68 \, \text{kN/m}^2$$

Wind auf die Dachfläche
Die Windlasten auf die Dachfläche werden gemäß DIN EN 1991-1-4 ermittelt (vgl. Abschn. 7.2.1). Vereinfachend wird ein einheitlicher $c_{pe,10}$-Wert für die nächst höhere Dachneigung (15°) gewählt und es wurde darauf verzichtet zu interpolieren. Mit abnehmender Dachneigung ergeben sich geringere $c_{pe,10}$-Werte.

$$c_{pe,Luv} = c_{pe,Lee} = -0{,}6$$

Die $c_{pe,10}$-Werte werden verwendet, da keine kleineren Bauteile oder Verankerungen untersucht werden sollen (vgl. Abschn. 7.2.1). Die Windlasten werden für den Standort Kassel (Windzone 1) berechnet.
Die Windlasten luv- und leeseitig ergeben sich damit zu

$$w_{Luv,Dach,k} = c_{pe,Luv} \cdot q_p(z_e)$$
$$= -0{,}6 \cdot 0{,}5 = -0{,}30 \, \text{kN/m}^2$$

$$w_{Lee,Dach,k} = c_{pe,Lee} \cdot q_p(z_e)$$
$$= -0{,}6 \cdot 0{,}5 = -0{,}30 \, \text{kN/m}^2$$

mit

$q_p(z_e)$ Geschwindigkeitsdruck, $q_p = 0{,}50 \, \text{kN/m}^2$ für Windzone 1 und $h < 10 \, \text{m}$
z_e Bezugshöhe, $h = 6{,}4 \, \text{m} < 10 \, \text{m}$

Wind auf die Giebelwand
Die Windlasten auf die Giebelwände werden nach DIN EN 1991-1-4 ermittelt. Die Windlast wirkt flächig auf die Giebelwand sowohl auf der Luvseite (angeströmte Fläche, Bereich D) und auf der Leeseite (von Anströmung abgewandte Seite, Bereich E). Auf der Luvseite wirken auf die Halle Druckkräfte und auf der Leeseite Sogkräfte.

Mit einer Firsthöhe von

$$h = 6{,}4\,\text{m} < 20\,\text{m (Breite)}$$

erhält man

$$h/d = 6{,}4/40{,}0 = 0{,}16$$

und damit

$$c_{pe,10,A}/c_{pe,10,B}/c_{pe,10,C}/c_{pe,10,D}/c_{pe,10,E} = -1{,}2/-0{,}8/-0{,}5/0{,}7/-0{,}3$$

$$\begin{aligned}w_{Luv,Giebel,k} &= c_{pe,10,D} \cdot q_p(z_e) \\ &= 0{,}7 \cdot 0{,}5 = 0{,}35\,\text{kN/m}^2\end{aligned}$$

$$\begin{aligned}w_{Lee,Giebel,k} &= c_{pe,10,E} \cdot q_p(z_e) \\ &= -0{,}3 \cdot 0{,}5 = -0{,}15\,\text{kN/m}^2\end{aligned}$$

Wind auf die Hallenlängswand
Die Windlast auf die Längswand der Lagerhalle wird entsprechend den Regelungen der DIN EN 1991-1-4 bestimmt.
Mit

$$h/d = 6{,}4/20{,}0 = 0{,}32$$

erhält man

$$c_{pe,10,A}/c_{pe,10,B}/c_{pe,10,C}/c_{pe,10,D}/c_{pe,10,E} = -1{,}2/-0{,}8/-0{,}5/0{,}8/-0{,}3$$

Daraus folgen die Windlasten für die Längswand.

$$\begin{aligned}w_{Luv,Wand,k} &= c_{pe,10,D} \cdot q_p(z_e) \\ &= 0{,}8 \cdot 0{,}5 = 0{,}4\,\text{kN/m}^2\end{aligned}$$

$$\begin{aligned}w_{Lee,Wand,k} &= c_{pe,10,E} \cdot q_p(z_e) \\ &= -0{,}5 \cdot 0{,}5 = -0{,}25\,\text{kN/m}^2\end{aligned}$$

Zusammenstellung der Lasten
Auf das Dach wirken die Belastungen aus Eigengewicht, Schnee und Wind in unterschiedliche Richtungen und sie beziehen sich auf unterschiedliche Flächen. Zur Vereinfachung der Schnittgrößenermittlung ist daher eine Umrechnung auf zwei zueinander senkrechte Wirkungsrichtungen zweckmäßig.

Auf die Giebelwände der Halle wirken in horizontaler Richtung bei einer Anströmrichtung von 0° bzw. 180° jeweils Druck- und Sogkräfte. Des Weiteren sind noch die Windlasten auf die Hallenlängswand in Querrichtung anzusetzen (vgl. Abb. 7.21 und 7.22).

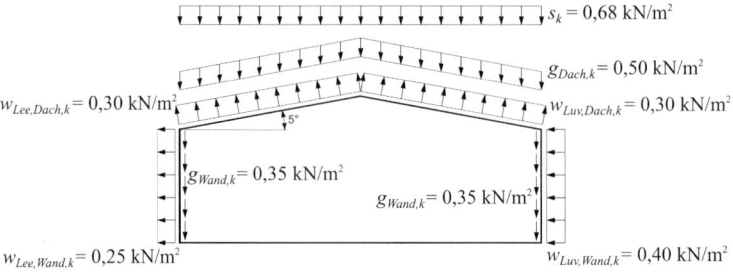

Abb. 7.21 Einwirkung aus Eigengewicht, Wind, Schnee.

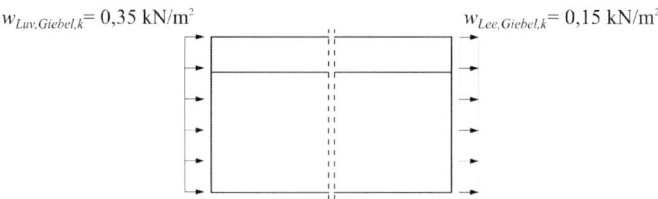

Abb. 7.22 Wirkung der Lasten auf die Lagerhalle – Wind auf Giebel.

7.3.2 Koppelpfette – zweiachsige Biegung

In der Isometrie der Lagerhalle (siehe Abb. 7.23) ist eine Koppelpfette dargestellt, die auf den Brettschichtholzbindern (BSH-Bindern) der Lagerhalle aufliegt. Nachgewiesen wird die Koppelpfette für Biegung. Die Koppelpfette weist in den Endfeldern andere Querschnittsabmessungen auf als im Innenfeld:

- Endfeld: $b/h = 12/18\,\text{cm}$, KVH C24
- Innenfeld: $b/h = 8/18\,\text{cm}$, KVH C24

Der Achsabstand der Koppelpfetten untereinander beträgt 1,67 m in der Dachebene. Die Einzelpfetten werden jeweils über den Zwischenauflagern mit einer ausreichenden Überkopplungslänge miteinander zu einer durchlaufenden Koppelpfette verbunden. Dadurch ergeben sich über den Zwischenauflagern jeweils zwei Querschnitte. Dies ist in Abb. 7.23 schematisch dargestellt. Durch die Neigung der Koppelpfetten infolge der Dachneigung ergeben sich Lastanteile in lokaler y- und z-Richtung (siehe Abb. 7.24).

Das statische System ist in Abb. 7.25 dargestellt. Die Koppelpfette ist als Achtfeldträger zu betrachten.

Hinweise:

- Bei der Berechnung der Schnittgrößen wird ein Durchlaufträger mit konstantem Querschnitt ($I = \text{konst}$) angenommen.
- Die Bemessung erfolgt für das Feldmoment, da im Stützbereich immer zwei Querschnitte vorhanden sind.
- Der Druckrand der Koppelpfetten ist durch die Dachscheibe seitlich unverschieblich gehalten → $k_{crit} = 1{,}0$.
- Zur Ermittlung der Schnittgrößen werden Tafelwerte verwendet.

7.3 Lagerhalle | 191

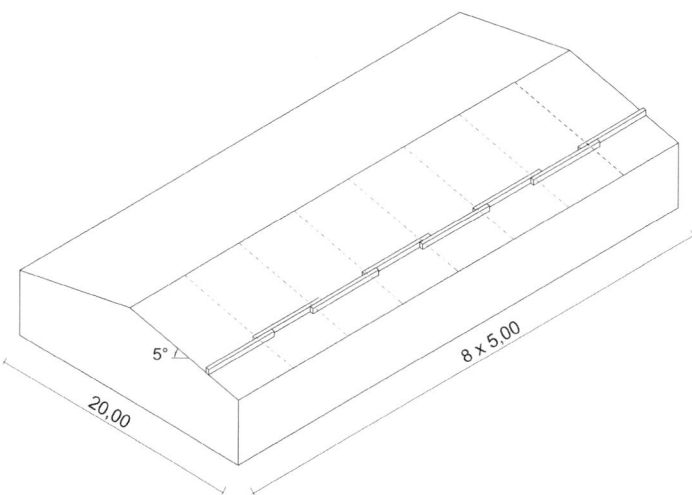

Abb. 7.23 Isometrie Lagerhalle mit Koppelpfetten.

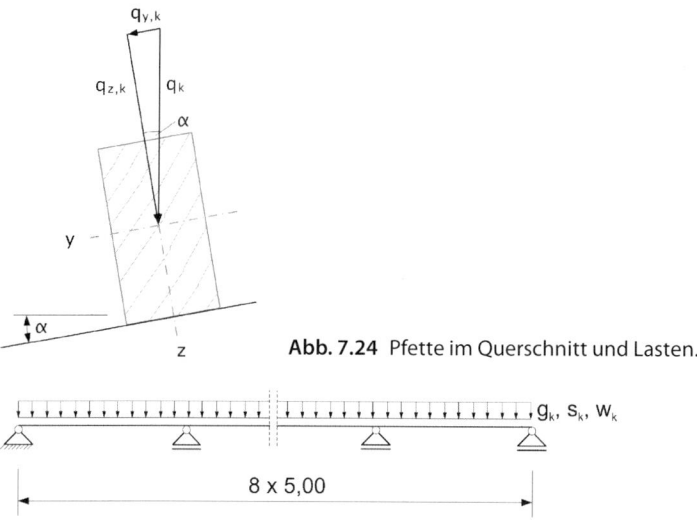

Abb. 7.24 Pfette im Querschnitt und Lasten.

Abb. 7.25 Statisches System der Koppelpfette.

- Die Bezeichnungen folgen der Definition, dass eine Beanspruchungskomponente in z-Richtung q_z ein Biegemoment um die y-Achse M_y hervorruft.
- Exemplarisch wird die Einwirkungskombination $g + s$ untersucht.

Zur Ermittlung der Lasten auf die Koppelpfetten wird zunächst das Konstruktionseigengewicht auf den Grundrissbezug umgerechnet.

$$\overline{g}_k = 0{,}5/\cos 5° = 0{,}50\,\text{kN/m}^2$$

Die Schneelast ist bereits auf den Grundriss bezogen und die Windlast wirkt in Richtung der lokalen z-Achse der Koppelpfette (vgl. Abb. 7.21 und 7.24).

Tab. 7.4 Zusammenstellung der Einwirkungen auf die Koppelpfette in y- und z-Richtung.

y-Richtung:	$g_{y,k} = 1{,}67\,\text{m} \cdot 0{,}50\,\text{kN/m}^2 \cdot \sin 5°$	$= 0{,}07\,\text{kN/m}$
	$s_{y,k} = 1{,}67\,\text{m} \cdot 0{,}68\,\text{kN/m}^2 \cdot \sin 5°$	$= 0{,}10\,\text{kN/m}$
	$w_{y,k}$	$= 0{,}00\,\text{kN/m}$
z-Richtung:	$g_{z,k} = 1{,}67\,\text{m} \cdot 0{,}50\,\text{kN/m}^2 \cdot \cos 5°$	$= 0{,}83\,\text{kN/m}$
	$s_{z,k} = 1{,}67\,\text{m} \cdot 0{,}68\,\text{kN/m}^2 \cdot \cos 5°$	$= 1{,}13\,\text{kN/m}$
	$w_{z,k} = 1{,}67\,\text{m} \cdot 0{,}30\,\text{kN/m}^2$	$= 0{,}50\,\text{kN/m}$

Die Lasten, die auf eine Koppelpfette in y- und z-Richtung (vgl. Abb. 7.24) entfallen, sind in Tab. 7.4 zusammengestellt.

Die Bemessungswerte der Einwirkung ergeben sich für die y- und z- Richtung wie folgt:

$$q_{z,d} = 1{,}35 \cdot 0{,}83\,\text{kN/m} + 1{,}5 \cdot 1{,}13\,\text{kN/m} = 2{,}82\,\text{kN/m}$$
$$q_{y,d} = 1{,}35 \cdot 0{,}07\,\text{kN/m} + 1{,}5 \cdot 0{,}10\,\text{kN/m} = 0{,}24\,\text{kN/m}$$

Aus der zweiachsigen Beanspruchung resultieren Schnittgrößen für beide Richtungen. Die Feldmomente ergeben sich auf Basis der Tafelwerte im Endfeld zu

$$M_{y,d} = 0{,}078 \cdot 2{,}82 \cdot 5{,}00^2 = 5{,}50\,\text{kN m}$$
$$M_{z,d} = 0{,}078 \cdot 0{,}24 \cdot 5{,}00^2 = 0{,}47\,\text{kN m}$$

und beim Innenfeld zu

$$M_{y,d} = 0{,}046 \cdot 2{,}82 \cdot 5{,}00^2 = 3{,}24\,\text{kN m}$$
$$M_{z,d} = 0{,}046 \cdot 0{,}24 \cdot 5{,}00^2 = 0{,}28\,\text{kN m}$$

Aufgrund der unterschiedlichen Querschnittsabmessungen im End- und im Innenfeld müssen beide Bereiche nachgewiesen werden. Die Widerstandsmomente und die Biegespannungen werden berechnet für das Endfeld

$$W_y = \frac{12 \cdot 18^2}{6} = 648\,\text{cm}^3$$
$$W_z = \frac{12^2 \cdot 18}{6} = 432\,\text{cm}^3$$
$$\sigma_{m,y,d} = \frac{550}{648} = 0{,}85\,\text{kN/cm}^2 \mathrel{\widehat{=}} 8{,}5\,\text{N/mm}^2$$
$$\sigma_{m,z,d} = \frac{47}{432} = 0{,}11\,\text{kN/cm}^2 \mathrel{\widehat{=}} 1{,}1\,\text{N/mm}^2$$

und für das Innenfeld

$$W_y = \frac{8 \cdot 18^2}{6} = 432 \text{ cm}^3$$

$$W_z = \frac{8^2 \cdot 18}{6} = 192 \text{ cm}^3$$

$$\sigma_{m,y,d} = \frac{324}{432} = 0{,}75 \text{ kN/cm}^2 \widehat{=} 7{,}5 \text{ N/mm}^2$$

$$\sigma_{m,z,d} = \frac{28}{192} = 0{,}14 \text{ kN/cm}^2 \widehat{=} 1{,}4 \text{ N/mm}^2$$

Der Bemessungswert der Festigkeit $f_{m,d}$ wird mit der charakteristischen Biegefestigkeit von 24,0 N/mm² (C24) bestimmt. Der Modifikationsbeiwert k_{mod} ist mit 0,9 (Schnee, kurze Einwirkung) anzusetzen.

$$f_{m,d} = \frac{k_{mod} \cdot f_{m,k}}{\gamma_m} = \frac{0{,}9 \cdot 24}{1{,}3} = 16{,}6 \text{ N/mm}^2$$

Nachweis Endfeld: $\quad \dfrac{\sigma_{m,y,d}}{f_{m,d}} + 0{,}7 \cdot \dfrac{\sigma_{m,z,d}}{f_{m,d}} = \dfrac{8{,}5}{16{,}6} + 0{,}7 \cdot \dfrac{1{,}1}{16{,}6} = 0{,}56 < 1{,}0$

Nachweis Innenfeld: $\quad \dfrac{\sigma_{m,y,d}}{f_{m,d}} + 0{,}7 \cdot \dfrac{\sigma_{m,z,d}}{f_{m,d}} = \dfrac{7{,}5}{16{,}6} + 0{,}7 \cdot \dfrac{1{,}4}{16{,}6} = 0{,}52 < 1{,}0$

Die Nachweise sind sowohl für das Endfeld als auch für das Innenfeld erfüllt. Allerdings ergibt sich für das Endfeld eine etwas höhere Ausnutzung.

7.3.3 Koppelpfette – Auflagerpressung

Nachgewiesen wird die Koppelpfette (siehe Abb. 7.26) für Querdruck am Auflager. Die Dachkonstruktion, die Lasten und das statische System sind identisch zu Abschn. 7.3.2. Der Auflagerbereich der Koppelpfetten in Achse C ist in den Abb. 7.27 und 7.28 dargestellt.

Hinweise:

- Die Nachweise werden am Zwischenauflager C geführt.
- Aus konstruktiven Gründen und zur Aufnahme der Sogkräfte im Randbereich des Balkens empfiehlt sich der Anschluss mit zwei sich kreuzenden Vollgewindeschrauben (siehe Abb. 7.27).
- Zur Ermittlung der Schnittgrößen werden Tafelwerte verwendet.
- Exemplarisch wird die Einwirkungskombination $g + s$ untersucht.

Die Einwirkungen können Tab. 7.4 entnommen werden. Es werden zunächst die charakteristischen Werte der Auflagerkräfte für die y-Richtung $F_{y,k}$ und für die z-Richtung $F_{z,k}$ ermittelt (siehe Tab. 7.5).

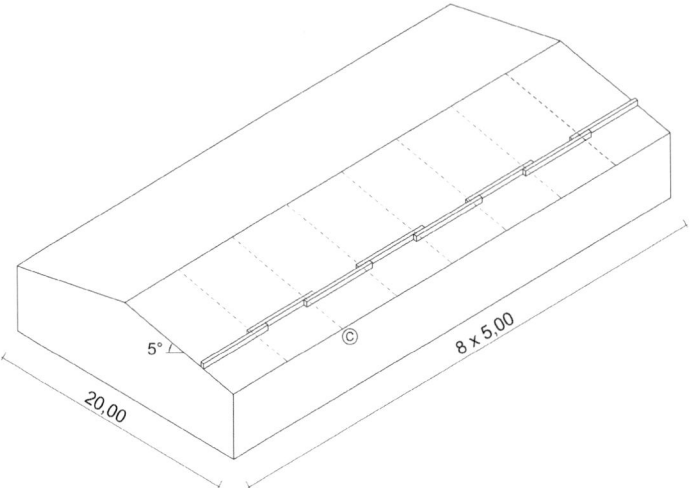

Abb. 7.26 Isometrie Lagerhalle mit Koppelpfetten.

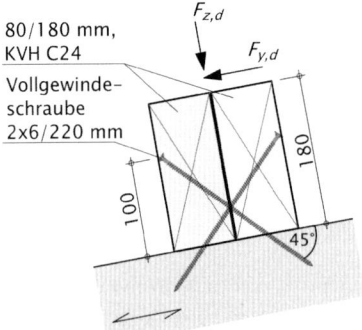

Abb. 7.27 Lagesicherung am Auflager, Achse C.

Tab. 7.5 Zusammenstellung der Auflagerkräfte in y- und z-Richtung am Auflager C.

	Auflager C
$F_{g,y,k}$	$0{,}974 \cdot 0{,}07 \cdot 5{,}00 = 0{,}34\,\mathrm{kN}$
$F_{s,y,k}$	$0{,}974 \cdot 0{,}10 \cdot 5{,}00 = 0{,}49\,\mathrm{kN}$
$F_{g,z,k}$	$0{,}974 \cdot 0{,}83 \cdot 5{,}00 = 4{,}04\,\mathrm{kN}$
$F_{s,z,k}$	$0{,}974 \cdot 1{,}13 \cdot 5{,}00 = 5{,}50\,\mathrm{kN}$

Die Bemessungswerte der Auflagerkräfte ergeben sich somit für Auflager C zu

$$F_{z,d} = 1{,}35 \cdot 4{,}04 + 1{,}5 \cdot 5{,}50 = 13{,}7\,\mathrm{kN}$$
$$F_{y,d} = 1{,}35 \cdot 0{,}34 + 1{,}5 \cdot 0{,}49 = 1{,}2\,\mathrm{kN}$$

Aufgrund der Momenten-Normalkraft-Interaktion in der Kontaktfuge zwischen Pfette und Binder ergibt sich eine exzentrische Druckspannungsvertei-

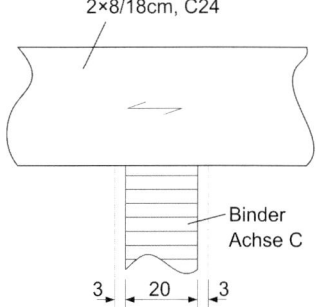

Abb. 7.28 Auflagerbereich der Koppelpfetten in Achse C.

lung. Es wird zunächst überprüft, ob die Kontaktfuge überdrückt ist. Die elastischen Spannungen in der Kontaktfuge betragen:

$$\sigma_{c,90,d} = \frac{F_{z,d}}{A_{ef}} \pm \frac{F_{y,d} \cdot h}{W_{ef}}$$

$$= \frac{-13{,}7}{416} \pm \frac{1{,}2 \cdot 18}{1109} = \begin{cases} -0{,}013\,\text{kN/cm}^2 \mathrel{\widehat{=}} -0{,}13\,\text{N/mm}^2 \\ -0{,}052\,\text{kN/cm}^2 \mathrel{\widehat{=}} -0{,}52\,\text{N/mm}^2 \end{cases}$$

mit

$$A_{ef} = 2 \cdot 8 \cdot (20 + 2 \cdot 3) = 416\,\text{cm}^2$$
$$W_{ef} = \frac{(20 + 2 \cdot 3) \cdot (2 \cdot 8)^2}{6} = 1109\,\text{cm}^3$$

Es zeigt sich, dass die Kontaktfläche überdrückt ist, da sich in beiden Fällen Druckspannungen mit negativem Vorzeichen ergeben. Der Nachweis wird mit der maximalen Druckspannung geführt, die 0,52 N/mm² beträgt.

Für den Nachweis der Auflagerpressung wird einerseits der Bemessungswert der Festigkeit für Querdruck $f_{c,90,d}$, der sich für C24 mit einem k_{mod} von 0,9 für eine kurze Lasteinwirkung ergibt, und andererseits der Querdruckbeiwert $k_{c,90}$, der für Vollholz C24 mit 1,5 angesetzt wird, benötigt.

$$f_{c,90,d} = \frac{k_{mod} \cdot f_{c,90,k}}{\gamma_m} = \frac{0{,}9 \cdot 2{,}5}{1{,}3} = 1{,}7\,\text{N/mm}^2$$

Nachweis: $\dfrac{\sigma_{c,90,d}}{k_{c,90} \cdot f_{c,90,d}} = \dfrac{0{,}52}{1{,}5 \cdot 1{,}7} = 0{,}20 < 1{,}0$

Der Nachweis der Auflagerpressung ist erfüllt. Die Horizontalkraft $F_{y,d}$ wird über die Vollgewindeschrauben in den Binder eingeleitet.

7.3.4 Binder – Biegung

In der Isometrie der Lagerhalle (siehe Abb. 7.29) sind der Binder und das Aussteifungssystem in der Dachebene schematisch dargestellt. Nachgewiesen wird der Binder für Biegung.

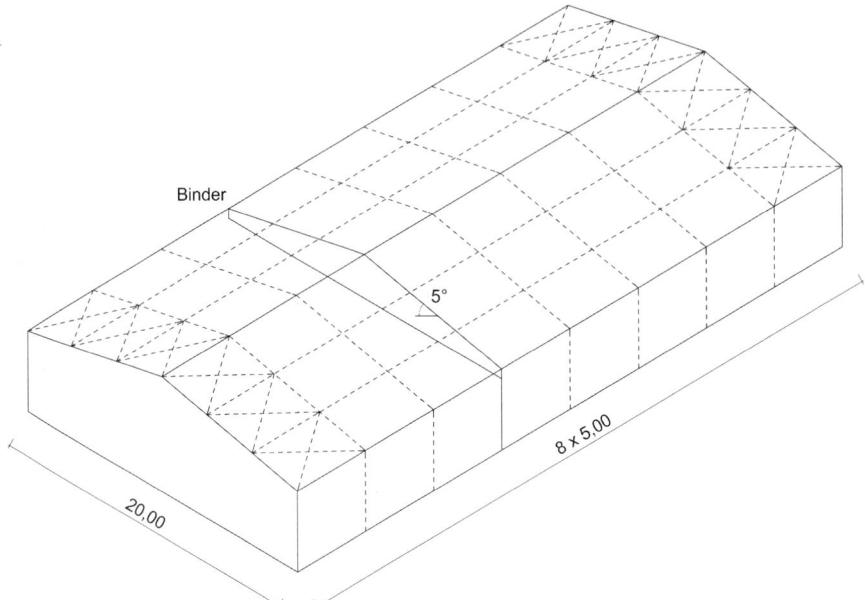

Abb. 7.29 Isometrie Lagerhalle mit Binder und Aussteifungssystem in Dachebene.

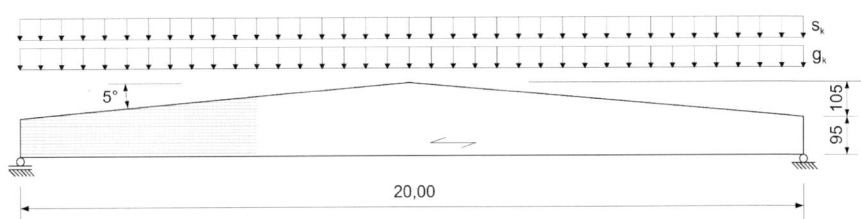

Abb. 7.30 Statisches System des Binders und der Lasten.

Der Binder erhält eine Satteldachform mit einer Neigung von 5° und wird in BSH GL 24h ausgeführt. Der Abstand der Binder beträgt 5 m. Die Abmessungen des Binders sind in der Seitenansicht in Abb. 7.30 dargestellt. Die Breite des Binders beträgt 20 cm, das Eigengewicht 1,39 kN/m.

Hinweise:

- Das Eigengewicht des Satteldachträgers wird vereinfachend als gemittelte Gleichstreckenlast angesetzt.
- Zur Berücksichtigung der Durchlaufwirkung der Pfetten werden die Lasten aus der Dachebene mit einem Durchlauffaktor von 1,25 beaufschlagt.
- Durch die veränderliche Trägerhöhe ist die Stelle des maximalen Moments nicht an der gleichen Stelle wie die maximale Biegespannung.
- Exemplarisch wird die Einwirkungskombination $g + s$ untersucht.

Zunächst wird überprüft, ob der Binder kippgefährdet ist oder nicht. Als Kipplänge l_{ef} wird vereinfachend und auf der sicheren Seite liegend die Länge eines Kippfeldes angenommen. Durch den Dachverband und die angeschlossenen Koppelpfetten (siehe Abb. 7.29) werden die Binder jeweils in den Drittelspunkten zwischen sowie an First und Traufe seitlich gehalten. Dadurch ergeben sich sechs Kippfelder und die Kipplänge ergibt sich zu

$$l_{ef} = \frac{l}{n_{Kippfelder}} = \frac{20}{6} = 3{,}33 \text{ m}$$

Als maßgebende Trägerhöhe für den Kippnachweis wird die Höhe im Abstand von $0{,}65 \cdot l/2$ vom Trägerauflager verwendet.

$$h_{0{,}65} = 0{,}95 + 0{,}65 \cdot 1{,}05 = 1{,}63 \text{ m}$$

Für diese Höhe wird die Kippschlankheit des Binders berechnet.

$$\frac{l_{ef} \cdot h}{b^2} = \frac{3{,}33 \cdot 1{,}63}{0{,}2^2} = 136 < 140$$

Für eine Kippschlankheit kleiner 140 besteht im Allgemeinen keine Kippgefahr, da sich nach dem Ersatzstabverfahren k_{crit} zu 1,0 ergibt. Für die Binder besteht also keine Kippgefahr.

Zur Ermittlung der Schnittgrößen des Binders werden die Lasten auf die Binderachse und auf den Grundriss bezogen.

$$\overline{g}_k = 1{,}25 \cdot 0{,}5 / \cos 5° \cdot 5{,}00 + 1{,}39 = 4{,}52 \text{ kN/m}$$
$$s_k = 1{,}25 \cdot 0{,}68 \cdot 5{,}00 = 4{,}25 \text{ kN/m}$$

Der Bemessungswert der Einwirkung ergibt sich zu

$$q_d = 1{,}35 \cdot 4{,}52 \text{ kN/m} + 1{,}5 \cdot 4{,}25 \text{ kN/m} = 12{,}5 \text{ kN/m}$$

und das Biegemoment in Feldmitte

$$M_d = M_{ap,d} = 12{,}5 \cdot 20{,}00^2 / 8 = 625 \text{ kN m}$$

Zur Bestimmung der maximalen Spannungen wird zunächst die entsprechende Stelle x_m berechnet.

$$x_m = \frac{l \cdot h_A}{2 \cdot h_{ap}} = \frac{20{,}00 \cdot 0{,}95}{2 \cdot 2{,}00} = 4{,}75 \text{ m}$$

Das Biegemoment an der Stelle der maximalen Spannung ergibt sich dann zu

$$M_d = M_d(x_m) = \frac{1}{2} \cdot q \cdot x_m \cdot (l - x_m)$$
$$= \frac{1}{2} \cdot 12{,}5 \cdot 4{,}75 \cdot (20 - 4{,}75) = 453 \text{ kN m}$$

Das Widerstandsmoment wird mit der Querschnittshöhe des Binders an der Stelle x_m bestimmt.

$$h_x = h_A + \frac{(h_{ap} - h_A)}{l/2} \cdot x_m = 0{,}95 + \frac{(2 - 0{,}95)}{\frac{20{,}00}{2}} \cdot 4{,}75 = 1{,}45 \text{ m}$$

$$W_{xm} = 20 \cdot 145^2 / 6 = 70\,083 \text{ cm}^3$$

Die maximale Spannung ergibt sich somit zu

$$\sigma_{m,0,d} \approx \sigma_{m,d} = \frac{M_d(x_m)}{W_{xm}} = \frac{45\,200}{70\,083} = 0,64\,\text{kN/cm}^2 \stackrel{\wedge}{=} 6,4\,\text{N/mm}^2$$

Der Verlauf der Biegespannungen von BSH-Bindern mit nicht parallelen Rändern weicht von der Balkentheorie ab. Bei der Spannungsermittlung darf das vernachlässigt werden.

Der Bemessungswert der Festigkeit $f_{m,d}$ wird mit der charakteristischen Biegefestigkeit von 24,0 N/mm² (GL 24h) bestimmt. Der Modifikationsbeiwert k_{mod} ist mit 0,9 (Schnee, kurze Einwirkung) anzusetzen.

$$f_{m,d} = \frac{k_{mod} \cdot f_{m,k}}{\gamma_m} = \frac{0,9 \cdot 24}{1,3} = 16,6\,\text{N/mm}^2$$

Der Beiwert $k_{m,\alpha}$ für druckbeanspruchten Rand ergibt sich zu

$$k_{m,\alpha} = \frac{1}{\sqrt{1 + \left(\frac{24,0}{1,5 \cdot 3,5} \cdot \tan 5°\right)^2 + \left(\frac{24,0}{2,5} \cdot (\tan 5°)^2\right)^2}} = 0,93$$

Nachweis: $\quad \dfrac{\sigma_{m,\alpha,d}}{k_{m,\alpha} \cdot f_{m,d}} = \dfrac{6,4}{0,93 \cdot 16,6} = 0,41 < 1,0$

Im Firstbereich des Satteldachträgers ist die nichtlineare Verteilung der Biegespannungen mit dem Beiwert k_l zu berücksichtigen. Der Beiwert k_l wird für den Satteldachträger bestimmt zu

$$k_l = 1 + 1,4 \cdot \tan 5° + 5,4 \cdot (\tan 5°)^2 = 1,16$$

Mit dem Widerstandsmoment

$$W_{ap} = \frac{20,00 \cdot 2,00^2}{6} = 133\,333\,\text{cm}^3$$

und dem Beiwert k_l ergeben sich die Biegespannung zu

$$\sigma_{m,d} = k_l \cdot \frac{M_{ap,d}}{W_{ap}} = 1,16 \cdot \frac{62\,500}{133\,333} = 0,54\,\text{kN/cm}^2$$

Nachweis: $\quad \dfrac{\sigma_{m,\alpha,d}}{f_{m,d}} = \dfrac{5,4}{16,6} = 0,33 < 1,0$

Es zeigt sich, dass der Nachweis am angeschnittenen Rand maßgebend ist.

7.3.5 Wandverband – Anschluss Strebe/Stütze

In der Isometrie der Lagerhalle (siehe Abb. 7.31) sind die Wandverbände eingezeichnet. Betrachtet wird der Anschluss der Strebe an die Stütze. Das Anschlussdetail ist in Abb. 7.33 dargestellt. Der Anschluss soll mit Stabdübeln und eingeschlitzten Blechen erfolgen.

Die Längsaussteifung der Lagerhalle erfolgt mit Dachverbänden in den beiden Randfeldern und Wandverbänden in den angrenzenden Wandbereichen. Der Lastfluss ist schematisch in Abb. 7.32 gezeigt.

Hinweise:

- Der Nachweis für den Wandverband wird mit der größeren Einwirkung w_{Luv} geführt (siehe Abb. 7.22).
- Beim Lastfall Wind auf den Giebel entstehen Sogkräfte, die auf die Dachfläche entlastend wirken. Diese werden vernachlässigt.
- Der Randbinder ist mit Langlöchern an die Giebelstützen angeschlossen, sodass an dieser Stelle keine Vertikallasten übertragen werden können.

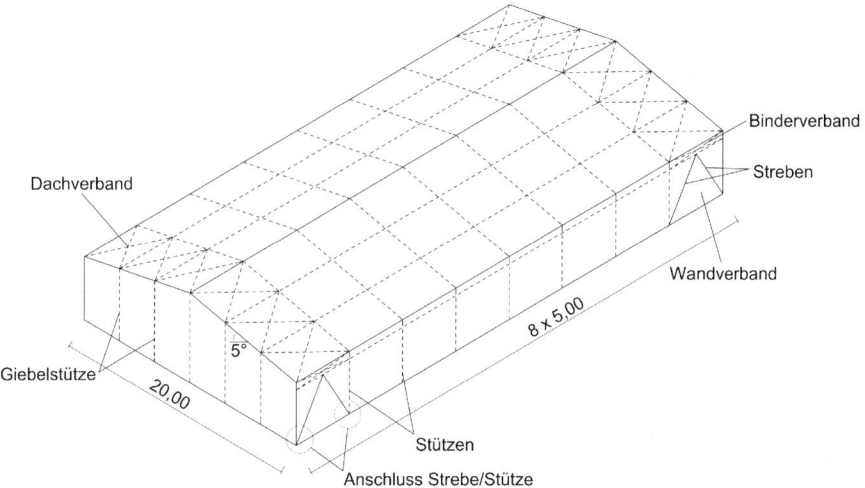

Abb. 7.31 Isometrie Lagerhalle mit Wandverband.

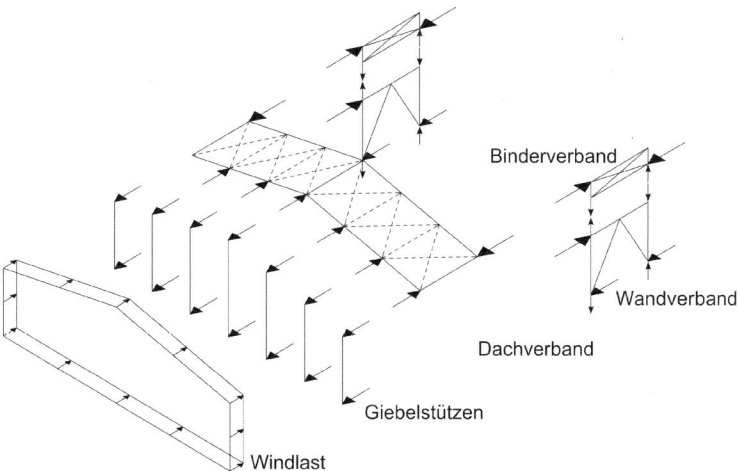

Abb. 7.32 Lastfluss der Windlast von den Giebelstützen bis zum Wandverband.

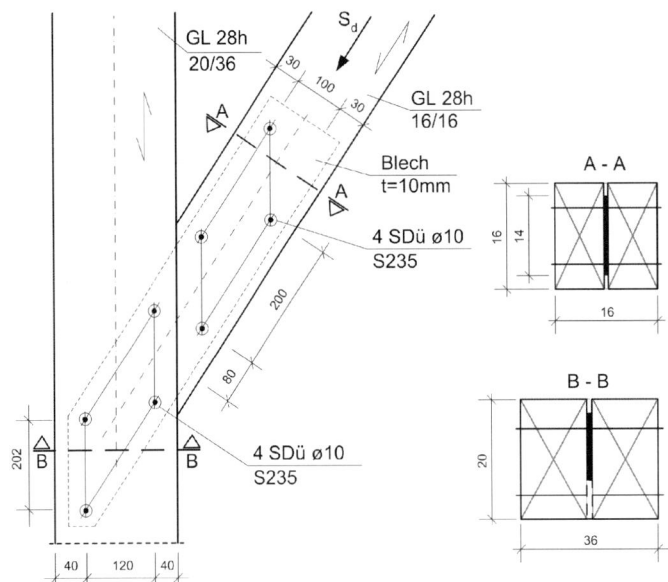

Abb. 7.33 Anschluss Stütze/Strebe.

- Exemplarisch wird die Leiteinwirkung Wind mit der Einwirkungskombination $g + w + s$ untersucht.
- Aus der Kippstabilisierung der Binder ergeben sich keine Einwirkungen auf den Wandverband.

Die Einwirkungen aus dem Winddruck auf den Giebel (vgl. Abb. 7.34) werden über den Dachverband auf die zwei Wandverbände abgegeben.

$$q_{w,Traufe} = \frac{5{,}35}{2} \cdot 0{,}35 = 0{,}94 \, \text{kN/m}$$

$$q_{w,First} = \frac{6{,}40}{2} \cdot 0{,}35 = 1{,}12 \, \text{kN/m}$$

$$F_{w,d} = 1{,}5 \cdot \frac{1{,}12 + 0{,}94}{2} \cdot \frac{20}{2} = 15{,}5 \, \text{kN}$$

Neben den Horizontallasten wirken auf die Stützen die Stützkräfte aus den Bindern und das Eigengewicht der Wandbekleidung in vertikaler Richtung. Vereinfachend wird die volle Last aus der Wandbekleidung am Stützenkopf angesetzt. Diese beträgt:

$$G_k = 0{,}35 \cdot 5{,}35 \cdot 5{,}0 = 9{,}4 \, \text{kN}$$

Die Stützkräfte des Innenbinders ergeben sich zu

$$A_{g,i,k} = B_{g,i,k} = (0{,}5/\cos 5° \cdot 5{,}00 + 1{,}39) \cdot \frac{20}{2} + 9{,}4 = 48{,}4 \, \text{kN}$$

$$A_{s,i,k} = B_{s,i,k} = (0{,}68 \cdot 5{,}00) \cdot \frac{20}{2} = 34{,}0 \, \text{kN}$$

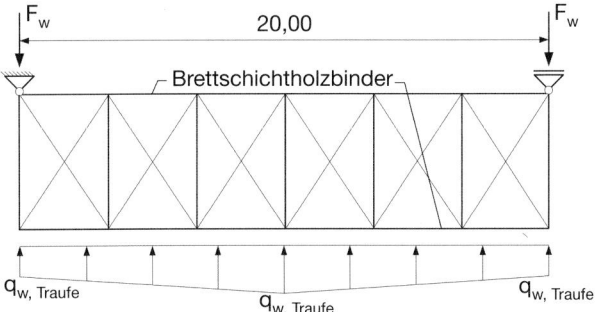

Abb. 7.34 Dachverband und Windlasten aus dem Giebel.

und die Stützkräfte beim Randbinder zu

$$A_{g,r,k} = B_{g,r,k} = \left(\frac{0{,}5}{\cos 5°} \cdot \frac{5{,}00}{2} + 1{,}39\right) \cdot \frac{20}{2} + 9{,}4 = 35{,}8\,\text{kN}$$

$$A_{s,r,k} = B_{s,r,k} = (0{,}68 \cdot 5{,}00/2) \cdot \frac{20}{2} = 17{,}0\,\text{kN}$$

Die vertikalen Lasten erzeugen unter Berücksichtigung einer möglichen Schiefstellung (Imperfektion) eine zusätzliche Horizontallast, die durch die Wandverbände aufgenommen werden muss. Von jedem Wandverband werden 3,5 Randstützen und eine Eckstütze stabilisiert.

$$H_{imp,d} = \sum N_d \cdot \varphi = 379 \cdot 0{,}005 = 1{,}9\,\text{kN}$$

mit

$$\sum N_d = 1{,}35 \cdot (3{,}5 \cdot 48{,}4\,\text{kN} + 35{,}8\,\text{kN})$$
$$+ 1{,}5 \cdot (0{,}5 \cdot 3{,}5 \cdot 34{,}0\,\text{kN} + 17{,}0\,\text{kN})$$
$$= 379\,\text{kN}$$

Die Horizontallasten auf den Wand- und Binderverband und die zugehörigen Strebenkräfte sind in Abb. 7.35 dargestellt. Die Strebe ist um den Winkel α zur Horizontalen geneigt.

$$\alpha = \arctan\left(\frac{4{,}4}{2{,}5}\right) = 60{,}4°$$

Die Strebenkräfte, die sich aus der horizontalen Einwirkung ergeben, betragen

$$S_d = \frac{(15{,}5 + 1{,}9)/2}{\cos 60{,}4°} = 17{,}6\,\text{kN}$$

Bei dem Stützen-Streben-Anschluss (siehe Abb. 7.32) müssen sowohl die Verbindung zwischen der Strebe und dem innenliegenden Blech als auch der Anschluss des Stahlbleches an die Stütze nachgewiesen werden. Zunächst wird die Tragfähigkeit der Stahlblech-Holzverbindung an der Strebe bestimmt.

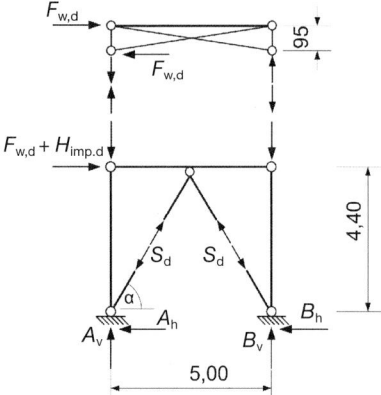

Abb. 7.35 Wandverband – statisches System, Lasten und Schnittkräfte.

Als Eingangswerte werden für die Ermittlung der Tragfähigkeit das Fließmoment $M_{y,Rk}$ und die Lochleibungsfestigkeit $f_{h,k}$ benötigt.

$$M_{y,Rk} = 0{,}3 \cdot f_{uk} \cdot d^{2,6} = 0{,}3 \cdot 360 \cdot 10^{2,6} = 42\,996 \text{ Nmm}$$

$$f_{h,k} = 0{,}082 \cdot (1 - 0{,}01 \cdot d) \cdot \rho_k$$
$$= 0{,}082 \cdot (1 - 0{,}01 \cdot 10) \cdot 425 = 31{,}4 \text{ N/mm}^2$$

Die erforderliche Seitenholzdicke wird wie folgt ermittelt und überprüft:

$$t_{req} = 1{,}15 \cdot 4 \cdot \sqrt{\frac{M_{y,Rk}}{f_{h,k} \cdot d}}$$
$$= 1{,}15 \cdot 4 \cdot \sqrt{\frac{42\,996}{31{,}4 \cdot 10}} = 54 \text{ mm} < \frac{160 - 10}{2} = 75 \text{ mm}$$

Die erforderliche Seitenholzdicke ist eingehalten, die volle Tragfähigkeit kann angesetzt werden mit

$$F_{v,Rk} = 2{,}3 \cdot \sqrt{M_{y,Rk} \cdot f_{h,k} \cdot d}$$
$$= 2{,}3 \cdot \sqrt{42\,996 \cdot 31{,}4 \cdot 10} = 8451 \text{ N}$$

Der Bemessungswert der Tragfähigkeit eines Stabdübels pro Scherfuge ergibt sich zu

$$F_{v,Rd} = k_{mod} \cdot \frac{F_{v,Rk}}{\gamma_M} = 1{,}0 \cdot \frac{8{,}5}{1{,}3} = 6{,}5 \text{ kN}$$

Zur Bestimmung der Tragfähigkeit des Anschlusses wird die wirksame Anzahl der in Kraftrichtung hintereinander angeordneten Stabdübel berechnet.

$$n_{ef} = \min\left(\frac{n}{n^{0,9} \sqrt[4]{a_1/13d}}\right) = \min\left(\frac{2}{2^{0,9} \sqrt[4]{200/130}}\right) = \min\left(\frac{2}{2{,}08}\right) = 2$$

Die Gesamttragfähigkeit der zweischnittigen Verbindung mit vier Stabdübeln beträgt:

$$F_{v,Rd,ges} = 4 \cdot 2 \cdot 6{,}5 = 52{,}0 \, \text{kN}$$

$$\text{Nachweis:} \quad \frac{S_d}{F_{v,Rd,ges}} = \frac{17{,}6}{52{,}0} = 0{,}34 < 1{,}0$$

Bei der Bestimmung der Tragfähigkeit der Stahlblech-Holzverbindung zur Stütze muss der Kraft-Faser-Winkel mit $\alpha = 29{,}6°$ berücksichtigt werden. Das wirkt sich auf die Lochleibungsfestigkeit aus.

$$k_{90} = 1{,}35 + 0{,}015 \cdot 10 = 1{,}5$$

$$f_{h,\alpha,k} = \frac{f_{h,0,k}}{k_{90} \cdot \sin^2 \alpha + \cos^2 \alpha} = \frac{31{,}4}{1{,}5 \cdot \sin^2 29{,}6° + \cos^2 29{,}6°} = 28{,}0 \, \text{N/mm}^2$$

Aufgrund der ausreichenden Seitenholzdicke (siehe oben) kann auch hier die volle Tragfähigkeit des Stabdübels ausgenutzt werden.

$$F_{v,Rk} = 2{,}3 \cdot \sqrt{M_{y,Rk} \cdot f_{h,k} \cdot d}$$

$$= 2{,}3 \cdot \sqrt{42\,996 \cdot 28{,}0 \cdot 10} = 7980 \, \text{N}$$

$$F_{v,Rd} = k_{mod} \cdot \frac{F_{v,Rk}}{\gamma_M} = 1{,}0 \cdot \frac{8{,}0}{1{,}3} = 6{,}2 \, \text{kN}$$

Die Gesamttragfähigkeit der Verbindung fällt aufgrund des Einflusses des Kraft-Faser-Winkels etwas niedriger aus.

$$F_{v,Rd,ges} = 4 \cdot 2 \cdot 6{,}2 = 49{,}6 \, \text{kN}$$

$$\text{Nachweis:} \quad \frac{S_d}{F_{v,Rd,ges}} = \frac{17{,}8}{49{,}6} = 0{,}36 < 1{,}0$$

7.3.6 Eingespannte Stütze – Tragfähigkeit Verbindungsmittel

Die Aussteifung in Hallenquerrichtung erfolgt durch eingespannte Holzstützen. Die Holzstützen sind auf einer Seite der Lagerhalle in Querrichtung in die Fundamente eingespannt. Die Einspannung erfolgt mit Stahlprofilen, die mit den Holzstützen durch Passbolzen verbunden sind. Das Detail ist in Abb. 7.36 dargestellt.

In der Isometrie der Lagerhalle und in der Ansicht (siehe Abb. 7.37 und 7.38) sind die aussteifenden Stützen der Lagerhalle gekennzeichnet. Im Folgenden werden die Nachweise für den Anschluss der Holzstütze an die Stahlprofile geführt.

Hinweise:

- Bei der Ermittlung der Einwirkungen auf die Stütze werden auch mögliche Schiefstellungen berücksichtigt. Die Schiefstellung kann bei beiden Stützen in gleicher Richtung auftreten.

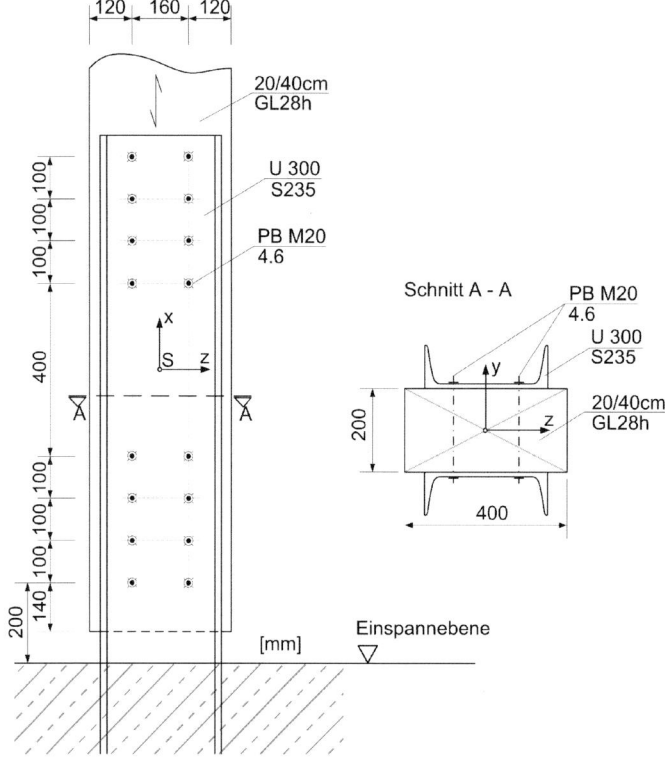

Abb. 7.36 Anschlussdetail – eingespannte Stütze.

- Alle Horizontallasten, auch die aus der Schiefstellung, werden von der eingespannten Stütze aufgenommen.
- Exemplarisch wird die Leiteinwirkung Wind mit der Einwirkungskombination $g + w + s$ untersucht.
- Die Windeinwirkung auf die geneigte Dachfläche bleibt unberücksichtigt.

Es werden zunächst die Lasten auf die Stütze zusammengestellt (vgl. Abb. 7.39a).

$$F_{g,k} = 4{,}52 \cdot 20/2 = 45{,}2 \, \text{kN}$$

$$F_{s,k} = 4{,}25 \cdot 20/2 = 42{,}5 \, \text{kN}$$

$$H_{w,k} = \left[0{,}25 \cdot \left(\frac{4{,}40}{2} + 0{,}95\right) + 0{,}40 \cdot 0{,}95\right] \cdot 5{,}00$$
$$= 5{,}83 \, \text{kN}$$

$$g_k = 5{,}00 \cdot 0{,}35 + 5{,}0 \cdot 0{,}2 \cdot 0{,}4 = 2{,}15 \, \text{kN/m}$$

$$w_k = 0{,}40 \cdot 5{,}00 = 2{,}00 \, \text{kN/m}$$

Aus den Lasten ergeben sich für die Kombination $g + w + s$ die Schnittgrößen N_d, V_d und M_d an der Einspannstelle unter der Berücksichtigung der Lasten aus

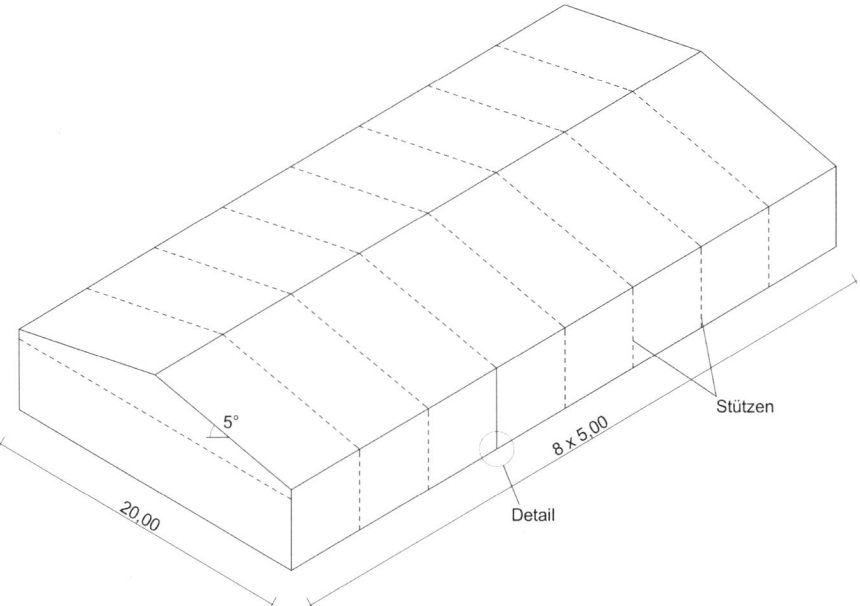

Abb. 7.37 Isometrie Lagerhalle mit den aussteifenden Stützen.

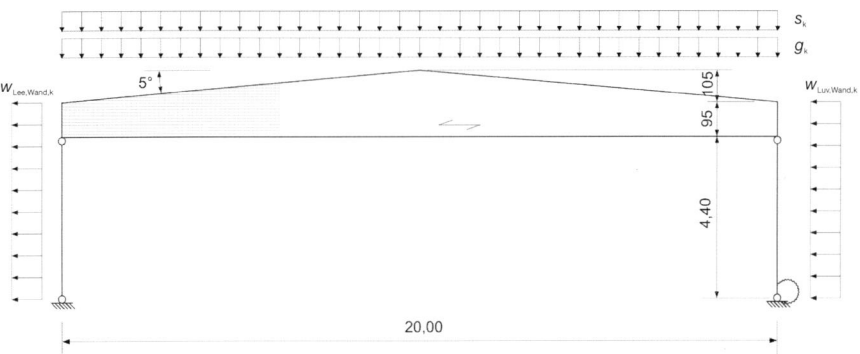

Abb. 7.38 Statisches System und Lasten – Binder auf Pendelstütze (links) und eingespannter Stütze (rechts).

der Schiefstellung.

$$N_d = 1{,}35 \cdot (45{,}2 + 2{,}15 \cdot 4{,}40) + 1{,}5 \cdot 0{,}5 \cdot 42{,}5 = 105{,}8 \text{ kN}$$
$$H_{imp} = 2 \cdot N_d \cdot \varphi = 2 \cdot 105{,}8 \cdot 0{,}005 = 1{,}1 \text{ kN}$$
$$V_d^E = 1{,}5 \cdot (5{,}8 + 2{,}0 \cdot 4{,}4) + 1{,}1 \text{ kN} = 23{,}0 \text{ kN}$$
$$M_d^E = 1{,}5 \cdot \left(5{,}8 \cdot 4{,}4 + 2{,}0 \cdot \frac{4{,}4^2}{2}\right) + 1{,}1 \cdot 4{,}4 = 72{,}2 \text{ kN m}$$

Für die Bestimmung der resultierenden Kraft auf das höchst beanspruchte Verbindungsmittel und dessen Lage werden zunächst das polare Flächenträgheitsmoment bezogen auf den Schwerpunkt der Verbindung und die wirksame Anzahl

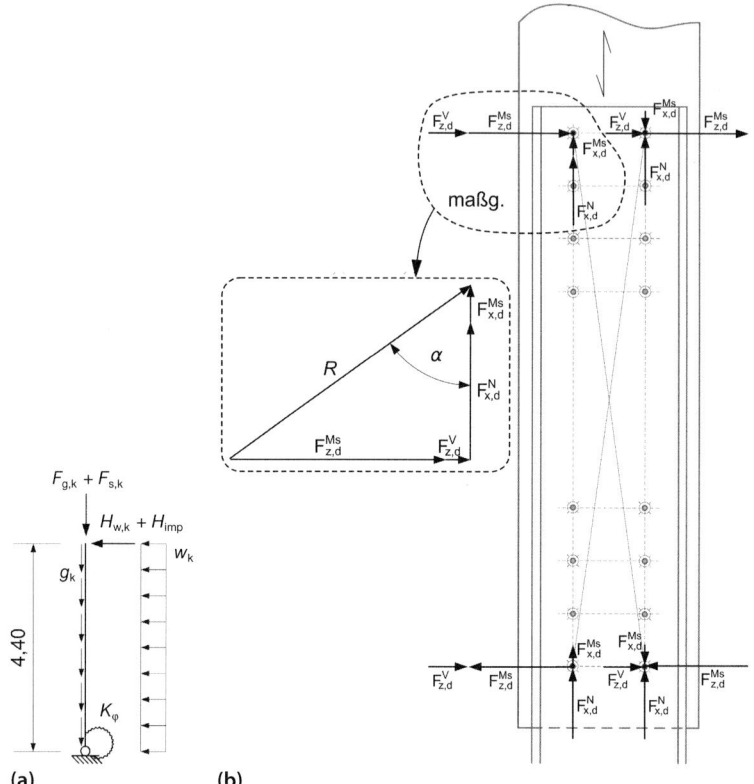

Abb. 7.39 (a) Statisches System der eingespannten Stütze und Lasten; (b) Lage des höchst beanspruchten Verbindungsmittels im Anschluss.

der Verbindungsmittel in Richtung der Normalkraft berechnet.

$$\begin{aligned} I_p &= n_s \cdot \sum r_i^2 = n_s \cdot \sum \left(x_i^2 + z_i^2 \right) \\ &= 2 \cdot 4 \cdot (20^2 + 8^2 + 30^2 + 8^2 + 40^2 + 8^2 + 50^2 + 8^2) \\ &= 45\,248\,\text{cm}^2 \end{aligned}$$

Die effektive Anzahl der Verbindungsmittel in Normalkraftrichtung wird mit dem kleinsten Abstand der Passbolzen untereinander in x-Richtung (lokal) berechnet (vgl. Abb. 7.36).

$$n_{ef} = \min\left(\frac{n}{n^{0,9} \cdot \sqrt[4]{a_1/13d}} \right) = \min\left(\frac{8}{8^{0,9} \cdot \sqrt[4]{100/260}} \right) = 5{,}11$$

Die resultierende Kraft auf das höchst beanspruchte Verbindungsmittel setzt sich aus Komponenten zusammen (vgl. Abb. 7.39b). Die Kraftkomponenten werden für die Schnittgrößen im Schwerpunkt S des Anschlusses bestimmt. Der Abstand zwischen Schwerpunkt und Einspannebene l_1 beträgt 70 cm.

$$M_d^S = M_d^E - V_d^E \cdot l_1 = 72{,}2 - 23{,}0 \cdot 0{,}7 = 56{,}1\,\text{kN m}$$

$$V_d^S = V_d^E - w_d \cdot l_1 = 23{,}0 - 1{,}5 \cdot 2{,}0 \cdot 0{,}7 = 20{,}9\,\text{kN}$$

Die Kraftkomponenten ergeben sich zu

$$F_{x,d}^N = \frac{N_d}{n_s \cdot n_{VB}} = \frac{105{,}8}{2 \cdot 2 \cdot 5{,}11} = 5{,}2\,\text{kN}$$

$$F_{z,d}^V = \frac{V_s}{n_s \cdot n_{VB}} = \frac{20{,}9}{2 \cdot 2 \cdot 8} = 0{,}6\,\text{kN}$$

$$F_{x,d}^{Ms} = \frac{M_s}{I_p} \cdot z_i = \frac{5610}{45\,248} \cdot 8 = 1{,}0\,\text{kN}$$

$$F_{z,d}^{Ms} = \frac{M_s}{I_p} \cdot x_i = \frac{5610}{45\,248} \cdot 50 = 6{,}2\,\text{kN}$$

Die resultierende Kraft und der Kraft-Faser-Winkel für das höchst beanspruchte Verbindungsmittel werden wie folgt berechnet:

$$R = F_d = \sqrt{\left(F_{x,d}^N + F_{x,d}^{Ms}\right)^2 + \left(F_{z,d}^V + F_{z,d}^{Ms}\right)^2}$$

$$= \sqrt{(5{,}2 + 1{,}0)^2 + (0{,}6 + 6{,}2)^2} = 9{,}2\,\text{kN}$$

$$\alpha = \arctan\left[\frac{F_{z,d}^V + F_{z,d}^{Ms}}{F_{x,d}^N + F_{x,d}^{Ms}}\right] = \arctan\left[\frac{0{,}6 + 6{,}2}{5{,}2 + 1{,}0}\right] = 47{,}6°$$

Für den Nachweis des höchst beanspruchten Verbindungsmittels wird die Tragfähigkeit eines Passbolzens pro Scherfuge mit dem Fließmoment $M_{y,Rk}$ und der Lochleibungsfestigkeit $f_{h,k}$ ermittelt.

$$M_{y,Rk} = 0{,}3 \cdot f_{uk} \cdot d^{2{,}6} = 0{,}3 \cdot 400 \cdot 20^{2{,}6} = 289\,640\,\text{Nmm}$$

$$f_{h,0,k} = 0{,}082 \cdot (1 - 0{,}01 \cdot d) \cdot \rho_k$$

$$= 0{,}082 \cdot (1 - 0{,}01 \cdot 20) \cdot 425 = 27{,}9\,\text{N/mm}^2$$

$$k_{90} = 1{,}35 + 0{,}015 \cdot 20 = 1{,}65$$

$$f_{h,33{,}9,k} = \frac{27{,}9}{1{,}65 \cdot \sin^2 47{,}6° + \cos^2 47{,}6°} = 20{,}6\,\text{N/mm}^2$$

Die Dicke des Stegbleches des U-Profils (U300) beträgt 10 mm, was halb so dick wie der Durchmesser des Passbolzens ist. Somit ist die Bemessungsgleichung für dünne Bleche zu verwenden. Zunächst wird die Dicke des Mittelholzes überprüft.

$$t_{req} = 1{,}15 \cdot 2 \cdot \sqrt{2} \cdot \sqrt{\frac{M_{y,Rk}}{f_{h,33{,}9,k} \cdot d}}$$

$$= 1{,}15 \cdot 2 \cdot \sqrt{2} \cdot \sqrt{\frac{289\,640}{20{,}6 \cdot 20}} = 86{,}2\,\text{mm} < t_{vorh} = 200\,\text{mm}$$

Da die erforderliche Mittelholzdicke eingehalten ist, kann die volle Tragfähigkeit angesetzt werden.

$$F_{v,Rk} = 1{,}15 \cdot \sqrt{2 \cdot M_{y,Rk} \cdot f_{h,33,9,k} \cdot d}$$
$$= 1{,}15 \cdot \sqrt{2 \cdot 289\,640 \cdot 20{,}6 \cdot 20} = 17\,766\,\text{N}$$

Der Bemessungswert der Tragfähigkeit eines Passbolzens pro Scherfuge ergibt sich mit $k_{mod} = 1{,}0$ für die Leiteinwirkung Wind zu

$$F_{v,Rd} = k_{mod} \cdot \frac{F_{v,Rk}}{\gamma_M} = 1{,}0 \cdot \frac{17{,}8}{1{,}3} = 13{,}7\,\text{kN}$$

Nachweis: $\quad \dfrac{F_d}{F_{v,Rd}} = \dfrac{9{,}2\,\text{kN}}{13{,}7\,\text{kN}} = 0{,}67 < 1{,}0$

7.3.7 Eingespannte Stütze – Schubspannungen im Anschlussbereich

Nachgewiesen wird die eingespannte Stütze für die Schubbeanspruchung im Anschlussbereich. Die Lasten und das statische System sind identisch zu Abschn. 7.3.6. Der Anschluss der Stütze ist in Abb. 7.36 dargestellt.

Hinweise:

- Exemplarisch wird die Leiteinwirkung Wind mit der Einwirkungskombination $g + w + s$ untersucht.

Für die Bestimmung des Querkraftverlaufes im Anschlussbereich wird zunächst die Querkraft oberhalb der 1. Passbolzenreihe bestimmt. Die 1. Passbolzenreihe hat einen Abstand von 1,2 m zur Einspannstelle (vgl. Abb. 7.36). Die Schnittgrößen im Anschlussbereich können Abschn. 7.3.6 entnommen werden.

$$V_{o,1,d} = -23{,}0 + 1{,}5 \cdot 2{,}0 \cdot 1{,}2 = -19{,}4\,\text{kN}$$

In Höhe jeder Passbolzenreihe ergeben sich infolge der Schnittgrößen V und M resultierende Horizontalkräfte, die über den Holzquerschnitt übertragen werden müssen. Die Kräfte pro Passbolzenreihe (vgl. Abb. 7.40) werden wie folgt bestimmt:

$$V_{i,z,d} = \frac{M_s}{I_p} \cdot x_i \cdot n_z \cdot n_S + F_{z,d}^V \cdot n_z \cdot n_S$$

$$V_{1,z,d} = \frac{5610}{45\,248} \cdot 50 \cdot 2 \cdot 2 + 0{,}6 \cdot 2 \cdot 2 = 27{,}2\,\text{kN}$$

$$V_{2,z,d} = \frac{5610}{45\,248} \cdot 40 \cdot 2 \cdot 2 + 0{,}6 \cdot 2 \cdot 2 = 22{,}2\,\text{kN}$$

$$V_{3,z,d} = \frac{5610}{45\,248} \cdot 30 \cdot 2 \cdot 2 + 0{,}6 \cdot 2 \cdot 2 = 17{,}3\,\text{kN}$$

$$V_{4,z,d} = \frac{5610}{45\,248} \cdot 20 \cdot 2 \cdot 2 + 0{,}6 \cdot 2 \cdot 2 = 12{,}3\,\text{kN}$$

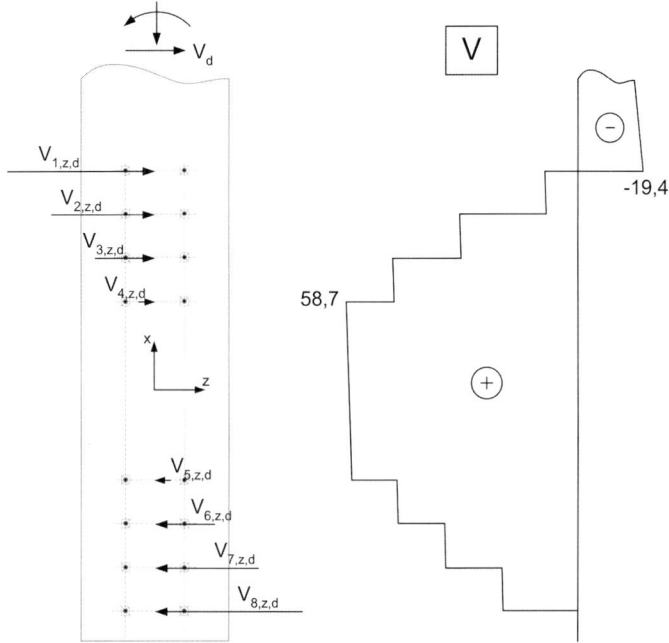

Abb. 7.40 Horizontalkräfte je Passbolzenreihe und Querkraftverlauf.

Der aus den Horizontalkräften resultierende Querkraftverlauf ist schematisch in Abb. 7.40 dargestellt. Der Maximalwert der Querkraft im Bereich des Anschlusses ergibt sich im Schnitt unmittelbar unterhalb der 4. Passbolzenreihe ($V_{4,z,d}$).

$$V_{u,4,d} = -19{,}4 + 27{,}2 + 22{,}2 + 17{,}3 + 12{,}3 - 1{,}5 \cdot 2{,}0 \cdot 0{,}3$$
$$= 58{,}7 \text{ kN}$$

Im Bereich der Einspannung ist der Holzquerschnitt durch die Passbolzenlöcher geschwächt (vgl. Abb. 7.36). Deshalb wird der Nachweis mit dem Nettoquerschnitt geführt.

Die Fehlfläche eines Passbolzens beträgt:

$$A_{PB} = 2{,}0 \cdot 20 = 40 \text{ cm}^2$$

Die Nettoquerschnittsfläche reduziert sich damit auf

$$A_{netto} = 20 \cdot 40 - 2 \cdot 40 = 720 \text{ cm}^2$$

Der Bemessungswert der Festigkeit $f_{v,d}$ wird mit der charakteristischen Schubfestigkeit von $3{,}5 \text{ N/mm}^2$ ermittelt. Der Modifikationsbeiwert k_{mod} wird mit 1,0 (Leiteinwirkung Wind) berücksichtigt.

$$f_{v,d} = \frac{k_{mod} \cdot f_{v,k}}{\gamma_m} = \frac{1{,}0 \cdot 3{,}5}{1{,}3} = 2{,}69 \text{ N/mm}^2$$

Der Beiwert k_{cr} wird bestimmt zu

$$k_{cr} = \frac{2{,}5}{f_{v,k}} = \frac{2{,}5}{3{,}5} = 0{,}71$$

Der Bemessungswert der Schubspannung ergibt sich somit zu

$$\tau_d = 1{,}5 \cdot \frac{V_d}{k_{cr} \cdot A} = 1{,}5 \cdot \frac{58{,}7}{0{,}71 \cdot 720} = 0{,}172\,\text{kN/cm}^2 \,\hat{=}\, 1{,}72\,\text{N/mm}^2$$

Nachweis: $\quad \dfrac{\tau_d}{f_{v,d}} = \dfrac{1{,}72}{2{,}69} = 0{,}64 < 1{,}0$

7.3.8 Eingespannte Stütze – Stabilität

Nachgewiesen wird die eingespannte Stütze für Biegung und Normalkraft. Die Einwirkungen, das statische System und das Detail der Einspannung sind in Abschn. 7.3.6 (vgl. Abb. 7.36 und 7.38) dargestellt.

Hinweise:

- Der Nachweis wird nach dem Ersatzstabverfahren geführt.
- Für die Biegesteifigkeit wird vereinfachend die Bruttoquerschnittsfläche des Holzquerschnitts über die gesamte Höhe angesetzt.
- Exemplarisch wird die Leiteinwirkung Wind mit der Einwirkungskombination $g + w + s$ untersucht.

Für den Nachweis werden die Schnittgrößen im Schwerpunkt (siehe Abschn. 7.3.6) der Verbindung angesetzt.

$$N_d = 105{,}8\,\text{kN}$$
$$M_d = 56{,}1\,\text{kN\,m}$$

Zur Einschätzung der Knickgefahr werden zunächst die Anschlusssteifigkeiten bestimmt. Der Verschiebungsmodul einer zweischnittigen Verbindung mit Passbolzen und außenliegenden Stahlblechen beträgt:

$$K_{ser} = 2 \cdot 2 \cdot \frac{\rho_m^{1{,}5}}{23} \cdot d = 2 \cdot 2 \cdot \frac{460^{1{,}5}}{23} \cdot 20 = 34\,316\,\text{N/mm} \,\hat{=}\, 343{,}1\,\text{kN/cm}$$

Die Anschlussfeder, die die Nachgiebigkeiten des Anschlusses infolge Rotation berücksichtigt, wird mit einem abgeminderten Verschiebungsmodul und mit dem polaren Trägheitsmoment bestimmt.

$$K_\varphi = K \cdot I_p = \frac{2/3\,K_{ser}}{\gamma_M} \cdot I_p = \frac{2/3 \cdot 343{,}1}{1{,}3} \cdot 45\,248$$
$$= 7\,962\,720\,\text{kN\,cm/rad}$$

Zur Bestimmung der Knicklänge wird der E-Modul ebenfalls mit γ_M abgemindert.

$$E = \frac{E_{mean}}{\gamma_M} = \frac{12\,600}{1{,}3} = 9692{,}3\,\text{N/mm}^2 \,\hat{=}\, 969{,}2\,\text{kN/cm}^2$$

Die Biegesteifigkeit der Stütze für die starke Achse beträgt

$$EI = \frac{20 \cdot 40^3}{12} \cdot 969{,}2 = 103\,381\,333 \, \text{kN cm}^2$$

Bei der Ermittlung der Knicklänge sind die „angehängte" Pendelstütze und die Nachgiebigkeit im Anschlussbereich für Knicken um die starke Achse zu beachten. Der Knicklängenbeiwert für Knicken um die y-Achse ergibt sich somit zu

$$\beta_y = \sqrt{4 + \frac{\pi^2 \cdot EI}{l \cdot K_\varphi} \cdot (1+\alpha)} = \sqrt{4 + \frac{\pi^2 \cdot 969{,}2 \cdot 106\,666{,}7}{440 \cdot 7\,962\,720} \cdot 2} = 2{,}14$$

mit

$$\alpha = \frac{h}{N} \cdot \sum \frac{N_i}{h_i} = \frac{h}{N} \cdot \frac{N_1}{h_1} = 1$$

und

N Normalkraft der elastisch eingespannten Stütze
h Höhe der elastisch eingespannten Stütze
N_1 Normalkraft der angehängten Pendelstütze, $N_1 = N$
h_1 Höhe der angehängten Pendelstütze, $h_1 = h$

In Richtung der schwachen Achse ist die Stütze am Kopf durch einen Wandverband gehalten und wirkt als Pendelstütze. Der Knicklängenbeiwert für Knicken um die z-Achse beträgt damit $\beta_z = 1{,}0$. Somit stehen die Knicklängen in zwei Richtungen fest:

$$s_{k,y} = \beta_y \cdot h = 2{,}14 \cdot 4{,}4 = 9{,}4 \, \text{m}$$
$$s_{k,z} = \beta_z \cdot h = 1{,}0 \cdot 4{,}4 = 4{,}4 \, \text{m}$$

Die zugehörigen Schlankheiten ergeben sich zu

$$\lambda_y = \frac{s_{k,y}}{i_y} = \frac{940 \, \text{cm}}{0{,}289 \cdot 40 \, \text{cm}} = 81$$
$$\lambda_z = \frac{s_{k,z}}{i_z} = \frac{440 \, \text{cm}}{0{,}289 \cdot 20 \, \text{cm}} = 76$$

Die Knickbeiwerte k_c können direkt aus Tab. 2.8 entnommen werden. Beim Ablesen aus der Tabelle werden die Zwischenwerte interpoliert. So ergeben sich die Knickbeiwerte zu $k_{c,y} = 0{,}51$ und $k_{c,z} = 0{,}56$.

Zusätzlich zum Knicken ist auch eine mögliche Kippgefahr zu untersuchen. Wenn am Stützenkopf und -fuß jeweils ein Gabellager vorhanden ist, dann kann die Kipplänge mit der Stützenhöhe gleichgesetzt werden. Die Überprüfung der Schlankheit

$$\frac{l_{ef} \cdot h}{b^2} = \frac{4{,}4 \cdot 0{,}4}{0{,}2^2} = 44 < 140 \rightarrow k_{crit} = 1{,}0$$

zeigt, dass keine Kippgefahr besteht.

Im Bereich der Einspannung ist der Holzquerschnitt durch die Passbolzenlöcher geschwächt (vgl. Abb. 7.36). Deshalb werden die Querschnittswerte unter Berücksichtigung der Fehlflächen bestimmt. Die Fehlfläche eines Passbolzens beträgt

$$A_{PB} = 2{,}0 \cdot 20 = 40\,\text{cm}^2$$

und das zugehörige Flächenträgheitsmoment erhält man mit

$$I_{y,PB} = \frac{20 \cdot 2{,}0^3}{12} = 13{,}3\,\text{cm}^4$$

Daraus resultieren die Nettoquerschnittsfläche A_{netto} und das Netto-Flächenträgheitsmoment $I_{y,netto}$.

$$A_{netto} = 20 \cdot 40 - 2 \cdot 40 = 720\,\text{cm}^2$$
$$I_{y,netto} = \frac{20 \cdot 40^3}{12} - 2 \cdot (13{,}3 + 40 \cdot 8^2) = 101\,520\,\text{cm}^4$$

Beim Netto-Flächenträgheitsmoment sind auch die Steiner-Anteile zu berücksichtigen.

Mit Blick auf die Ermittlung der Biegespannungen wird noch das Netto-Widerstandsmoment bestimmt.

$$W_{y,netto} = I_{y,netto}/(h/2) = \frac{101\,520}{40/2} = 5076\,\text{cm}^3$$

Die Normal- und die Biegespannung werden somit wie folgt berechnet:

$$\sigma_{c,0,d} = \frac{105{,}8}{720} = 0{,}15\,\text{kN/cm}^2 \mathrel{\widehat{=}} 1{,}5\,\text{N/mm}^2$$
$$\sigma_{m,y,d} = \frac{5610}{5076} = 1{,}11\,\text{kN/cm}^2 \mathrel{\widehat{=}} 11{,}1\,\text{N/mm}^2$$

Der Kombinationsbeiwert wird für die Leiteinwirkung Wind mit $k_{mod} = 1{,}0$ angesetzt.

$$f_{c,0,d} = \frac{k_{mod} \cdot f_{c,0,k}}{\gamma_m} = \frac{1{,}0 \cdot 28}{1{,}3} = 21{,}5\,\text{N/mm}^2$$
$$f_{m,d} = \frac{k_{mod} \cdot f_{m,k}}{\gamma_m} = \frac{1{,}0 \cdot 28}{1{,}3} = 21{,}5\,\text{N/mm}^2$$

Nachweis 1:

$$\frac{\sigma_{c,0,d}}{k_{c,y} \cdot f_{c,0,d}} + \frac{\sigma_{m,y,d}}{k_{crit} \cdot f_{m,y,d}} + \left(\frac{\sigma_{m,z,d}}{f_{m,z,d}}\right)^2$$
$$= \frac{1{,}5}{0{,}51 \cdot 21{,}5} + \frac{11{,}1}{1{,}0 \cdot 21{,}5} + 0^2 = 0{,}14 + 0{,}52 = 0{,}66 < 1{,}0$$

Nachweis 2:

$$\frac{\sigma_{c,0,d}}{k_{c,z} \cdot f_{c,0,d}} + \left(\frac{\sigma_{m,y,d}}{k_{crit} \cdot f_{m,y,d}}\right)^2 + \frac{\sigma_{m,z,d}}{f_{m,z,d}}$$

$$= \frac{1{,}5}{0{,}56 \cdot 21{,}5} + \left(\frac{11{,}1}{1{,}0 \cdot 21{,}5}\right)^2 + 0 = 0{,}12 + 0{,}27 = 0{,}39 < 1{,}0$$

7.3.9 Eingespannte Stütze – Gebrauchstauglichkeit

Betrachtet werden die Verformungen am Stützenkopf im GZG. Die Einwirkungen und die geometrischen Abmessungen werden Abschn. 7.3.6 entnommen. Der Anschluss der Stütze ist in Abb. 7.36 dargestellt.

Hinweise:

- Lasten aus Eigengewicht treten zuverlässig auf (ständige Lasten).
- Die veränderlichen Lasten treten nur bedingt ständig auf. Daher werden die veränderlichen Lasten beim Nachweis im GZG anteilig angesetzt.
- Die Grenzwerte für die Durchbiegung werden in Anlehnung an Abschn. 2.9.1 festgelegt.
- Die Verformung der Stahlprofile im Bereich der Einspannung wird vernachlässigt.
- Mögliche Imperfektionen werden bei der Verformungsberechnung berücksichtigt.
- Betrachtet wird die Leiteinwirkung Wind. Auf eine Abminderung der Stabilisierungskraft für Schnee wird verzichtet.

Die Lasten am Stützenkopf und die Windlast auf die Stütze wurden in Abschn. 7.3.6 ermittelt.

$$H_{w,k} = 5{,}83 \text{ kN}$$
$$H_{imp,k} = 2 \cdot (45{,}2 + 42{,}5) \cdot 0{,}005 = 0{,}88 \text{ kN}$$
$$w_k = 2{,}0 \text{ kN/m}$$

Die Verformungen am Stützenkopf werden für die Stützenlänge l' – Länge zwischen Stützenkopf und Verbindungsmittelschwerpunkt (vgl. Abb. 7.36) – berechnet.

$$l' = 4{,}4 - 0{,}7 = 3{,}7 \text{ m}$$

Bei der Berechnung der elastischen Verschiebungen müssen neben den Biegeanteilen der Stütze auch die Verdrehungen infolge der Nachgiebigkeit des Anschlusses berücksichtigt werden. Die Nachgiebigkeit wird durch die Drehfeder K_φ berücksichtigt.

$$K_{\varphi,k} = K_{ser} \cdot I_p = 343{,}1 \cdot 45\,248$$
$$= 15\,524\,589 \text{ kN cm/rad}$$

Die Anfangsverformungen werden mithilfe üblicher Formeln aus der Baustatik berechnet. Die elastischen Anfangsverformungen werden vereinfachend unter Vernachlässigung der sehr geringen Verformungsanteile aus Eigengewicht und Schnee bestimmt.

$$w_{inst} = \frac{(H_{w,k} + H_{imp,k}) \cdot l'^3}{3 \cdot E_{mean} I_y} + \frac{w_k l'^4}{8 \cdot E_{mean} I_y} + \frac{M_{w,k} l'}{K_{\varphi,k}}$$

$$= \underbrace{\frac{6{,}7 \cdot 370^3}{3 \cdot 1260 \cdot 20 \cdot 40^3/12}}_{0{,}84} + \underbrace{\frac{2{,}0 \cdot 3{,}7 \cdot 370^3}{8 \cdot 1260 \cdot 20 \cdot 40^3/12}}_{0{,}35} + \underbrace{\frac{(6{,}7 + 2{,}0 \cdot 3{,}7/2) \cdot 370^2}{15\,524\,589}}_{0{,}09}$$

$$= 1{,}3 \text{ cm}$$

Für den Nachweis der elastischen Anfangsverformung wird der Grenzwert der Auslenkung der eingespannten Stütze am Kopf der Stütze mit $l/150$ (Kragarm) zugrunde gelegt.

$$w_{inst} = 1{,}3 \text{ cm} < \frac{l}{150} = \frac{370}{150} = 2{,}5 \text{ cm}$$

Da der Beitrag der ständigen Einwirkungen sehr gering ist, wird auf einen Nachweis der Endverformungen verzichtet.

Verzeichnis der Normen und Regelwerke

- DIN 4074-1:2012-06 (2012). Sortierung von Holz nach der Tragfähigkeit – Teil 1: Nadelschnittholz, Beuth, Berlin.
- DIN 4102-2:1977-09 (1977). Brandverhalten von Baustoffen und Bauteilen; Bauteile, Begriffe, Anforderungen und Prüfungen.
- DIN 4102-4:2016-05 (2016). Brandverhalten von Baustoffen und Bauteilen – Teil 4: Zusammenstellung und Anwendung klassifizierter Baustoffe, Bauteile und Sonderbauteile.
- DIN 4108-3:2018-10 (2018). Wärmeschutz und Energie-Einsparung in Gebäuden – Teil 3: Klimabedingter Feuchteschutz – Anforderungen, Berechnungsverfahren und Hinweise für Planung und Ausführung.
- DIN 4108-10:2015-12 (2015). Wärmeschutz und Energie-Einsparung in Gebäuden – Teil 10: Anwendungsbezogene Anforderungen an Wärmedämmstoffe – Werkmäßig hergestellte Wärmedämmstoffe.
- DIN 18195-4:2011-12 (2011). Bauwerksabdichtungen – Teil 4: Abdichtungen gegen Bodenfeuchte (Kapillarwasser, Haftwasser) und nichtstauendes Sickerwasser an Bodenplatten und Wänden, Bemessung und Ausführung.
- DIN 68800-2:2012-02 (2012). Holzschutz – Teil 2: Vorbeugende bauliche Maßnahmen im Hochbau.
- DIN EN 1990/NA:2010-12 (2010). Nationaler Anhang – National festgelegte Parameter – Eurocode: Grundlagen der Tragwerksplanung, Beuth, Berlin.
- DIN EN 1995-1-1:2010-12 (2010). Eurocode 5: Bemessung und Konstruktion von Holzbauten – Teil 1-1: Allgemeines – Allgemeine Regeln und Regeln für den Hochbau, Beuth, Berlin.
- DIN EN 1995-1-1/NA:2013-08 (2013). Nationaler Anhang – National festgelegte Parameter – Eurocode 5: Bemessung und Konstruktion von Holzbauten – Teil 1-1: Allgemeines – Allgemeine Regeln und Regeln für den Hochbau, Beuth, Berlin.
- DIN EN 1995-1-2:2010-12 (2010). Eurocode 5: Bemessung und Konstruktion von Holzbauten – Teil 1-2: Allgemeine Regeln – Tragwerksbemessung für den Brandfall.
- DIN EN 1995-1-2/NA:2010-12 (2010). Nationaler Anhang – National festgelegte Parameter – Eurocode 5: Bemessung und Konstruktion von Holzbauten – Teil 1-2: Allgemeine Regeln – Tragwerksbemessung für den Brandfall.

Ingenieurholzbau – Basiswissen: Tragelemente und Verbindungen, Erste Auflage.
Werner Seim und Johannes Hummel.
© 2019 Wilhelm Ernst & Sohn. Published 2019 by Wilhelm Ernst & Sohn.

- DIN EN 14080:2013-09 (2013). Holzbauwerke – Brettschichtholz und Balkenschichtholz – Anforderungen, Beuth, Berlin.
- DIN EN 12369-1:2001-04 (2001). Holzwerkstoffe – Charakteristische Werte für die Berechnung und Bemessung von Holzbauwerken – Teil 1: OSB, Spanplatten und Faserplatten, Beuth, Berlin.
- DIN EN 312:2010-12 (2010). Spanplatten – Anforderungen, Beuth, Berlin.
- DIN EN 338:2016-07 (2016). Bauholz für tragende Zwecke – Festigkeitsklassen, Beuth, Berlin.
- DIN EN 13162:2015-04 (2015). Wärmedämmstoffe für Gebäude – Werkmäßig hergestellte Produkte aus Mineralwolle (MW) – Spezifikation; Deutsche Fassung EN 13162:2012+A1:2015.
- DIN EN 13171:2015-04 (2015). Wärmedämmstoffe für Gebäude – Werkmäßig hergestellte Produkte aus Holzfasern (WF) – Spezifikation; Deutsche Fassung EN 13171:2012+A1:2015.
- DIN EN 13501-2:2016-12 (2016). Klassifizierung von Bauprodukten und Bauarten zu ihrem Brandverhalten – Teil 2: Klassifizierung mit den Ergebnissen aus den Feuerwiderstandsprüfungen, mit Ausnahme von Lüftungsanlagen; Deutsche Fassung EN 13501-2:2016.
- DIN EN 14964:2007-01 (2007). Unterdeckplatten für Dachdeckungen – Definitionen und Eigenschaften; Deutsche Fassung EN 14964:2006.
- DIN EN 29052-1:1992-08 (1992). Akustik; Bestimmung der dynamischen Steifigkeit; Teil 1: Materialien, die unter schwimmenden Estrichen in Wohngebäuden verwendet werden; Deutsche Fassung EN 29052-1:1991.

Bauaufsichtliche/Technische Zulassungen und Bewertungen

- Z-9.1-100; Zusammengesetzte Bauteile aus Furnierschichtholz „Kerto S" und „Kerto Q". Metsäliitto Cooperative Metsä Wood, Building Products.
- Z-9.1-847; Furnierschichtholz „Kerto S", „Kerto Q" und „Kerto Qp" nach EN 14347. Metsäliitto Cooperative Metsä Wood, Building & Industry.
- Z-9.1-842; Verwendung von Furnierschichtholz „STEICOLVL R", „STEICOLVL RS", „STEICOLVL RL" und „STEICOLVL X"; STEICO SE.
- Z-9.1-870; Zusammengesetzte Bauteile aus Steico LVL Furnierschichtholz; STEICO SE.
- ETA 12/0114; SPAX Schrauben, SPAX International GmbH & Co. KG.
- ETA 12/0132; HECO-TOPIX-T und HECO-TOPIX-CC Schrauben, HECO Schrauben GmbH & Co. KG.
- ETA 05/0211; Lignotrend Brettsperrholzelemente, Lignotrend Produktions GmbH.
- ETA 11/0189; Derix X-LAM, W. & J. Derix GmbH & Co.
- ETA-11/0137; LIGNATUR-Kastenelement (LKE), -Flächenelement (LFE) und -Schalenelement (LSE), Lignatur AG.

Verzeichnis der Bildquellen

Abb. 1.1	Verband der deutschen Holzwerkstoffindustrie e. V.
Abb. 1.2a	Fengel, D.; Wegener, G. (1983). *Wood: Chemistry, Ultrastructure, Reactions*. Walter de Gruyter.
Abb. 2.9	Blaß, H.J. (1995). B6 – Druckstäbe. In: STEP 1 – Holzbauwerke – Bemessung und Baustoffe nach Eurocode 5: Fachverlag Holz, Düsseldorf. – Informationsdienst Holz, Arbeitsgemeinschaft Holz.
Abb. 3.11	Racher, P. (1995). B1 – Mechanische Holzverbindungen – Allgemeines. In: STEP 1 – Holzbauwerke – Bemessung und Baustoffe nach Eurocode 5: Fachverlag Holz, Düsseldorf. – Informationsdienst Holz, Arbeitsgemeinschaft Holz.
Abb. 3.17a	Informationsverein Holz e. V.
Abb. 3.17b	Hans Hundegger AG
Abb. 3.29	DIN EN 912
Abb. 3.30	DIN EN 912
Abb. 3.31	DIN EN 912
Abb. 3.32	DIN EN 912
Abb. 3.33	Informationsverein Holz e. V.
Abb. 3.34a	unbekannt
Abb. 3.34b	SPAX International GmbH & Co. KG
Abb. 3.35	SPAX International GmbH & Co. KG
Abb. 3.40	SFS Intec Holding AG
Abb. 4.9	Lignotrend Produktions GmbH
Abb. 4.16a	Lignatur AG
Abb. 4.16b	Lignotrend Produktions GmbH
Abb. 4.47	Informationsverein Holz e. V.
Abb. 4.55b	Sprague P.E. (1983). Chicago Balloon Frame. In: *The Technology of Historic American Buildings*. Washington DC.
Abb. 4.56b	Waugh Thistleton Architects Ltd.
Abb. 4.58b	Ludger Dederich
Abb. 5.2	Kempe, K. (1999). *Dokumentation Holzschädlinge – Holzzerstörende Pilze und Insekten an Bauholz*. 1. Aufl. Berlin: Verlag Bauwesen.
Abb. 5.4	Informationsverein Holz e. V.
Abb. 5.5	Informationsverein Holz e. V.
Abb. 5.6a	Informationsverein Holz e. V.

Ingenieurholzbau – Basiswissen: Tragelemente und Verbindungen, Erste Auflage.
Werner Seim und Johannes Hummel.
© 2019 Wilhelm Ernst & Sohn. Published 2019 by Wilhelm Ernst & Sohn.

Abb. 5.6b	Informationsverein Holz e. V.
Abb. 5.7b	Informationsverein Holz e. V.
Abb. 5.8b	Informationsverein Holz e. V.
Abb. 6.2	Wolfgang Ruske

Die Bildrechte für alle anderen Abbildungen liegen bei den Autoren.

Stichwortverzeichnis

A
Abbrandrate 163
Abbrandtiefe 163
Abdeckung 147
Abscheren 50
Acetylierung 152
Ästigkeit
  Definition 5
  Festigkeit 5
Anschlüsse 45
Aufsparrendämmung 98
Außenwand 106
Aussteifungsregeln 117
Aussteifungssystem 117
Aussteifungsverband 125
Ausziehparameter 75
Auszugfestigkeit 74

B
balloon-framing 110
Baustoffklassen 160
Beiwerte
  k_c 27
  k_{cr} 24
  k_{crit} 29
  k_{def} 19
  k_{fi} 165
  k_{mod} 19
  k_v 40
Bemessungswert
  Einwirkung 18
  Widerstand 18
Beplankung 136

Biegung 3
  zweiachsig 21
Blockscheren 92
Bolzen
  Mindestabstand 65
Brandabschnitte 157
Brandschutz 156
Brandschutzkonzept 157
Brandverhalten 156
Brettschichtholz 10
  BSH 10
  homogenes 11
  kombiniertes 11
Brettschichtholzträger 111
Brettsperrholz 11
Brettsperrholzelement 105
Brettstapelelement 103

D
Dachüberstand 149
Dachverband 127
Dächer
  Kehlbalkendach 120
  Pfettendach 120
  Sparrendach 119
Dampfbremse 98
Dauerhaftigkeit 147
Dauerhaftigkeitsklassen 150
Decken 102
Deckenelement 134
Deckenscheibe 118, 139
Diffusion 146
Diffusionswiderstand 98
Druck 3

Ingenieurholzbau – Basiswissen: Tragelemente und Verbindungen, Erste Auflage.
Werner Seim und Johannes Hummel.
© 2019 Wilhelm Ernst & Sohn. Published 2019 by Wilhelm Ernst & Sohn.

Druckflächen 47
Druckimprägnierung 151
Dübel 76
   besonderer Bauart 76
Dübelkreis 129
Durchbiegung 42
   Grenzwerte 42

E

Einschraublänge 89
Einwirkung
   Kombination 18

F

Festigkeitsklassen 5
Feuerwiderstandsdauer 160
Flachdach 101
Fließmoment 63
   Verbindungsmittel 55
Fluchtwege 157
Formschluss 45, 46

G

Gabellagerung 30, 31, 126
Gebäudeklassen 158
Gebrauchsklassen 144
Gewindestange
   Mindestabstand 65

H

Hausbock 144
Hölzer
   dauerhaft 150
Holzbalkendecke 103, 139
Holzfeuchte 5
   Nutzungsklasse 8
Holzschutz
   chemisch 151
   konstruktiv 147
Holzschutzmittel 151
Holzstruktur
   Zellstruktur 3
Holztafelbauweise 132, 134
Holzwerkstoff
   Faserplatte 15
   Furnierschichtholz 12
   OSB-Platte 13
   Spanplatte 14
   Sperrholz 13
Holzwurm 144

J

Johansen 54

K

k_{fi} 165
Kapselklasse 162
Kapselung 162
Kaskadennutzung
   CO_2 1
Kastenelement 106
Kehlbalkendach 120
Keilzinkenstoß 10, 11
Keilzinkung 10
Klammern 66, 71
   Mindestabstände 72
Knicklänge 124
Konstruktion
   sicher 146
Konstruktionen
   feuerbeständig 160
   feuerhemmend 160
Konvektion 146
Kopfdurchziehparameter 75
Korrosionsschutz 152
Kraft-Faser-Winkel 49
Kraftsystem
   räumlich 122

L

Lastaufteilung 132
Lasteinwirkungsdauer
   KLED 8
   Kriechen 8
Lochleibungsfestigkeit 54, 63
Lochleibungsspannungen 50
Luftdichtigkeit 109
Luftschall 102

M

Materialkennwerte
   Brettschichtholz 10
   Nadelholz 7
   OSB 14
   Spanplatte 14

Mehrschaligkeit 110
Mindestabstand 64, 65, 70, 72, 80, 85, 86, 88, 89
  Bolzen 65
  für Verbindungen mit Dübeln 85
  Gewindestange 65
  Klammern 72
  Nagelverbindungen 70
  Passbolzen 65
  Schrauben 89
  Stabdübel 65
Mindesteindringtiefe 70

N
Nachhaltigkeit 1
Nägel 66
  Ausziehparameter 75
  glattschaftig 66
  Kopfdurchziehparameter 75
  Mindesteindringtiefe 70
  profiliert 66
  Rillennägel 66
  Sondernägel 66
  versetzte Anordnung 69
Nagekäfer 144
Nagelverbindungen
  Mindestabstände 70
Norris 49
Nutzungsdauer 143

P
Passbolzen 62
  Mindestabstand 65
Pfettendach 120
Pilze 143
platform-framing 110
Pultdach 98, 111
Pultdachträger 111

Q
Querdruck 38, 46
Querdruckfestigkeit 47
Querdruckspannung 114
Querschnittsschwächung
  Biegezug 36
  Biegung 21

Querzug
  Ausklinkung 40
  Queranschluss 39
  Rissgefahr 39
Querzugspannung 114, 116
Querzugverstärkung 116

R
Rahmenecke 129
Rahmenkonstruktion 128
Rand
  angeschnitten 115
60°-Regel 149
Restquerschnitt 162
Rettungswege 158
Ringdübel 77
Röhrchenmodell 3
Rohdichte 3

S
Satteldach 98
Satteldachträger 111, 115
  mit gekrümmtem Untergurt 116
Schädlinge
  pflanzlich 143
  tierisch 143
Schallschutz 102, 110
Scheibendübel 77
Schrauben 84
  Einschraublänge 89
  Mindestabstände 89
Schub 3, 22
  k_{cr} 24
Schubfeldtheorie 135
Seileffekt 74
Seilwirkung 64
Skelettbau 118
Sortierklassen 5
Sparrendach 119
Sprinkleranlagen 158
Stabdübel 62
  Mindestabstand 65
Stabilisierung 123
Stabilisierungslast 124
Stabilität 24
  Ersatzstabverfahren
    Kippen 29

Knickbeiwert 26
Knicken 26
Knicklänge 26
Theorie II. Ordnung 35
Imperfektionen 36
Stahlblech
dick 60
dünn 60
Stahlblech-Holz-Verbindungen 59
Steifigkeitsmittelpunkt 132
Stützen
eingespannt 128
Stützenfuß 147

T

Teilflächenbelastung 46
Torsion
Rollschub 24
Träger
gekrümmt 111, 116
Pultdachträger 111
Satteldachträger 111
Satteldachträger mit gekrümmtem Untergurt 111
Trägheitsmoment
polar 128
Trittschall 102

U

Unterlegscheibe 48, 64

V

Verbindungen 45
Verbindungsmittel 50, 165
Bolzen 52, 65
Gewindestangen 52, 65
Holzschrauben 50, 85
Klammern 50, 66–68
Nägel 50, 66–68
Passbolzen 50, 62
Stabdübel 50, 62
stiftförmig 50
einschnittig 50–62
mehrschnittig 50–62
Versagensmechanismus 57
Verschiebungsmodul 51
Verzinkung 152
Vollholz
Balkenschichtholz 9
Bauschnittholz 9
Konstruktionsvollholz 9
KVH 9

W

Wärmedämmverbundsystem 107
Wandelement 134
Wandscheibe 118
Warme Bemessung 162
Windrispenband 121
Witterungsschutz 109

Z

Zug 3
Zuganschluss
Zuglasche 37
Zwischenabstützung 30, 31